铁路职业教育铁道信号类系列规划教材

区间信号

袁　放　李本泉　主　编
张　菊　邓丽敏　田建兆　张韫斌　副主编
林瑜筠　主　审

中国铁道出版社

2017年·北　京

内 容 简 介

本书为铁路职业教育铁道信号类系列规划教材之一，全面系统地阐述了铁路区间信号设备的基本知识和基本原理。全书共分五章，包括半自动闭塞、自动站间闭塞、自动闭塞、改变运行方向电路、高速铁路的自动闭塞。本书内容密切结合现场实际，并纳入最新的科技成果。

本书可作为铁路职业教育铁道信号类教材，也可作为铁路信号工培训教学用书，还可供现场工程技术人员和信号维修人员学习参考。

图书在版编目(CIP)数据

区间信号/袁放，李本泉主编．—北京：中国铁道出版社，2017.7

铁路职业教育铁道信号类系列规划教材

ISBN 978-7-113-23265-8

Ⅰ.①区… Ⅱ.①袁…②李… Ⅲ.①铁路信号-区间闭塞-自动闭塞-职业教育-教材 Ⅳ.①U284.43

中国版本图书馆 CIP 数据核字(2017)第 144965 号

书　　名：区间信号
作　　者：袁　放　李本泉　主编

责任编辑：吕继函　　**编辑部电话：**010-51873205　　**电子信箱：**312705696@qq.com
封面设计：王镜夷
责任校对：苗　丹
责任印制：郭向伟

出版发行：中国铁道出版社(100054，北京市西城区右安门西街 8 号)
网　　址：http://www.tdpress.com
印　　刷：北京海淀五色花印刷厂
版　　次：2017 年 7 月第 1 版　2017 年 7 月第 1 次印刷
开　　本：787 mm×1 092 mm　1/16　　印张：12.75　　字数：330 千
书　　号：ISBN 978-7-113-23265-8
定　　价：32.00 元

前　　言

随着我国铁路的快速发展，尤其高速铁路的建设，加快了区间信号设备发展的步伐。我国铁路正在进行自动闭塞制式的统一，ZPW-2000 系列自动闭塞正在取代交流计数电码自动闭塞，国产 4 信息、8 信息、18 信息移频自动闭塞及 UM71 自动闭塞，在高速铁路运营中，实现了闭塞和列控的一体化，即由列控中心对区间闭塞进行控制。

本教材编写的宗旨是密切结合铁路现场实际，紧跟现代化铁路信号技术的发展步伐。本教材除了介绍目前仍大量使用的 64D 型继电半自动闭塞外，还介绍了自动站间闭塞。自动闭塞部分是本教材的重点，故详细介绍了 ZPW-2000A 自动闭塞。自动闭塞电路以双线双向四显示自动闭塞为主，教材中不仅介绍自动闭塞与继电集中的结合，而且介绍自动闭塞与计算机联锁的结合，同时还补充了高速铁路的自动闭塞。以上内容基本上覆盖了当前我国铁路区间闭塞系统的全部内容。

对于 64F 型继电半自动闭塞，4 信息、8 信息、18 信息移频自动闭塞，交流计数电码自动闭塞，UM71 自动闭塞，本教材未予介绍。

本教材与《计算机联锁图册》《自动闭塞图册(第二版)》(已于中国铁道出版社出版)配套使用。教材中的主要电路图均呈现在图册中，其中，64D 型继电半自动闭塞电路图和改变运行方向电路图在《计算机联锁图册》中，自动闭塞电路图在《自动闭塞图册(第二版)》中，这和铁路现场的实际图纸完全一致。

本教材由重庆铁路运输高级技校袁放、包头铁道职业技术学院李本泉任主编，南京铁道职业技术学院张菊、邓丽敏、田建兆、济南电务段张韫斌任副主编，南京铁道职业技术学院林瑜筠任主审。袁放编写绪论、第一章，李本泉编写第二章，张菊、田建兆编写第三章，邓丽敏编写第四章，张韫斌编写第五章。

在本教材编写过程中，得到全路许多单位和同志的支持和帮助，于此一并表示感谢。

由于编者水平所限，资料搜集不全，再加上时间仓促，书中疏漏、不妥之处在所难免，恳望广大读者批评指正。

编　者

2017 年 1 月

目　录

绪　论

一、区间和闭塞

区间信号自动控制是铁路区间信号、闭塞及区段自动控制、远程控制技术的总称。区间，是指两个车站（或线路所）之间的铁路线路。相邻两站之间的区间称为站间区间；车站与线路所之间的区间称为所间区间。根据区间线路的数目，分为单线区间、双线区间及多线区间（如三线区间、四线区间）。

车站向区间发车时，必须确认区间无车。在单线区间又必须防止两站同时向一个区间发车，为此要求按照一定的方法组织列车在区间的运行。用信号或凭证，保证列车按照空间间隔制运行的技术方法称为行车闭塞法，简称闭塞。用以完成闭塞作用的系统称为闭塞系统。

闭塞系统的作用是保证列车在区间运行的安全间隔。

二、时间间隔法和空间间隔法

安全间隔可分为时间间隔和空间间隔。

最初采用的闭塞制度是时间间隔法，即前行列车和追踪列车之间必须保持一定时间间隔的行车方法。当先行列车出发后，经过一定的时间，才允许后续列车出发。由于先行列车可能在途中减速或因故停留在区间，而且列车运行速度可能和预定计划不一致，故此方法很不可靠。由于列车晚点会打乱行车时间表，因此要求用路票的办法予以辅助。电报和电话应用于铁路行车即所谓电报或电话闭塞，曾起过重要的作用。但当联系错误时，危及行车安全，必须采用两站间闭塞设备互相联锁的办法，即空间间隔法。

空间间隔法是控制前行列车和追踪列车之间保持一定距离的行车方法。一般以相邻两车站之间作为一个区间，或将区间的铁路线路划分为若干个闭塞分区，一个区间或一个闭塞分区同时只能允许一列列车运行，因此能保证行车安全。它与时间间隔法相比，是一个很大的进步。

三、行车闭塞制式的发展

行车闭塞制式大致经历了：电报或电话闭塞—路签或路牌闭塞—半自动闭塞—自动闭塞的发展过程。

电报或电话闭塞是最初采用闭塞制式的人工闭塞，由车站值班员用电报或电话进行联系实现区间闭塞。这是完全的人工闭塞，安全没有任何技术保证。

路签（牌）闭塞是以路签（牌）作为占用区间的凭证，相邻两站都设有电气路签（牌）机，非经两站同意，并办理一定手续，不能从中取出路签（牌）；在取出一个路签（牌）后，不能取出第二个。这就保证了同时只有一列列车在区间内运行。路签或路牌闭塞是实物凭证闭塞，路签（牌）的授受是人工的，技术水准很低，极大地影响行车效率。

半自动闭塞是以出站信号机或线路所的通过信号机显示的进行信号作为列车占用区间的凭证，发车站的出站信号机或线路所的通过信号机必须经两站同意，办理闭塞手续后才能开放，列车进入区间后自动关闭；而且在列车未到达接车站以前，向该区间发车用的所有信号都不得开放，这就保证了两站间的区间内同时只有一列列车运行。半自动闭塞均由继电电路构成，故称继电半自动闭塞。继电半自动闭塞适应我国单线铁路站间距离短、列车成对运行的特点，得到了迅速的发展，在保证行车安全、提高运输效率、改善劳动条件等方面发挥了显著的作用，取得了突出的技术经济效果。

但是，半自动闭塞因没有区间空闲检查设备，列车完整到达需要人为确认，存在不安全因素。在半自动闭塞的基础上增加区间空闲检查设备——计轴器或长轨道电路，可完成闭塞手续和到达复原的自动办理，构成自动站间闭塞。自动站间闭塞的安全程度有了很大提高，而且无需确认列车完整到达，缩短了车站办理接/发车时间，相应地提高了区间通过能力。

路签(牌)闭塞、半自动闭塞、自动站间闭塞都是以整个区间作为行车间隔的，都属于站间闭塞的范畴。

自动闭塞不同于站间闭塞，它将一个区间划分为若干个闭塞分区，每个闭塞分区的起点装设通过信号机，列车运行借助车轮与轨道电路接触发生作用，自动控制通过信号机的显示，即在列车运行中自动完成闭塞作用。这种方式不需要办理闭塞手续，又可开行追踪列车，既保证了行车安全，又提高了运输效率。自动闭塞比其他各种闭塞方式都要优越，是一种先进的闭塞方式。

四、闭塞系统的运用

目前在我国铁路，双线多采用自动闭塞，单线多为半自动闭塞，有部分单线为自动站间闭塞，路签(牌)闭塞早已不存在。电话闭塞则是当上述基本闭塞设备不能使用时，根据列车调度员的命令所采用的代用闭塞方法。

五、我国闭塞设备的发展

新中国成立以来，我国铁路的闭塞设备有了很大的发展。1949 年，我国铁路有 72% 的线路没有闭塞设备，仅在天津—张贵庄间有 10 km 电机半自动闭塞，沈阳—大石桥间有 143 km 的二元三位式交流自动闭塞，两者相加不到营业里程的 2% 及还有少量的路牌闭塞。大部分铁路采用的是电话、电报闭塞，行车安全无法全面得以保证。目前，我国双线铁路已超过 50%，大多采用 ZPW-2000 系列主流制式的四显示自动闭塞。

新中国成立后，1951 年以苏联的特列格尔电气路签机为标准定型进行生产，逐步统一电气路签机类型。1958 年路签闭塞达到 21 000 km，占营业里程的 71%。1958 年以后，开始发展半自动闭塞，路签闭塞逐步被淘汰。

1965 年，铁道部决定以 64 型继电半自动闭塞作为标准定型在全路推广使用，发展迅速，1985 年半自动闭塞达到 42 000 km，占营业里程的 86%。此后，由于双线的增多，自动闭塞的普及，半自动闭塞的比重逐年下降。

1983 年，铁道部鉴定了计轴方案的自动站间闭塞，1984 年，铁道部鉴定了长轨道电路方案的自动站间闭塞。在实际使用中，计轴自动站间闭塞比长轨道电路自动站间闭塞更具优势，有一定的发展。

我国以前运用的自动闭塞主要是交流计数电码自动闭塞、极性频率脉冲自动闭塞(简称极频)、移频自动闭塞三种。交流计数电码自动闭塞是20世纪50年代后期从前苏联引进的标准,极频、移频自动闭塞是我国在20世纪60年代自行研制的。它们的共同缺点是可靠性不够高,信息量太少,抗干扰能力不够强,不能满足列车提速、增加行车密度、增大载重量和电气化的需要。随着铁路运输的发展,需要发展四显示自动闭塞、双线双向自动闭塞及列车运行超速防护,而原有自动闭塞不能满足这些要求,急需研制新型自动闭塞。发展新型自动闭塞采用引进和自行研制相结合的方法。

1990年在京广线郑武段电气化工程中引进了法国的UM71和TVM300,引进后进行了二次开发,以适应我国铁路客货混运、股道没有保护区段等特点,通过消化吸收迅速实现国产化。UM71型无绝缘移频自动闭塞,采用谐振式无绝缘轨道电路,工作稳定可靠,具有抗电气化干扰能力强、防雷性能好的优点,并有断轨检查功能,能满足速差式自动闭塞和列车运行超速防护的需要。2001年通过铁道部技术鉴定的WG-21A型无绝缘轨道电路移频自动闭塞,就是完全国产化的创新产品,它不仅保留了UM71设备的优点,而且频率精度、抗干扰能力等指标还优于国外设备。

移频自动闭塞和国外标准相近,再作进一步改进方面很有前途,应充分引进先进的技术,扩大信息量,完成轨道电路的无绝缘化,采用集成电路、微型计算机等新型器件,在系统的技术性能、可靠性指标、监测功能、双机故障倒换及器件结构等方面有大幅度的提高,形成新一代的国产移频自动闭塞系统。8信息移频自动闭塞和18信息移频自动闭塞就在这种情况下应运而生。

1989年研制成功ZP-89型移频自动闭塞,是在原4信息移频自动闭塞的基础上研制而成的。在满足系统和器件"故障—安全"及抗干扰性能的基础上采用集成器件,以减小设备体积,提高可靠性。低频信息增加到8个,以满足四显示自动闭塞和速差式机车信号的信息要求。低频和移频振荡电路均采用石英晶体振荡器,以提高频率的稳定度和精度,从而提高了系统的稳定性。在电路结构上考虑电气化和非电气化通用,当电气化改造时,只需将轨道变压器改为扼流变压器,以及在接收端增设一个滤波器盘即可。

ZP·Y1-18(ZP·DJ)型和ZP·Y2-18(ZP·WD)型均为18信息移频自动闭塞,1995年通过铁道部技术鉴定。由于采用微型计算机和数字信号处理等先进技术,成功地解决了信息量少、信干比低、应变时间长等技术难题,实现了多信息、高可靠、高抗干扰、应变速度快等目标。具有18种低频信息,不仅可满足四显示自动闭塞的需要,而且可为列车运行超速防护系统提供必要的信息。安全设计为双软件、双CPU、双A/D及安全与门等冗余结构,并具有故障检测报警等功能,符合"故障—安全"原则,其抗干扰能力强,在各种条件下信干比在1∶1以上,应变速度快,信息的转换时间不大于2 s。通用性强,可在电气化和非电气化区段通用。工艺先进,结构合理,外形美观,整机质量高,故障率低,便于施工和维修。

1999年通过铁道部技术鉴定的ZP·W1-18型18信息无绝缘移频自动闭塞,是在ZP·Y2-18型基础上研制而成的,采用频标、微型计算机和微电子技术,为电压发送、电流接收、一送一受、自然衰耗式无绝缘轨道电路,较好地解决了轨道电路越区传输和交叉干扰等问题,没有提前分路情况,列车接近分界点明确,有效地缩短了轨道电路二次分路和滞后恢复长度。采用数字信号处理技术,具有较强的电气化干扰和邻线干扰能力,轨道发送变压器具有轨间电流平衡作用,适用于电气化区段。采用自然衰耗隔离方式,适用于低道床电阻轨道电路。系统的接收和发送电子盘4种载频通用,实现了设备单一化,采用"$n+1$"热备工作方式。

但8信息、18信息移频自动闭塞由于载频选择、调制频偏的固有缺陷，使轨道电路存在传输特性差、邻线干扰、半边侵入等问题，尤其是没有断轨检查功能，必须进行技术改造，以ZPW-2000系列自动闭塞代之。

在UM71国产化的进程中，我国自行开发了具有自主知识产权的ZPW-2000系列无绝缘移频自动闭塞。ZPW-2000系列无绝缘移频自动闭塞对UM71进行了重大改进，并予以创新，除采用单片微机和数字信号处理技术外，还解决了调谐区断轨检查、谐振单元断线和调谐区死区长度及拍频干扰等技术难题，有较高的安全度、可靠的分路保证、断轨检查功能，能抗电气化大电流干扰，传输特性好，适用于无缝线路、双方向、四显示及发展列车自动控制的要求。ZPW-2000系列无绝缘移频自动闭塞是目前性能最为先进的制式，是我国统一制式的主流自动闭塞，在铁路快速发展的进程中，获得了迅速的发展，已在我国许多主要干线上普及，对铁路扩能、提速、提效起着非常重要的作用。必须采用ZPW-2000系列无绝缘移频自动闭塞统一我国铁路自动闭塞制式，这是今后一个时期自动闭塞发展的基本技术政策。因此，今后在自动闭塞基建、更新改造和大修工程中，应统一采用ZPW-2000系列无绝缘移频自动闭塞，加速取代交流计数电码、极频、4信息、8信息、18信息移频自动闭塞以及UM71自动闭塞。

在高速铁路，实现了闭塞和列控一体化，再没有传统的独立自动闭塞的概念。将ZPW-2000轨道电路纳入列控中心控制，实现了区间自动闭塞由继电编码向数字编码的转变。运行非动车组列车的高速铁路(部分运行速度200～250 km/h的高速铁路)区间设通过信号机，其点灯由列控中心控制。区间方向控制也纳入列控中心控制，不再采用继电式改变运行方向电路。而且，站内、区间轨道电路同一制式，即站内、区间一体化，真正实现了站内列控信息无盲区且易于实现站内发送、接收设备的转换，实现反方向追踪运行。

在铁路快速发展的进程中，新建双线区段应同步建设自动闭塞；既有双线半自动闭塞，应进行自动闭塞改造。单线提速及繁忙单线区段，应积极发展单线自动闭塞或自动站间闭塞，并与CTC结合，开辟单线安全扩能的新途径。

第一章　半自动闭塞

第一节　半自动闭塞概述

一、半自动闭塞的定义和技术特征

半自动闭塞是用人工来办理闭塞及开放出站信号机，而由出发列车自动关闭出站信号机并实现区间闭塞的一种闭塞方式。

半自动闭塞的技术特征是：

(1)以出站信号机或线路所的通过信号机绿灯显示作为列车占用区间的凭证。

(2)办理闭塞和到达复原是人工完成的，而实现闭塞是由列车自动完成的，整个过程是半自动的。

二、半自动闭塞系统的作用

半自动闭塞应能完成以下作用：

(1)甲站要向乙站发车，必须区间空闲并得到乙站同意后，才能开放出站信号机。

(2)列车从甲站出发后，区间闭塞，两站都不能向该区间发车。

(3)列车到达乙站，车站值班员确认列车整列到达，办理到达复原后，区间才能解除闭塞。

三、半自动闭塞的基本原理

发车站的要向区间发车，必须检查区间空闲，经两站值班员同意，办理闭塞手续后区间才能开通，发车站的出站信号机或线路所的通过信号机才能开放。

列车进入区间后发车站的出站信号机或线路所的通过信号机自动关闭，而且在列车未到达接车站以前，向该区间发车用的所有信号机都不得开放。

列车到达接车站，由车站值班员确认列车整列到达，办理到达复原后，使两站闭塞机复原。

四、半自动闭塞系统的主要特点

半自动闭塞是结合我国铁路运输的实际情况研制的，它的主要特点是：

(1)发车站和接车站值班员按照“请求—同意”方式共同办理闭塞，大大提高了设备的可靠性。

(2)采用三个不同极性的脉冲构成允许发车信号，而且请求发车信号检查了接车站闭塞机和外线的良好状态，从而提高了闭塞设备的安全性。

(3)在办理闭塞后、开放进站或出站信号机前，允许进行站内调车、变更进路和取消闭塞，因而提高了车站作业效率，适应我国铁路运输的需要。

(4)闭塞电路设计严密，办理手续简便，表示方式清楚。使用的继电器和元件类型少；功耗低，可以用于无交流电源区段；可用于电气化和非电气化区段；能与各种车站信号设备相结合。

五、半自动闭塞主要技术条件

为了保证行车安全，提高运输效率，方便使用和经济；对单线继电半自动闭塞提出以下技术要求。

(1)保证行车安全方面

①单线继电半自动闭塞，只有在区间空闲时，由发车站发出请求发车信号并收到接车站的同意接车信号之后，发车站的闭塞机才能开通，出站信号机才能开放。接车站发出同意接车信号后，闭塞机应处于闭塞状态。

②当列车出发进入发车轨道电路区段时，双方站的闭塞机均处于闭塞状态。

③列车到达接车站，进入并出清轨道电路区段，接车进路解锁并办理到达复原后，才能使双方站的闭塞机复原。

④闭塞机处于闭塞状态后，在接车站未发送到达复原信号或事故复原信号之前，当发生各种故障或错误办理时，均不能使接车站闭塞机复原，更不能使发车站闭塞机开通。

⑤发车站闭塞机开通并开放出站信号后，如果轨道电路发生故障，应使双方站闭塞机处于闭塞状态；列车到达接车站，如果轨道电路发生故障，允许使用“事故”按钮办理事故复原。

⑥继电半自动闭塞专用的轨道电路，其长度不少于 25 m。半自动闭塞专用的轨道电路能避免人为分路的影响。

⑦继电半自动闭塞的外线，任何一处发生断线、接地、混线、混电及外电干扰故障或错误办理等情况时，均应保证闭塞机不能错误开通。

⑧继电半自动闭塞与站间闭塞电话共用外线时，应保证电话振铃电流不干扰闭塞机的正常运用；使用闭塞机时也不应降低通话质量和影响振铃信号。

⑨继电半自动闭塞电源设备停电恢复时，闭塞机应处于闭塞状态。只有两站值班员确认区间空闲后，用“事故”按钮才能使闭塞机复原。

(2)提高行车效率方面

①闭塞机开通后和列车未出发之前，允许发车站在出站信号机关闭状态下取消已办好的闭塞或变更发车进路。

②闭塞机开通后，在发车站未开放出站信号机或接车站未开放进站信号机之前，允许进行站内调车作业。

③闭塞机应动作迅速，办理简便，表示清楚。具有请求、开通、闭塞、列车出发通知和列车到达等表示。

④闭塞机能区分一般通话的呼叫信号和请求发车信号。

⑤闭塞机具有便于检查闭塞设备、轨道电路和外线的性能，以便及时发现故障，迅速修复，保证正常运用。

⑥在保证“故障—安全”原则下，应尽量减少元件，简化电路，提高闭塞机的可靠性，保证设备安全运用。

六、继电半自动闭塞及其分类

以继电电路的逻辑关系来完成两站间闭塞作用的半自动闭塞称为继电半自动闭塞。

我国铁路采用的是 64 型继电半自动闭塞。64 型继电半自动闭塞可分为 64D 型、64F 型和 64Y 型。64D 型用于单线，64F 型用于双线，64Y 型是带预办功能的半自动闭塞。目前大量使用的是 64D 型继电半自动闭塞。

七、继电半自动闭塞的技术经济效益

运用实践证明，继电半自动闭塞的技术经济效果很显著，具有设备简单、使用方便、维修容易、投资少、安装快等优点。由于用出站信号机的允许显示取代实物凭证，极大地提高了行车安全程度，改善了司机、车站值班员的劳动条件，提高了列车运行速度。在单线区段，与路签(牌)闭塞相比，可提高通过能力 20%～30%。

但是，采用半自动闭塞，虽然在一定程度上保证了行车安全，但不能充分发挥铁路线路(尤其是双线)的能力。而且由于区间没有空闲检查设备，须由人工确认列车的整列到达，尤其是事故复原的安全操作得不到保证，所以行车安全程度不高，并影响运输效率。

第二节　64D 型继电半自动闭塞

一、继电半自动闭塞的组成

图 1-1 是单线继电半自动闭塞示意图。

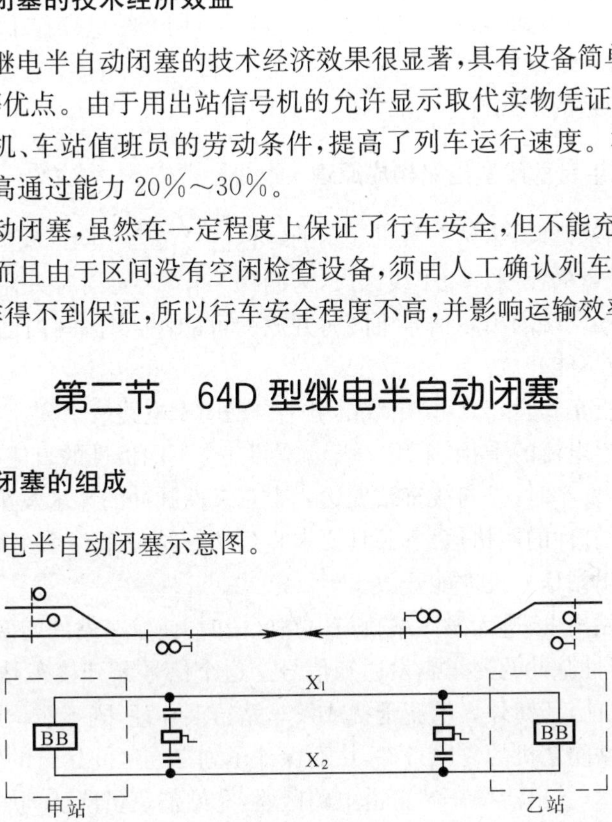

图 1-1　单线继电半自动闭塞示意图

在一个区间的相邻两站设一对半自动闭塞机（BB），并经过两站间的闭塞外线连接起来，通过两站半自动闭塞机的相互控制，保证一个区间同时只有一列列车运行。

64D 型继电半自动闭塞设备由半自动闭塞机、半自动闭塞用的轨道电路、操纵和表示设备及闭塞电源、闭塞外线等部分组成。此外，在控制电路中还包括了车站的出站信号机的控制条件。它们之间以电线相连，借以实现彼此间的电气联系。为了实现闭塞设备之间的相互联系与控制，在相邻两车站上属于同一区间的两台闭塞机之间，用两条外线连接。64D 型继电半自动闭塞设备之间的联系如图 1-2 所示。

半自动闭塞机是闭塞设备的核心，它由继电器和电阻、电容器等元器件组成，以继电电路的逻辑关系来完成两站间的闭塞作用。

轨道电路监督列车的出发和到达。

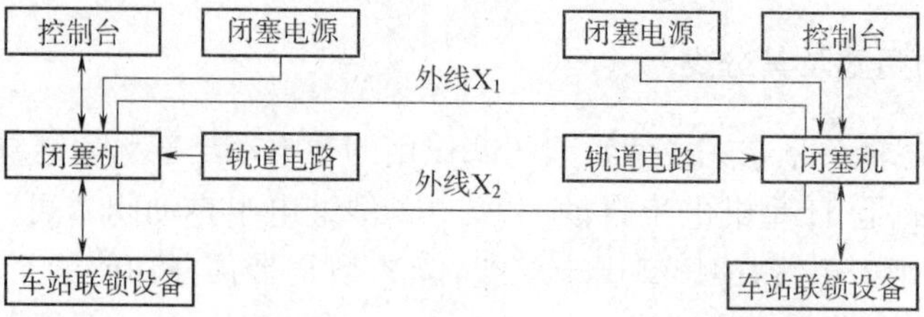

图 1-2　64D 型继电半自动闭塞设备间的联系示意图

操作和表示设备有：按钮、表示灯、电铃和计数器等，用来提供操作手段和表示信息。

闭塞电源保证连续不间断地供电。

闭塞外线联系两站的闭塞机。

二、64D 型继电半自动闭塞电路构成原理

在继电半自动闭塞区段，出站信号机显示的绿色信号是列车向区间运行的凭证，所以对出站信号机必须实行严密的控制。在单线区段，为确保“一个区间同时只允许一列列车运行”的原则，首先应排除区间两端的出站信号机同时开放的可能性，当区间内已有一列列车运行时，两站的出站信号机应不能开放。

因此，为了保证行车安全，64D 型单线继电半自动闭塞电路按下列原则进行设计：

(1)为了防护外界电流的干扰，采用“＋、－、＋”三个不同极性的直流脉冲组合构成允许发车信号。即发车站要发车时，先向接车站发送一个正极性脉冲的请求发车信号；随后由接车站自动发回一个负极性脉冲的回执信号；并且要求收到接车站发来一个正极性脉冲的同意接车信号之后，发车站的出站信号机才能开放。

(2)列车自发车站出发，进入发车站轨道电路区段时，使发车站的闭塞机闭塞，并自动地向接车站发送一个正极性脉冲的列车出发通知信号。这个信号断开接车站的复原电路，保证在列车未到达接车站之前，任何外界电流干扰或发车站错误办理，既不能构成发车站允许发车条件，也不能构成接车站闭塞机的复原条件，从而保证了列车在区间运行的安全。

(3)只有列车到达，并出清接车站轨道电路区段，车站值班员确认列车完整到达，并发送负极性脉冲的到达复原信号之后，才能使两站闭塞机复原，区间才能解除闭塞。

(4)闭塞机的开通和闭塞等控制电路，是以闭路式原理构成的，并采用安全型继电器，因此当发生瞬间停电或断线等故障时，均能满足“故障—安全”要求。

根据单线继电半自动闭塞电路构成原理的要求，并考虑到当发车站办理请求发车后的取消复原，以及当闭塞设备发生故障时的事故复原，两站间应该传送以下七种闭塞信号：

①请求发车信号。

②自动回执信号。

③同意接车信号。

④出发通知信号。

⑤到达复原信号。

⑥取消复原信号。

⑦事故复原信号。

在 64D 型单线继电半自动闭塞中，用正极性脉冲作为办理闭塞用的信号，用负极性脉冲作为闭塞机的复原信号。为了提高安全性，在请求发车和同意接车两个正极性信号之间，增加一个负极性的自动回执信号。因此，构成允许发车条件，必须具有“＋、－、＋”三个直流脉冲的组合；而接发一列列车，应在线路上顺序传送“＋、－、＋、＋、－”五个直流脉冲的组合。所以，如果外来单一极性脉冲或多个不同顺序的脉冲干扰，既不能构成允许发车条件，也不能完成一次列车的接/发车过程。64D 型单线继电半自动闭塞两站间传送的闭塞信号如图 1-3 所示。

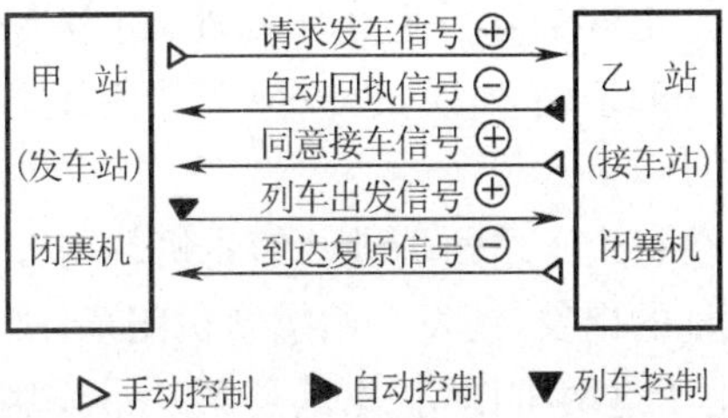

图 1-3 64D 型单线继电半自动闭塞两站间传送的闭塞信号

三、闭塞设备

1. 闭塞机

闭塞机是闭塞设备的核心，它由继电器和电阻、电容器等元器件组成。在集中联锁车站，采用组合式，即将插入式继电器和电阻、电容器安装在组合框上。

(1)继电器

每台半自动闭塞机有 13 个继电器，它们构成继电电路，完成闭塞作用。它们的名称和作用如下：

①正线路继电器 ZXJ，接收正极性的闭塞信号。

②负线路继电器 FXJ，接收负极性的闭塞信号。

③正电继电器 ZDJ，发送正极性的闭塞信号。

④负电继电器 FDJ，发送负极性的闭塞信号。

⑤闭塞继电器 BSJ，监督和表示闭塞机的状态。闭塞机在定位状态时它吸起，表示区间空闲；作为发车站时当列车占用区间时它落下，作为接车站时发出同意接车信号后它落下，表示区间闭塞。

⑥选择继电器 XZJ，选择并区分自动回执信号和复原信号；在办理发车时，监督出站信号机是否开放。

⑦准备开通继电器 ZKJ，记录对方站发来的自动回执信号。

⑧开通继电器 KTJ，记录接车站发来的同意接车信号，并控制出站信号机的开放。

⑨复原继电器 FUJ，接收复原信号，使闭塞机复原。

⑩回执到达继电器 HDJ，和 TJJ 一起构成自动回执电路发送回执信号及记录列车到达。

⑪同意接车继电器 TJJ，记录对方站发来的请求发车信号并使闭塞机转入接车状态，以及与 HDJ 一起构成自动回执电路。

⑫通知出发继电器 TCJ，记录对方站发来的列车出发通知信号。

⑬轨道继电器 GDJ，是现场轨道继电器的复示继电器，监督列车的出发和到达。

这 13 个继电器中，除了 ZXJ 和 FXJ 采用偏极继电器(JPXC-1000 型)外，其余均为直流无极继电器(JWXC-1700 型)。

(2)电阻器和电容器

电阻器和电容器的作用是使继电器缓放。将它们串联后并接在继电器的线圈上，构成继电器的缓放电路。电阻器用来限制电容器的充/放电电流，只要适当选择它们的数值，便可获得较长的缓放时间。这里，电阻器的规格为 510 Ω/2 W，电容器为 CDM 型 100 μF、200 μF 和 500 μF 三种，耐压 25 V 以上。电容器除了上述作用外，还串接在闭塞电话电路中，以防止闭塞信号的直流电流影响通话，一般采用 2 μF 的 CZM 型密封纸介质电容器。

2. 轨道电路

64D 型继电半自动闭塞，在每个车站两端进站信号机的内方需装设一段不小于 25 m 的轨道电路。其作用，一是监督列车的出发，使发车站闭塞机闭塞；二是监督列车的到达，然后由接车站值班员办理到达复原。由于这两个作用(尤其是第一个作用)的重要性，即轨道电路的动作直接影响行车安全，所以要求轨道电路不仅能稳定可靠地工作，而且要能满足“故障—安全”的要求。

半自动闭塞的发车轨道电路应采用闭路式。因为当轨道电路发生断线或瞬间断电等故障时，轨道继电器落下，使闭塞机处于闭塞状态。而继电半自动闭塞的接车轨道电路应采用开路式。因为，当发生断线或瞬间断电故障时，轨道继电器不动作，不会使闭塞机构成虚假到达。单线继电半自动闭塞区段由于接/发车轨道电路是共用的，故采用闭路式为好。

当采用一段开路式轨道电路时，只要一处断线，列车出发时就会产生闭塞机不闭塞的故障，可能造成重大行车事故。所以为保证行车安全，不准只采用一段开路式轨道电路。

由上述分析，单线继电半自动闭塞专用轨道电路最好采用两段：一段开路式和一段闭路式。这样，既能满足接车轨道电路的要求，又能满足发车轨道电路的要求。

在继电集中联锁车站，用进站信号机内方第一个轨道电路区段作为半自动闭塞的轨道电路。

3. 操作和表示设备

单线继电半自动闭塞的操纵和表示设备有：按钮、表示灯、电铃和计数器等。对于继电联锁，这些元件安装在信号控制台上。对于计算机联锁，按钮、表示灯以图形方式出现在显示器屏幕上。

(1)按钮

为了办理两站间的闭塞和复原需要设如下按钮：

①闭塞按钮 BSA。二位自复式按钮，办理请求发车或同意接车时按下。

②复原按钮 FUA。二位自复式按钮，办理到达复原或取消复原时按下。

③事故按钮 SGA。二位自复式按钮，平时加铅封。当闭塞机因故不能正常复原时，破封按下，使闭塞机复原。

(2)表示灯

车站的每一个接/发车方向各设继电半自动闭塞表示灯两组。

①发车表示灯 FBD：由黄、绿、红三个光点式表示灯组成。表示灯经常熄灭，黄灯点亮表示本站请求发车，绿灯点亮表示对方站同意发车，红灯点亮表示发车闭塞。

②接车表示灯 JBD:由黄、绿、红三个光点式表示灯组成。表示灯经常熄灭,黄灯点亮表示对方站请求接车,绿灯点亮表示本站同意接车,红灯点亮表示接车闭塞。当接、发车表示灯同时点亮红灯时,表示列车到达。

每组三个表示灯用箭头围在一起,箭头表示列车运行的方向。表示灯的排列顺序为,从箭头方向起为黄、绿、红。若车站为计算机联锁时,在显示器屏幕上分别用黄、绿、红箭头作为半自动闭塞联系信号,接车方向箭头指向本站,发车方向箭头指向对方站。

(3)电铃 DL

电铃是闭塞机的音响信号,在闭塞电路中采用直流 24 V 电铃,它装在控制台里。

当对方站办理请求发车、同意接车或列车从对方站出发时,本站电铃鸣响;当对方站办理取消复原或到达复原时,本站电铃也鸣响。此外,如果接车站轨道电路发生故障时,当列车自发车站出发后,接车站电铃会一直鸣响(但此时因电路中串联一个电阻,音量较小),以提醒接车站及时修复轨道电路,准备接车。

为了区别运行方向,车站两端的闭塞电铃可调成不同的音响(可以调整电铃上的螺丝,或在电路中适当地串联一个电阻)。

在计算机联锁车站,音响信号为语音提示。

(4)计数器 JSQ

计数器用来记录车站值班员办理事故复原的次数。每按下一次 SGA,JSQ 自动转换一个数字。因为事故复原是在闭塞设备发生故障时的一种特殊复原方法,当使用"事故"按钮使闭塞机复原时,行车安全由车站值班员人为保证,因此必须严加控制。使用时要登记,用后要及时加封,而且由计数器自动记录使用的次数。

在计算机联锁车站,"事故"按钮加封由密码完成,并自动记录破封时间和次数。

4. 闭塞电源

闭塞电源应连续不间断地供电且应保证继电器的端电压不低于工作值的 120%,以保证闭塞机的可靠动作。64D 型继电半自动闭塞采用直流 24 V 电源,可用交流电源整流供电。

继电半自动闭塞的电源分为线路电源和局部电源,前者用于向邻站发送闭塞信号,后者供车站闭塞电路用。当站间距离较长,外线环线电阻超过 250 Ω 时,允许适当提高线路电源电压。

一个车站两端的闭塞机电源应分别设置,为的是若一端的电源发生故障,不影响另一端。

半自动闭塞设备的供电视所在车站联锁设备供电的不同而不同。半自动闭塞的局部电源可以和车站联锁的继电器控制电源合用。凡是电源屏中设置半自动闭塞线路电源的,可直接引用。若电源屏中未设半自动闭塞线路电源,则必须在半自动闭塞组合中设一台专用的 ZG_1-42/0.5 型整流器,包括变压器、桥式整流器和电容器三部分,额定容量 21 W,输入电压交流 220 V;额定输出电流 0.5 A,直流输出电压有 24 V、28 V、32 V、36 V、42 V 五挡。

5. 闭塞机外线

继电半自动闭塞的外线原是与站间闭塞电话线共用的。为了防护外界电源对闭塞机的干扰,提高闭塞电话的通话质量,应采用两根外线。

采用电缆线路时,由于电缆芯线线径只有 1.0 mm,其环线电阻为 70 Ω/km,若在线路电源电压一定的条件下,则闭塞机的控制距离将要缩短。为提高闭塞机的控制距离,可在线路继电器上并联二极管,其电路如图 1-4 所示。当二极管击穿时,线路继电器被短路而不能吸起;当二极管断线时,则线路继电器不能正常工作,满足"故障—安全"原则。但此时闭塞机与闭塞电话不能合用外线。

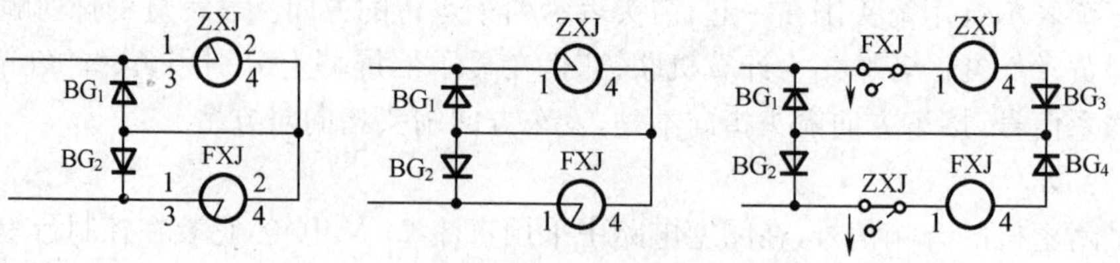

图 1-4 线路继电器并联二极管电路图

由于通信传输手段的现代化,光纤传输和无线传输越来越普遍,于是出现了将闭塞信号通过编码,由光缆或无线进行传输,以代替电缆传输。

四、办理闭塞手续

单线继电半自动闭塞要求两个车站的值班员共同办理闭塞手续,其办理手续分为正常办理、取消复原和事故复原三种。根据列车运行情况和设备状态分别采用之。

1. 正常办理

所谓正常办理是指两站间列车的正常运行及闭塞机处于正常状态时的办理方法,共有五个步骤。设甲站为发车站,乙站为接车站,办理步骤如下:

(1)甲站请求发车

甲站要向乙站发车,甲站值班员应先检查控制台上的接、发车表示灯处于平时灭灯状态,并确认区间空闲后,通过闭塞电话与乙站联系,然后按下"闭塞"按钮,向乙站发送请求发车信号。此时,乙站电铃鸣响。当甲站值班员松开"闭塞"按钮后,乙站自动向甲站发送自动回执信号,使甲站发车表示灯亮黄灯,同时电铃鸣响。当发完自动回执信号后,乙站接车表示灯也亮黄灯。这说明甲站办理请求发车的手续已完成。

(2)乙站同意甲站发车

乙站如果同意甲站发车,乙站值班员在确认接车表示灯亮黄灯后,按下"闭塞"按钮,向甲站发送同意接车信号。此时,乙站接车表示灯黄灯熄灭,绿灯点亮,甲站发车表示灯黄灯也熄灭,改亮绿灯,同时电铃鸣响。

至此,两站间完成了一次列车占用区间的办理闭塞手续。闭塞机处于区间开通状态,表示乙站同意甲站发车,甲站至乙站方向区间开通,甲站出站信号机可以开放。

(3)列车从甲站出发

甲站值班员看到发车表示灯亮绿灯,即可办理发车进路,开放出站信号机。当出发列车驶入出站信号机内方,出站信号机自动关闭。当列车驶入进站信号机内方第一个轨道区段时,使甲站发车表示灯变为点红灯,并自动向乙站发送出发通知信号,使乙站接车表示灯也变点红灯,同时电铃鸣响。

至此,双方站的闭塞机均处于区间闭塞状态,表明该区间内有一列列车在运行,此时双方站的出站信号机均不能再次开放。

(4)列车到达乙站

乙站值班员在同意接车后，应准备好列车进路。当接车表示灯由绿灯变红灯及电铃鸣响后(说明列车已从邻站开出)，应根据列车在区间运行时分的长短，及时建立接车进路，开放进站信号机，准备接车。当列车到达乙站，进入乙站进站信号机内方第一个轨道区段时，乙站的发车表示灯和接车表示灯都亮红灯，表示列车到达。此时，乙站进站信号机自动关闭。

(5)到达复原

列车全部进入乙站股道后，接车进路解锁。乙站值班员在确认列车完整到达后，按下“复原”按钮，办理到达复原。此时，乙站接、发车表示灯的红灯均熄灭，同时向甲站发送到达复原信号，使甲站的发车表示灯红灯熄灭，电铃鸣响。

至此，两站闭塞机均恢复定位状态。

两站间正常办理闭塞步骤与闭塞机状态示意如图 1-5 所示。

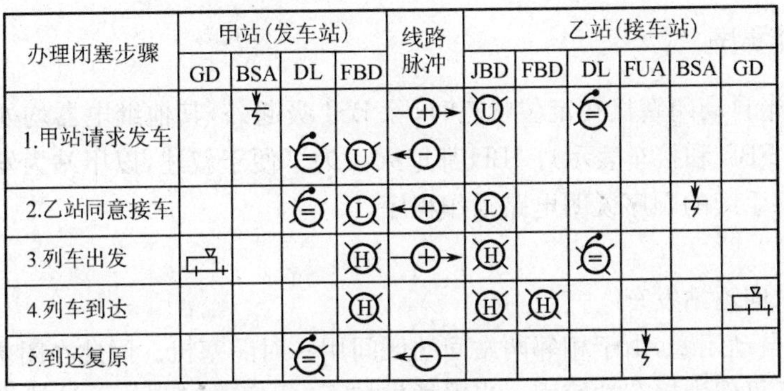

图 1-5　正常办理步骤与闭塞机状态示意图

2. 取消复原

取消复原是指办理闭塞手续后，列车因故不能发车时，而采用的取消闭塞的方法。取消复原有以下三种情况：

(1)发车站请求发车，收到接车站的回执信号后取消复原。此时，发车站的发车表示灯、接车站的接车表示灯均亮黄灯，如果接车站不同意对方站发车或发车站需取消发车时，经双方联系后可由发车站车站值班员按下“复原”按钮办理取消复原。

(2)发车站收到对方站的同意接车信号后，但其出站信号机尚未开放以前取消复原。这时发车站的发车表示灯和接车站的接车表示灯均亮绿灯，如需取消闭塞，也须经两站车站值班员联系后，由发车站车站值班员按下“复原”按钮，办理取消复原。

(3)在电气集中联锁的车站，发车站开放出站信号机后，列车尚未出发之前要取消复原，须经两站车站值班员电话联系后，确认列车未出发，发车站车站值班员先办理发车进路的取消或人工解锁(视列车接近的情况)。在出站信号机关闭，发车进路解锁后，再按下“复原”按钮，办理取消复原。

以上三种情况的取消复原，执行者均为发车站车站值班员，如由接车站车站值班员办理取消复原，则是无法实现的。

3. 事故复原

使用“事故”按钮使闭塞机复原的方法，叫事故复原。事故复原是在闭塞机不能正常复原时，所采用的一种特殊复原方法。由于事故复原不检查任何条件，行车安全全靠人为保证，因此两站车站值班员必须共同确认区间没有被占用（列车没有出发、区间没有列车运行、列车整列到达），双方出站信号机均关闭，并应在“行车设备检查登记簿”中登记，然后由发生故障一方的车站值班员打开铅封，按下“事故”按钮使闭塞机复原。

在下列情况下，允许使用“事故”按钮办理事故复原：

(1)闭塞电源断电后重新恢复供电时。

(2)列车到达接车站，因轨道电路故障不能办理到达复原时。

加封的“事故”按钮，破封后不准连续使用。装有计数器的“事故”按钮，破封后可以继续使用。无论装计数器是否，每办理一次事故复原，车站值班员都应在“行车设备检查登记簿”中登记，并在交接班时登记计数器上的数字，以便明确责任。“事故”按钮使用后，应及时加封。

五、电路动作程序

64D 型继电半自动闭塞机在定位状态时，除 BSJ 吸起外，其他继电器均处于落下状态；两站的发车表示灯 FBD 和接车表示灯 JBD 都熄灭。为了便于叙述，以甲站为发车站，乙站为接车站，按办理闭塞手续的顺序说明电路动作程序。

1. 正常办理

(1)甲站请求向乙站发车

单线继电半自动闭塞，由于相邻两站间的区间用一对闭塞机。因此在闭塞电路设计上，既可作为发车站，又可作为接车站使用。当甲站先按下“闭塞”按钮时，甲站就成为发车站，而乙站则成为接车站。反之亦然。

甲站要向乙站发车，甲站值班员按下 BSA，此时甲站的 ZDJ 吸起。ZDJ 吸起后，一方面使本站的 XZJ 吸起并自闭，给电容器充电；另一方面向乙站发送一个正极性脉冲的请求发车信号，使乙站的 ZXJ 吸起。

在乙站，ZXJ 吸起后，一方面接通电铃电路，使电铃鸣响，另一方面使 HDJ 吸起，并给电容器充电。

当甲站值班员松开 BSA 后，ZDJ 因电容器的放电而缓放落下后，请求发车信号结束，使乙站的 ZXJ 落下，电铃停响，并断开了 HDJ 的励磁电路。在 ZXJ 落下和 HDJ 缓放（因电容器放电）的时间里接通了 TJJ 电路，使 TJJ 吸起并自闭。TJJ 吸起后与 HDJ（在缓放）共同接通 FDJ 的励磁电路，FDJ 吸起后向甲站发送一个负极性脉冲的自动回执信号。

在甲站，当收到自动回执信号时 FXJ 吸起。FXJ 吸起后，一方面使电铃鸣响，另一方面经 XZJ 的前接点使 ZKJ 吸起并自闭。ZKJ 吸起后一方面给电容器 C_2 充电，另一方面接通了 GDJ 的励磁电路，使 FBD 亮黄灯，表示请求发车。

在乙站，当 HDJ 缓放落下后，一方面断开了 FDJ 的励磁电路，当 FDJ 因电容器的放电而缓放落下后，结束自动回执信号，另一方面使 JBD 亮黄灯，表示对方站请求发车。

至此，甲站闭塞机中有 BSJ、XZJ、ZKJ 和 GDJ 吸起，FBD 亮黄灯，表示本站请求发车；乙站闭塞机中有 BSJ 和 TJJ 吸起，JBD 亮黄灯，表示邻站请求发车。

甲站请求向乙站发车的电路动作程序如图 1-6 所示。

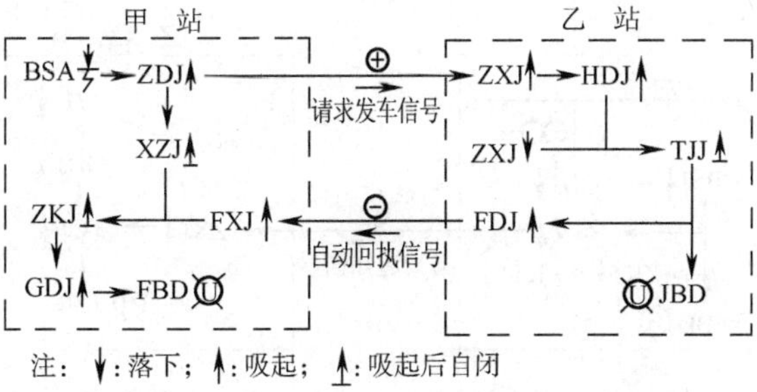

图 1-6 甲站向乙站请求发车的电路动作程序图

(2)乙站同意甲站发车

乙站值班员看到接车表示灯亮黄灯，待电铃停止鸣响后，按下 BSA，表示同意接车。此时，由于乙站的 TJJ 已吸起，所以使 BSJ 落下。BSJ 落下后，一方面使 JBD 亮绿灯，另一方面接通 ZDJ 电路 ZDJ 吸起后，向甲站发送一个正极性脉冲的同意接车信号。

在甲站，当收到同意接车信号后 ZXJ 吸起，一方面接通电铃电路使之鸣响，另一方面接通 KTJ 电路，使 KTJ 吸起并自闭且接通 FBD 的绿灯电路，使其亮绿灯，表示邻站同意发车。

当乙站值班员松开 BSA 后，ZDJ 经电容器 C_1 放电而缓放落下后，停止发送同意接车信号，使甲站的 ZXJ 落下。

至此，甲站有 BSJ、XZJ、ZKJ、KTJ、GDJ 吸起，FBD 亮绿灯；乙站只有 TJJ 吸起，JBD 亮绿灯，表示从甲站到乙站方向的区间开通。

乙站同意甲站发车时的电路动作程序如图 1-7 所示。

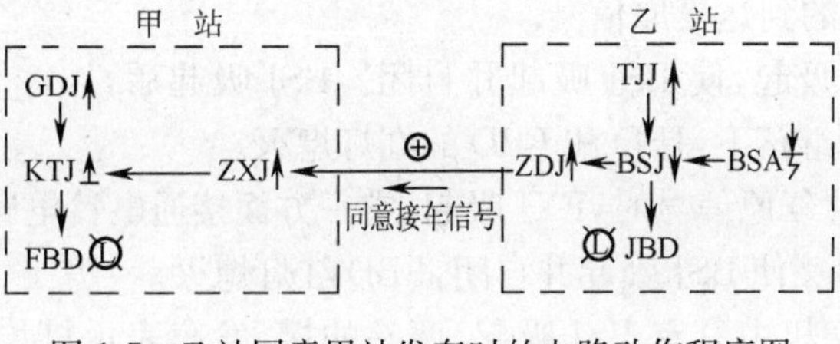

图 1-7 乙站同意甲站发车时的电路动作程序图

(3)列车从甲站出发

甲站值班员看到发车表示灯亮绿灯，即可办理发车进路，开放出站信号机，此时 XZJ 落下。当列车出发驶入出站信号机内方，出站信号机自动关闭。当列车驶入进站信号机内方第一个轨道区段时，由于 GDJ 落下，使 BSJ、ZKJ 和 KTJ 相继落下，因为 ZXJ 的缓放(电容器 C_2 放电所致)，其落下后才使 KTJ 落下，所以在 BSJ 已落下和 KTJ 尚未落下的时间里，使 ZDJ 吸起，向乙站发送一个正极性脉冲的出发通知信号。

在乙站，收到出发通知信号后，使 ZXJ 吸起并接通 TCJ 励磁电路，使 TCJ 吸起并自闭。

TCJ 吸起后又使 GDJ 吸起，准备接车。GDJ 吸起后断开了 TJJ 的自闭电路，使 TJJ 落下。

至此，甲站的全部继电器都落下，FBD 亮红灯；乙站只有 TCJ 和 GDJ 吸起，JBD 亮红灯。表示两站闭塞机转入区间闭塞状态，甲站到乙站方向的区间闭塞，并有一列列车在区间运行。

列车从甲站出发的电路动作程序如图 1-8 所示。

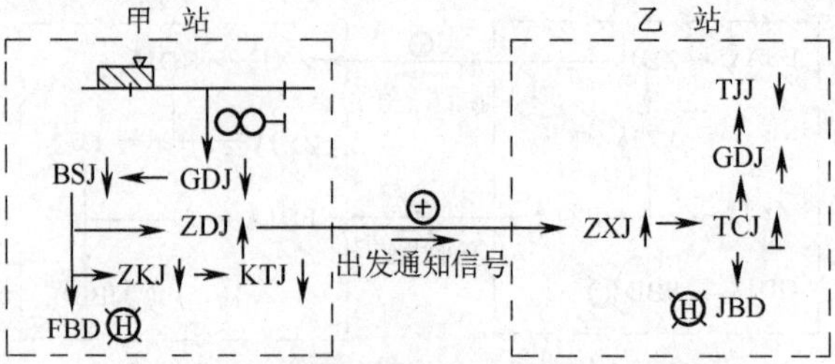

图 1-8　列车从甲站出发的电路动作程序图

(4)列车到达乙站

乙站值班员看到接车表示灯由绿灯亮为红灯,电铃鸣响后,表明列车已由甲站开出,应及时建立接车进路,开放进站信号机,准备接车。当列车到达乙站,进入乙站进站信号机内方第一个轨道区段时,由于 GDJ 落下,使 HDJ 吸起并自闭,发车表示灯 FBD 亮红灯。此时,乙站进站信号机自动关闭。列车出清该轨道区段后,GDJ 重新吸起。

至此,乙站有 TCJ、GDJ 和 HDJ 吸起,JBD 和 FBD 都亮红灯,表示列车到达。甲站闭塞机状态无变化,FBD 仍亮红灯。

列车到达乙站时的电路动作程序如图 1-9 所示。

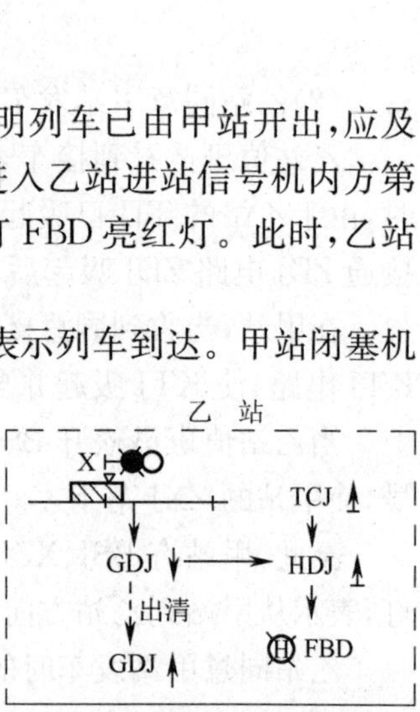

图 1-9　列车到达乙站时的电路动作程序图

(5)到达复原

列车全部进入乙站股道后,接车进路解锁。乙站值班员在确认列车完整到达后,按下 FUA,办理到达复原。此时乙站的 FDJ 吸起,FDJ 吸起后,一方面接通本站的 FUJ 电路,另一方面向甲站发送一个负极性脉冲的到达复原信号。

在乙站,由于 FUJ 吸起,使 BSJ 吸起并自闭。BSJ 吸起后,使 TCJ、GDJ 和 HDJ 相继落下,JBD 和 FBD 的红灯熄灭。

在甲站,当收到到达复原信号时,FXJ 吸起,它一方面接通电铃电路使之鸣响,另一方面使 FUJ 吸起。FUJ 吸起后又使 BSJ 吸起并自闭,FBD 红灯熄灭。

至此,甲乙两站闭塞机中只有 BSJ 吸起,两站的接、发车表示灯均熄灭,两站闭塞机恢复定位状态,表示区间空闲。

乙站办理到达复原时的电路动作程序如图 1-10 所示。

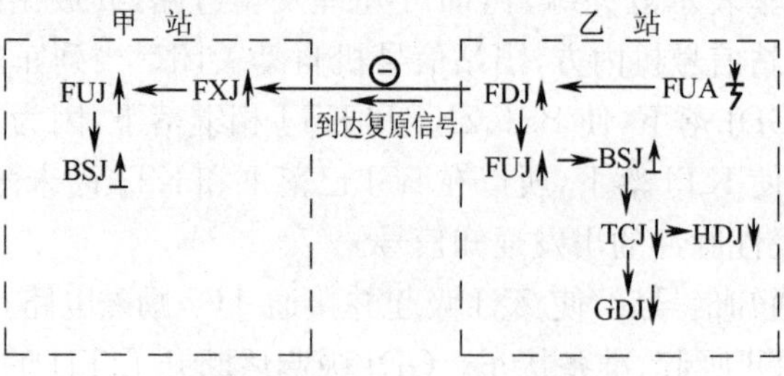

图 1-10　乙站办理到达复原时的电路动作程序图

2. 取消复原

办理取消复原可分为三种情况,它们的电路动作程序如下:

(1)甲站收到自动回执信号,即 FBD 亮黄灯之后

当甲站请求发车之后,乙站同意接车之前,FBD 亮黄灯时,如果乙站不同意甲站发车或甲站需要取消发车时,经双方联系后,可由甲站值班员按下“复原”按钮办理取消复原。此时在甲站闭塞机中有 BSJ、XZJ、ZKJ 吸起并自闭,GDJ 也已吸起,FBD 亮黄灯;乙站有 BSJ 和 TJJ 吸起并自闭,JBD 亮黄灯。甲站 FBD 亮黄灯时办理取消复原时的电路动作程序如图 1-11 所示。

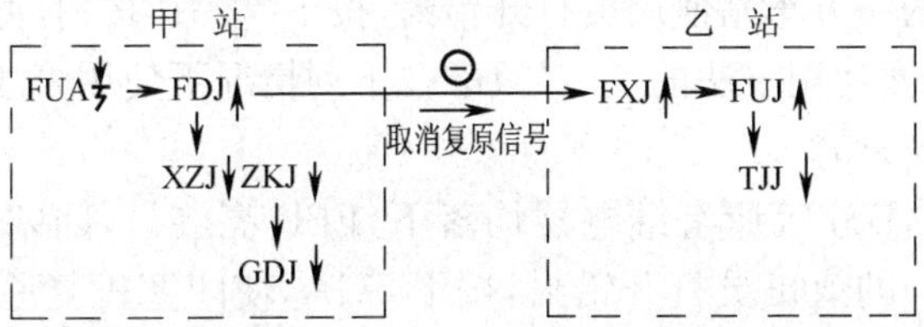

图 1-11　甲站 FBD 亮黄灯时办理取消复原时的电路动作程序图

在甲站,当甲站值班员按下 FUA 后,使 FDJ 吸起,FDJ 吸起后,用它的后接点断开 ZKJ 和 XZJ 的自闭电路;用 ZKJ 的前接点断开 GDJ 电路;用 GDJ 的前接点断开 FBD 的黄灯电路。同时,经 FDJ 前接点,通过外线向乙站发送一个负极性的取消复原信号。

在乙站,当收到取消复原信号时,FXJ 吸起。FXJ 吸起后使电铃鸣响,同时接通 FUJ 励磁电路。FUJ 吸起后,用 FUJ 的后接点断开 TJJ 的自闭电路;TJJ 落下后又用其前接点断开 JBD 的黄灯电路。

至此,两站闭塞机中只有 BSJ 吸起,表示灯都熄灭,闭塞机恢复定位。

(2)甲站收到同意接车信号,FBD 亮绿灯,尚未开放出站信号机之前

此时,需要取消闭塞,经两站值班员联系后,由甲站值班员按下 FUA,办理取消复原。

在这种情况下,甲站闭塞机中除 BSJ、XZJ、ZKJ 和 GDJ 吸起外,尚有 KTJ 吸起,FBD 亮绿灯。乙站闭塞机中只有 TJJ 吸起,JBD 亮绿灯,此时办理取消复原时的电路动作程序如图 1-12 所示。

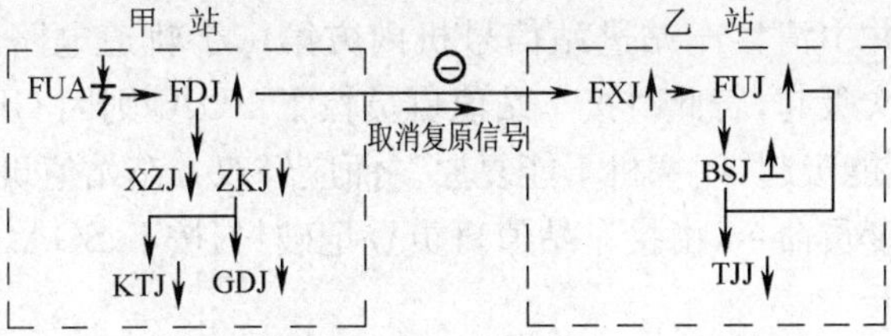

图 1-12　甲站 FBD 亮绿灯后办理取消复原时的电路动作程序图

当甲站值班员按下 FUA 时,使 FDJ 吸起。FDJ 吸起后,用其后接点断开 ZKJ 和 XZJ 的自闭电路;ZKJ 落下后,用其前接点断开 KTJ 的自闭电路和 GDJ 电路。KTJ 落下后,用其前接点断开 FBD 绿灯电路,FBD 熄灭。

在乙站,当收到取消复原信号时,FXJ 吸起。FXJ 吸起后,使电铃鸣响,同时使 FUJ 吸起。FUJ 吸起后,使 BSJ 吸起并自闭。用 BSJ 的后接点断开 TJJ 的自闭电路和 JBD 的绿灯电路,JBD 熄灭。

至此,两站闭塞机中只有 BSJ 吸起,表示灯都熄灭,闭塞机恢复定位。

(3)在电气集中联锁车站,甲站开放出站信号机之后,列车尚未出发之前

在这种情况下要取消闭塞时,需经两站值班员电话联系后,确认列车未出发,甲站值班员

先人工解锁发车进路。在出站信号机关闭，发车进路解锁后，XZJ 重新吸起；再按下 FUA，办理取消复原。其电路动作顺序同前。

3. 事故复原

由于事故复原不检查任何条件，行车安全完全靠两站值班员人为保证，所以在办理事故复原时，两站值班员必须充分确认列车未出发，区间无车占用，列车完整到达，双方出站信号机均关闭，然后由发生故障的一方车站值班员打开铅封，按下"事故"按钮，办理事故复原。

根据继电半自动闭塞使用方法的规定，只准在下列情况下使用事故复原：

(1)闭塞机停电后恢复时

闭塞机停电恢复后，BSJ 等所有继电器均落下，FBD 亮红灯，闭塞机处于发车闭塞状态。此时，停电车站(如甲站)的值班员打开铅封，按下 SGA，使闭塞机复原，其电路动作程序如图 1-13 所示。

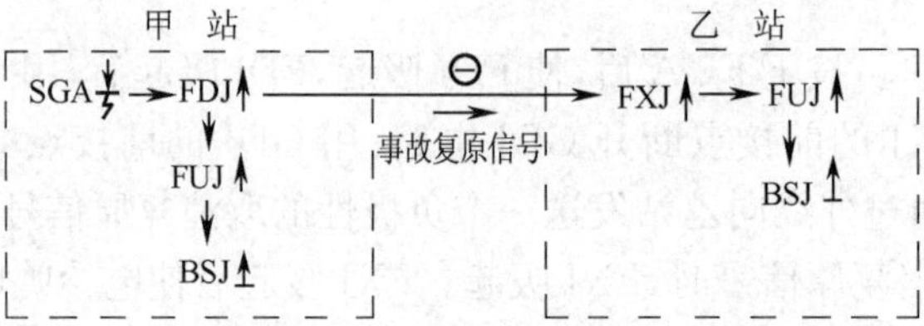

图 1-13 停电恢复后办理事故复原时的电路动作程序图

当甲站按下 SGA 后，使 FDJ 吸起。FDJ 吸起后，一方面使 FUJ 吸起，继而使 BSJ 吸起并自闭，用 BSJ 的后接点断开 FBD 红灯电路，使甲站闭塞机恢复定位。

另一方面向乙站发送一个负极性的事故复原信号，使乙站的 FXJ 吸起，电铃鸣响。FXJ 吸起后，使 FUJ 吸起。继而使 BSJ 吸起并自闭，用 BSJ 后接点断开 FBD 红灯电路，使乙站闭塞机恢复定位。

(2)当列车到达接车站后，因轨道电路故障不能办理到达复原时

当列车到达，进入并出清接车站进站信号机内方第一个轨道电路区段后，因轨道电路故障，轨道继电器不能再次吸起，若此时接车站值班员按下 FUA，则因 GDJ 的落下，不能使 FDJ 吸起，故 FUJ、BSJ 也不能吸起，闭塞机不能复原。而应经双方车站值班员电话联系，确认列车整列到达，根据列车调度员命令，由接车站值班员登记破封，按下 SGA，办理事故复原，其电路动作程序如图 1-14 所示。

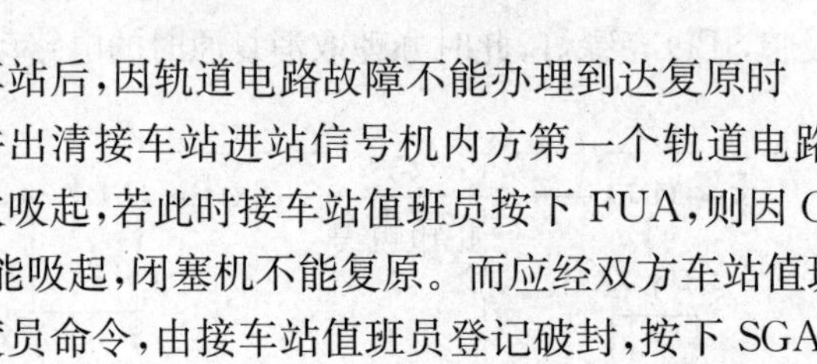

图 1-14 接车站轨道电路故障办理事故复原时的电路动作程序图

(3)车站办理由区间返回原发车站的路用列车时

当路用列车由区间返回发车站后，发车站闭塞机中的继电器全部处于落下状态，FBD 亮红灯，接车站闭塞机中的 TCJ 和 GDJ 在吸起状态，JBD 亮红灯，两站闭塞机均处于闭塞状态。

此时，发车站值班员登记破封，用“事故”按钮办理事故复原，使 FDJ 吸起。FDJ 吸起后，一方面使 FUJ 吸起，继而使 BSJ 吸起并自闭，从而断开 FBD 红灯电路，使闭塞机恢复定位。另一方面向接车站发送一个负极性的事故复原信号，使接车站的 FXJ 吸起并接通电铃电路，接车站值班员在电铃鸣响过程中，应按下 FUA，使本站闭塞机中的 FUJ 吸起，继而使 BSJ 吸起并自闭，TCJ 和 GDJ 相继落下，JBD 红灯熄灭，闭塞机恢复闭塞机恢复定位。

路用列车由区间返回原发车站时办理事故复原时电路动作程序如图 1-15 所示。

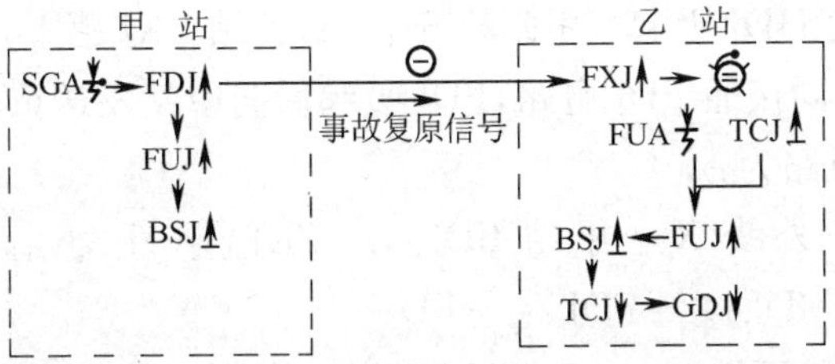

图 1-15　路用列车由区间返回原发车站办理事故复原时的电路动作程序图

六、电路工作原理

为使电路简单明了，便于掌握，将 64D 型继电半自动闭塞电路按功能不同设计成独立的单元式电路。它由线路继电器电路、信号发送器电路、发车接收器电路、接车接收器电路、闭塞继电器电路、复原继电器电路、轨道继电器电路和表示灯电路八个单元电路组成，参阅《计算机联锁图册》图Ⅰ-18。

1. 线路继电器电路

线路继电器电路如图 1-16 所示，其作用是发送和接收闭塞信号。它由正线路继电器 ZXJ 和负线路继电器 FXJ 组成。在每个闭塞区间两端的线路继电器是对称的，每端串联两个线路继电器，ZXJ 接收正极性的闭塞信号，FXJ 接收负极性的闭塞信号。线路继电器之所以采用偏极继电器，是因为偏极继电器具有选择电流极性的特性。为降低继电器的工作电压，线路继电器两个线圈并联使用。

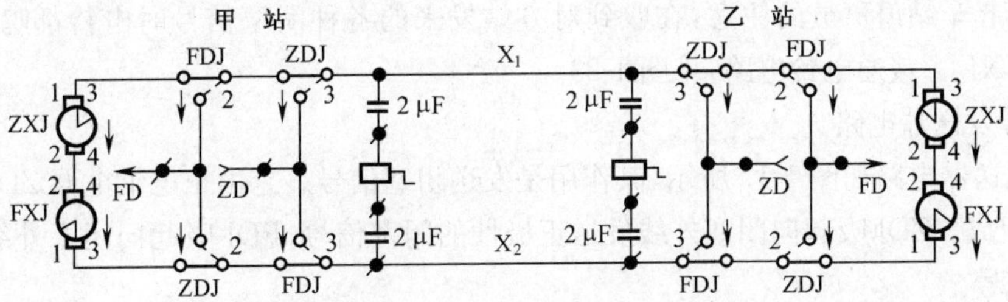

图 1-16　线路继电器电路

为了向线路发送正、负两种极性的闭塞信号，在线路继电器电路中接有两组 ZDJ 的接点和两组 FDJ 的接点。ZDJ 吸起时向线路上发送正极性的闭塞信号；FDJ 吸起时向线路上发送负极性的闭塞信号。由于 ZDJ 和 FDJ 的两组接点是互相照查的，所以两个继电器同时吸起时，不会向线路上发送任何闭塞信号。

为防护外线混电，电路由 ZDJ 和 FDJ 的双断接点通断电源，因此当一条外线混电时，不会引起线路继电器的错误动作。

闭塞电话与线路继电器电路共用一对外线。为防止直流闭塞信号进入电话机，在闭塞电话电路中串联两个 2 μF 的电容器。

甲站请求向乙站发车，按下 BSA，使 ZDJ 吸起，向乙站发送正极性的请求发车信号，使乙站 ZXJ 吸起，励磁电路为：

甲站 ZD—ZDJ$_{32\text{-}31}$—外线 X$_1$—乙站 ZDJ$_{31\text{-}33}$—FDJ$_{21\text{-}23}$—ZXJ$_{1、3\text{-}2、4}$—FXJ$_{2、4\text{-}1、3}$—ZDJ$_{23\text{-}21}$—FDJ$_{33\text{-}31}$—外线 X$_2$—甲站 FDJ$_{31\text{-}33}$—ZDJ$_{21\text{-}22}$—FD。

乙站 ZXJ 吸起后，使 HDJ 吸起。甲站松开 BSA，乙站 ZXJ 落下，使 TJJ 吸起，TJJ 吸起后与正在缓放中的 HDJ 共同接通 FDJ 电路，FDJ 吸起后向甲站发送负极性的自动回执信号，使甲站的 FXJ 吸起，励磁电路为：

乙站 ZD—FDJ$_{32\text{-}31}$—外线 X$_2$—甲站 FDJ$_{31\text{-}33}$—ZDJ$_{21\text{-}23}$—FXJ$_{1、3\text{-}2、4}$—ZXJ$_{2、4\text{-}1、3}$—FDJ$_{23\text{-}21}$—ZDJ$_{33\text{-}31}$—外线 X$_1$—乙站 ZDJ$_{31\text{-}32}$—FDJ$_{21\text{-}22}$—FD。

乙站同意甲站发车，按下 BSA，由于 TJJ 已吸起，使 BSJ 落下，接通 FDJ 电路，向甲站发送正极性的同意接车信号，使甲站的 ZXJ 吸起，励磁电路为：

乙站 ZD—ZDJ$_{32\text{-}31}$—外线 X$_1$—甲站 ZDJ$_{31\text{-}33}$—FDJ$_{21\text{-}22}$—ZXJ$_{1、3\text{-}2、4}$—FXJ$_{2、4\text{-}1、3}$—ZDJ$_{23\text{-}21}$—FDJ$_{33\text{-}31}$—外线 X$_2$—乙站 FDJ$_{31\text{-}33}$—ZDJ$_{21\text{-}22}$—FD。

列车从甲站出发，驶入进站信号机内方第一个轨道电路区段时，GDJ 落下，使 BSJ、ZKJ、KTJ 相继落下，在 BSJ 已落下和 KTJ 因 ZKJ 缓放尚未落下时，使 ZDJ 吸起，向乙站发送正极性的出发通知信号，使乙站 ZXJ 吸起，励磁电路同请求发车时的 ZXJ 励磁电路。

列车到达乙站，乙站在确认整列到达后办理到达复原，按下 FUA，使 FDJ 吸起，向甲站发送负极性的到达复原信号，使甲站 FXJ 吸起，其励磁电路与接收自动回执信号时相同。

取消复原时，甲站按下 FUA 后，使 FDJ 吸起，向乙站发送负极性的取消复原信号，使乙站的 FXJ 吸起，励磁电路为：

甲站 ZD—FDJ$_{32\text{-}31}$—外线 X$_2$—乙站 FDJ$_{31\text{-}32}$—ZDJ$_{21\text{-}23}$—FXJ$_{1、3\text{-}2、4}$—ZXJ$_{2、4\text{-}1、3}$—FDJ$_{23\text{-}21}$—ZDJ$_{33\text{-}31}$—外线 X$_1$—甲站 ZDJ$_{31\text{-}33}$—FDJ$_{21\text{-}22}$—FD。

为了引起车站值班员的注意，在收到对方站发来的各种闭塞信号时电铃都鸣响，为此用 ZXJ$_{21\text{-}22}$ 或 FXJ$_{21\text{-}22}$ 接通电铃电路，见图 1-23。

2. 信号发送器电路

信号发送器电路如图 1-17 所示，其作用是发送闭塞信号。它由正电继电器 ZDJ 和负电继电器 FDJ 组成。ZDJ 吸起向闭塞外线发送正极性的闭塞信号；FDJ 吸起向闭塞外线发送负极性的闭塞信号。

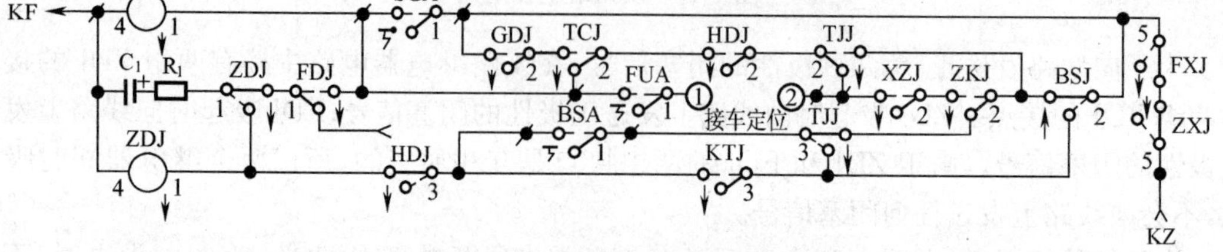

图 1-17 信号发送器电路图

(1)ZDJ 电路

ZDJ 吸起向闭塞外线发送请求发车信号、同意接车信号和出发通知信号三种正极性的闭塞信号。

①请求发车信号

这是闭塞机在定位状态时才能发出的信号，此时 ZDJ 的励磁电路要检查的条件是：

a. 区间空闲，闭塞机在定位状态(BSJ↑)。

b. 双方站未请求发车(HDJ↓)。

c. 本站闭塞机未转到接车状态(TJJ↓)。

d. 本站闭塞机也未转到准备开通状态(ZKJ↓)。

请求发车信号的控制条件是 BSA，当本站值班员按下“闭塞”按钮时，经过 $BSA_{11\text{-}12}$ 接通 ZDJ 励磁电路，ZDJ 吸起后向闭塞外线发送正极性的请求发车信号。

因为 BSA 是自复式按钮，所以当车站值班员松开 BSA 后，即断开 ZDJ 电路。为了保证电路的可靠动作，要求发送的闭塞信号有足够的长度，故 ZDJ 和 FDJ 电路共用由电阻 R_1(510 Ω/2 W)和电容器 C_1(500 μF)构成的缓放电路。电容器 C_1 平时经过 $ZDJ_{11\text{-}13}$ 和 $FDJ_{11\text{-}13}$ 处于充电状态。当 ZDJ 吸起时，经过 $ZDJ_{11\text{-}12}$ 使 C_1、R_1 并联在 ZDJ 的线圈上。而当 FDJ 吸起时，经过 $ZDJ_{11\text{-}13}$ 和 $FDJ_{11\text{-}12}$ 使 C_1、R_1 并联在 FDJ 的线圈上。当 ZDJ 或 FDJ 断电时，C_1 向 ZDJ 或 FDJ 的线圈放电，使其缓放，其缓放时间应不小于 1.6 s。

因 C_1 采用经常充电的方式，所以 ZDJ 和 FDJ 只缓放不缓吸，缓放时间稳定，保证闭塞信号长度的一致，从而不受本站值班员按压按钮时间长短的影响。

$ZXJ_{51\text{-}53}$ 和 $FXJ_{51\text{-}53}$ 接在信号发送器的总电路中，其作用是保证闭塞机在接收完了对方站发来的闭塞信号之后，才能使 ZDJ 或 FDJ 吸起，以防止车站值班员抢先办理闭塞时使电路无法动作。

②同意接车信号

这是在收到对方站的请求发车信号、本站闭塞机转为接车状态后才能发送的信号，此时 ZDJ 的励磁电路要检查以下条件：

a. 闭塞机转为接车状态(TJJ↑)。

b. 车站值班员同意接车，按下 BSA。

c. 闭塞机转为闭塞状态(BSJ↓)。

$HDJ_{31\text{-}33}$ 是综合电路时并入的，它保证在发送回执信号时断开 ZDJ 的励磁电路，以保证自动回执信号的脉冲长度。当 HDJ 落下时，证实自动回执信号已发完。

③出发通知信号

这是在列车自发车站出发，进入发车站进站信号机内方第一个轨道区段时，闭塞机自动发出的信号，此时 ZDJ 的励磁电路要检查以下条件：

a. 列车出发进入进站信号机内方第一个轨道电路区段(GDJ↓)。

b. 闭塞机转入闭塞状态(BSJ↓)。

应该指出的是，在出发通知信号电路中并没有 GDJ 的后接点，它是通过 $BSJ_{21\text{-}23}$ 来证明的。因为在发车站的 BSJ 电路中，由于此时 KTJ 是吸起的，当列车出发进入轨道电路区段时，GDJ 落下，BSJ 才落下。

列车出发通知信号是自动接通和断开的。电路的接通条件是 $BSJ_{21\text{-}23}$，而断开的条件是 $KTJ_{31\text{-}32}$。因为列车出发时，电路动作顺序是 GDJ↓→BSJ↓→ZKJ↓→KTJ↓，并且 ZKJ 的线

圈上并联电容器 C_2，有一定的缓放时间，当 ZKJ 落下后，KTJ 才落下。所以此时的 ZDJ 电路由 BSJ 的落下来接通，用 KTJ 的落下来断开，以保证 ZDJ 有一定的吸起时间。

(2)FDJ 电路

FDJ 吸起向闭塞外线发送自动回执信号、到达复原信号、取消复原信号和事故复原信号四种负极性的闭塞信号。

①自动回执信号

这是接车站收到请求发车信号之后，自动向发车站发送的证实信号，此时 FDJ 的励磁电路要检查的条件是：

a. 本站闭塞机在定位状态(BSJ↑)。

b. 收到请求发车信号(HDJ↑)。

c. 本站闭塞机已转为接车状态(TJJ↑)。

TCJ 第 2 组接点用来区分是自动回执电路还是到达复原电路。当 TCJ 落下，FDJ 吸起时，向闭塞外线发送的是自动回执信号，当 TCJ 吸起，FDJ 吸起时，向闭塞外线发送的是到达复原信号。这样，可使自动回执电路和到达复原电路合用一组 HDJ 的前接点。

$TJJ_{21\text{-}22}$ 和 $HDJ_{21\text{-}22}$ 在电路中起着自动接通和断开自动回执电路的作用。用 $TJJ_{21\text{-}22}$ 接通 FDJ 电路，开始发送自动回执信号。HDJ 经过一段时间的缓放后落下，用 $HDJ_{21\text{-}22}$ 断开 FDJ 电路，终止发送自动回执信号。

自动回执信号的脉冲长度近似等于 HDJ 和 FDJ 缓放时间之和，起控制作用的是 HDJ 缓放时间的长短。FDJ 吸起后经 $FDJ_{11\text{-}12}$ 接通 C_1 放电电路，使 FDJ 有足够的缓放时间。

②到达复原信号

这是在列车完整到达接车站后，由接车站值班员办理到达复原时发送的信号，此时 FDJ 的励磁电路要检查的条件是：

a. 收到出发通知信号(TCJ↑)。

b. 列车到达本站(HDJ↑)。

c. 列车出清接车站接车进路第一个轨道电路区段(GDJ↑)。

d. "接车定位条件"是结合车站联锁设备情况，用能证实接车进路解锁的继电器接点来接通。

e. 本站值班员办理到达复原，按下 FUA。

$TJJ_{21\text{-}23}$ 接点是为了进一步证实列车已从对方站出发而加入的。TCJ 第 2 组接点和 TJJ 第 2 组接点是区分电路用的，加入这两个条件后，自动回执电路和到达复原电路可共用一组 $HDJ_{21\text{-}22}$ 接点。

③取消复原信号

这是在本站请求发车之后和列车未出发之前由车站值班员办理取消闭塞时发送的信号，此时 FDJ 的励磁电路要检查的条件是：

a. 本站办理请求发车并收到自动回执信号(BSJ↑和 ZKJ↑)。

b. 出站信号机未开放(XZJ↑)。

c. 本站值班员办理取消复原按下 FUA。

"接车定位条件"不是本电路的必要条件，是合并电路时加入的。

④事故复原信号

这是当闭塞机发生故障不能正常复原，而办理事故复原时发送的信号。因为故障情况可能随时发生，所以在事故复原电路中，除 ZXJ 和 FXJ 后接点外，不检查任何条件，只要车站值班员按下“事故”按钮（SGA_{11-12}），即可构成 FDJ 的励磁电路。

松开 SGA，FDJ 落下。

3. 发车接收器电路

发车接收器电路的作用是记录发车站闭塞机状态的。它由选择继电器 XZJ、准备开通继电器 ZKJ 和开通继电器 KTJ 组成。

（1）XZJ 电路

XZJ 电路有两个作用：一是区分自动回执信号和复原信号；二是请求发车后检查出站信号机是否准备开放。XZJ 电路如图 1-18 所示。

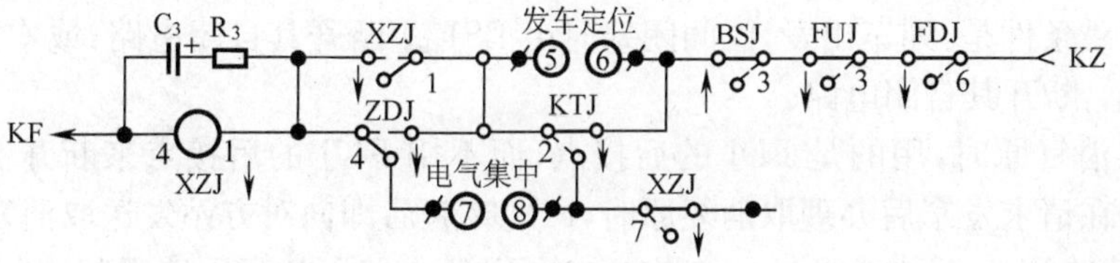

图 1-18　选择继电器电路

自动回执信号和复原信号都是从对方站发来的负极性脉冲，为了区分这两种代表不同意义的负极性信号，在 ZKJ 和 FUJ 电路中分别检查 XZJ_{31-32} 和 XZJ_{61-63}。XZJ 吸起时，通过 XZJ_{31-32} 证明接收的是自动回执信号；而 XZJ 落下时，通过 XZJ_{61-63} 证明接收的是复原信号。

XZJ 是当办理请求发车时经过 ZDJ_{41-42} 吸起的，然后经 XZJ_{11-12} 自闭，并一直保持到收到同意接车信号 KTJ 吸起和车站值班员开放出站信号机后才落下。开放出站信号机前，XZJ 吸起，允许调车和取消闭塞；出站信号机开放后，XZJ 落下，则不允许调车和取消闭塞。这样，在出站信号机开放前后，闭塞机状态就有了一个变化。

当本站办理取消复原时，用 FDJ_{61-63} 断开 XZJ 电路；当对方站办理事故复原时，用 FUJ_{31-33} 断开 XZJ 电路。

当一个区间两端的车站值班员同时办理请求发车，按下 BSA 时，两站的 XZJ 都能吸起并自闭，但是由于两个正极性的闭塞信号在外线相顶，双方都收不到自动回执信号。在这种情况下，如某站再次办理请求发车，接车站在发送自动回执信号时 FDJ 吸起，用其第 6 组后接点断开 XZJ 的自闭电路，使 XZJ 落下。

若在因故障收不到对方站发来的自动回执信号的情况下办理事故复原时，也是用 FDJ_{61-63} 断开 XZJ 的自闭电路的。

电路中的 BSJ_{31-32} 是与 ZKJ 共用的，它表明只有闭塞机在定位状态（BSJ 吸起）时，才能办理请求发车，XZJ 才能吸起。

XZJ 要有一定的缓放时间，是因为在办理取消复原时，FDJ_{61-63} 接点一断开，XZJ 就要落下，这样 XZJ_{21-22} 将切断 FDJ 的励磁电路，为使 FDJ 可靠吸起，XZJ 应缓放。为此在 XZJ 的线圈上并联 C_3、R_3 缓放电路，C_3 为 100 μF，R_3 为 510 Ω。

（2）ZKJ 电路

ZKJ 电路如图 1-19 所示，其作用是接收自动回执信号。当收到自动回执信号时，ZKJ 吸起并自闭，将闭塞机转至准备开通状态。

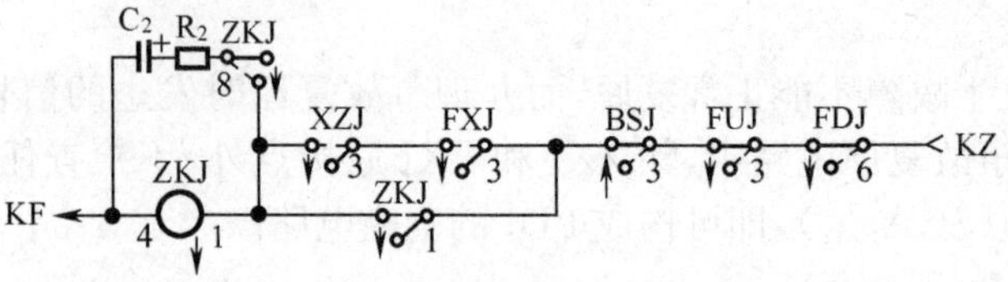

图 1-19 准备开通继电器电路

ZKJ 的励磁条件是：

①区间空闲；闭塞机在定位状态（BSJ↑）。

②本站已办理请求发车(XZJ↑)。

③收到了对方站的自动回执信号(FXJ↑)。

吸起后经 $ZKJ_{11\text{-}12}$ 自闭。

ZKJ 的失磁条件是：列车出发，区间闭塞时由 $BSJ_{31\text{-}32}$ 断开其自闭电路；或本站办理取消复原时，用 $FDJ_{61\text{-}63}$ 断开其自闭电路。

在办理取消复原时，用的是 FDJ 的后接点，而不用 FUJ 的后接点来断开 ZKJ 的自闭电路。这是因为在请求发车后办理取消复原时，FDJ 吸起后即向对方站发送取消复原信号，而本站的 FUJ 要经过 $FDJ_{61\text{-}62}$ 才能吸起。如果本站的 FUJ 电路因故障不能吸起，则若用 FUJ 后接点时即不会使 ZKJ 落下，这就发生对方站闭塞机复原，本站闭塞机仍保留着发车条件的故障，这不符合"故障—安全"原则。而用 $FDJ_{61\text{-}63}$ 断开 ZKJ 的自闭电路，就防止了上述故障，保证在办理取消复原时双方闭塞机工作的一致性。

ZKJ 要求有一定的缓放时间(不小于 0.32 s)以保证办理取消复原时使 FDJ 可靠吸起，这和 XZJ 的缓放要求是相似的。ZKJ 的缓放还有另一个作用，即当列车出发时，因 BSJ 先落下，ZKJ 缓放，使 KTJ 也缓放，这样才能通过 $BSJ_{21\text{-}23}$ 和 $KTJ_{31\text{-}32}$ 构成 ZDJ 的励磁电路，从而能可靠发送列车出发通知信号，并使之有足够的长度。

(3)KTJ 电路

KTJ 电路的作用是接收对方站发来的同意接车信号，并将闭塞机转到开通状态，其电路如图 1-20 所示。

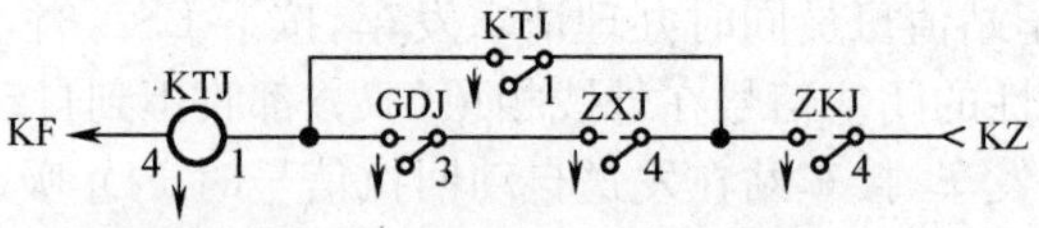

图 1-20 开通继电器电路图

其励磁条件是：

①闭塞机收到自动回执信号(ZKJ↑)。

②闭塞机收到同意接车信号(ZXJ↑)。

③半自动闭塞用轨道电路良好(GDJ↑)。

吸起后经 $KTJ_{11\text{-}12}$ 自闭。

KTJ 的失磁条件和 ZKJ 的一样，所以当 $ZKJ_{41\text{-}42}$ 断开时，KTJ 也落下。

在发车接收器电路中 XZJ、ZKJ 和 KTJ 按办理闭塞的顺序依次动作，保证了两站间在区间空闲、电路动作正常的情况下，必须往返三次不同极性的闭塞信号时，发车站闭塞机才能表示"区间开通"，从而提高了发车接收器电路的抗干扰能力。

4. 接车接收器电路

接车接收器电路的作用是记录接车站闭塞机的状态。它由回执到达继电器 HDJ,同意接车继电器 TJJ 和通知出发继电器 TCJ 组成。

(1)HDJ 电路

HDJ 电路如图 1-21 所示。它有两个作用:一是接收对方站发来的请求发车信号,与 TJJ 一起构成自动回执信号电路;二是记录列车到达。因为这两个作用不是同时完成的,所以可由一个继电器来兼用,而设计成两组电路,用 TCJ 第 5 组接点来区分这两组电路。在收到列车出发通知信号之前,因 TCJ 落下,此时 HDJ 吸起作为发送回执信号之用;而在收到列车出发通知信号之后,因 TCJ 吸起,此时 HDJ 吸起作为记录列车到达之用。

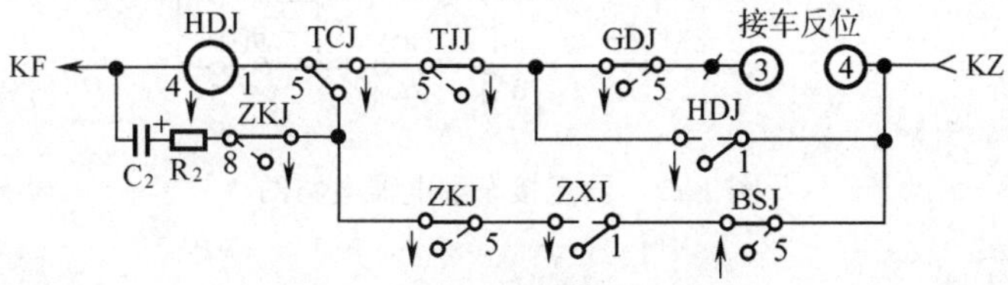

图 1-21　回执到达继电器电路图

HDJ“自动回执”电路的励磁条件是:

①区间空闲(BSJ↑)。

②收到对方站的请求发车信号(ZXJ↑)。

电路中的 $ZKJ_{51\text{-}53}$ 是为了区别请求发车信号和同意接车信号用的,因为两者都使 ZXJ 吸起,这样当发车站闭塞机转到准备开通状态之后,再收到同意接车信号时,由于 $ZKJ_{51\text{-}53}$ 断开,所以不会错误构成 HDJ 电路。

随着请求发车信号的终止,ZXJ 落下,HDJ 依靠 C_2 和 R_2 组成的电路缓放。在 HDJ 落下后,停止发送自动回执信号。

HDJ“到达”电路的励磁条件是:

①收到列车出发通知信号(TCJ↑)。

②接车进路已建立。

③列车到达进入进站信号机内方第一个轨道电路区段(GDJ↓)。

HDJ 吸起后自闭。

在办理到达复原时,TCJ 落下后断开 HDJ 自闭电路,HDJ 落下。

在 HDJ 的“到达”电路中加入 $TJJ_{51\text{-}53}$ 接点,其作用是,因为 GDJ 在 TCJ 吸起后才能吸起,如果在 HDJ 的“到达”电路中没有 $TJJ_{51\text{-}53}$ 接点,那么在列车出发前,接车站过早地开放进站信号机,则在 TCJ 吸起后 GDJ 尚未吸起之前,会使 HDJ 错误吸起,造成列车虚假到达的故障。加入 $TJJ_{51\text{-}53}$ 后,它们的动作顺序是 TCJ↑→GDJ↑→TJJ↓。由于 TCJ 吸起后 GDJ 尚未吸起时,TJJ 处于吸起状态,即防止了上述错误。

电路中接有“接车反位条件”,是为了在进站信号机未开放前,可以利用正线进行调车作业,此时 HDJ 不会吸起。

对 HDJ 要求有一定的缓放时间(不小于 0.6 s)。因为在接收请求发车信号时,HDJ 经 $ZXJ_{11\text{-}12}$ 而吸起,当请求发车信号终了 ZXJ 落下时,则断开了 HDJ 的励磁电路,但是要用

$ZXJ_{11\text{-}13}$和$HDJ_{61\text{-}62}$构成 TJJ 的励磁电路，而用$TJJ_{21\text{-}22}$和$HDJ_{21\text{-}22}$构成 FDJ 的励磁电路发送自动回执信号，因此为了使 TJJ 可靠吸起，并可靠地发送自动回执信号，要求 HDJ 缓放。它是通过在 HDJ 的线圈上并联C_2(200 μF)及R_2(510 Ω)而实现的。C_2、R_2是与 ZKJ 共用的，用 ZKJ 的第 8 组接点来区分。

(2) TJJ 电路

TJJ 电路如图 1-22 所示。其作用是接收请求发车信号；TJJ 吸起后将闭塞机转为接车状态，并为发送同意接车信号做好准备。

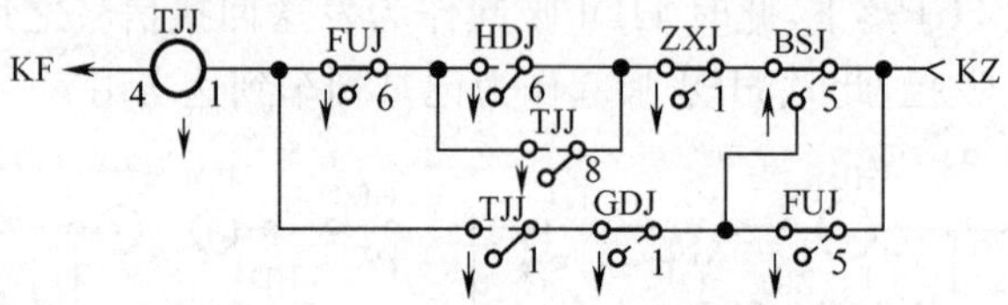

图 1-22　同意接车继电器电路图

TJJ 的励磁条件是：

①闭塞机在定位状态(BSJ↑)。

②收到请求发车信号(HDJ↑)。

③请求发车信号终了(ZXJ↓)。

吸起后经$TJJ_{81\text{-}82}$、$TJJ_{11\text{-}12}$自闭。

TJJ 的失磁条件是：收到对方站的列车出发通知信号，用$GDJ_{11\text{-}13}$(TCJ↑→GDJ↑)断开其自闭电路。收到对方站的取消复原信号，用$FUJ_{51\text{-}53}$、$FUJ_{61\text{-}63}$断开其自闭电路。

在 TJJ 的励磁电路中，加入$FUJ_{61\text{-}63}$接点，是防止在办理到达复原时，因 BSJ 吸起后，HDJ 落下前(BSJ 先吸起，HDJ 后落下)，使 TJJ 错误吸起。

在 TJJ 的自闭电路中，加入$FUJ_{51\text{-}53}$接点的作用是：在发车站办理请求发车以后(FBD 亮黄灯时)，办理取消复原时，用以切断 TJJ 的自闭电路。加入$BSJ_{51\text{-}53}$接点的作用是，在接车站办理同意接车后(JBD 亮绿灯时)，发车站办理取消复原时，使接车站的 FBD 不闪红灯。因此时接车站的 FUJ 先吸起，在 BSJ 尚未吸起的瞬间 TJJ 会落下，使 FBD 闪红灯。若加入$BSJ_{51\text{-}53}$接点后，在上述情况下，TJJ 就不会落下，当 BSJ 吸起后，才断开 TJJ 的自闭电路，从而避免了 FBD 闪红灯的现象。

在 TJJ 的电路中，$TJJ_{81\text{-}82}$接点的作用是：防止 TJJ 的自闭电路断线后，由于车站值班员错误办理闭塞而使两站闭塞机错误复原。当发车站办理请求发车收到自动回执信号后，FBD 亮黄灯，由于接车站的 TJJ 自闭电路断线而不能自闭，所以在发完自动回执信号后，TJJ 落下，JBD 无显示。如果接车站此时办理请求发车，XZJ 吸起自闭，其请求发车信号送到发车站后变成了同意接车信号，使发车站的 FBD 亮绿灯。发车站办理发车进路开放出站信号机，列车出发进入发车站进站信号机内方第一个轨道电路区段时，FBD 亮红灯，并向接车站发送列车出发通知信号。由于接车站的 BSJ 仍处在吸起状态，所以使列车出发通知信号变成请求发车信号，并向发车站送出自动回执信号，而接车站的 TJJ 吸起后不再自闭而又落下。由于发车站的 BSJ 在列车出发时已落下，此时在收到自动回执信号后，因 FUJ 的吸起又使其吸起，FBD 红灯熄灭，闭塞机复原。如果发车站值班员继续错误办理请求发车，接车站在发送自动回执信号时，因 FDJ 的吸起切断了 XZJ 的自闭电路使其落下，而 TJJ 吸起后因不能自闭又落下，此时接车站的闭塞机复原，发车站的 FBD 亮黄灯。若发车站值班员再次错误办理取消闭塞，则造成列车在区间运行时两站闭塞机均恢复定位，这决不能允许。为此，在 TJJ 励磁电路中的 HDJ_{61-62} 接点上并联 TJJ_{81-82}，构成另一条自闭电路。这样，如果 TJJ 的自闭电路断线，则 TJJ 会经过 BSJ_{51-52}、ZXJ_{11-13}、TJJ_{81-82} 和 FUJ_{61-63} 而保持自闭。当接车站值班员办理同意接车时，由于 BSJ 的落下而使 TJJ 也落下，使故障导向安全。

(3)TCJ 电路

TCJ 电路如图 1-23 所示，其作用是接收列车出发通知信号，励磁条件是：

①闭塞机在接车闭塞状态(BSJ↓、TJJ↑)。

②收到出发通知信号(ZXJ↑)。

吸起后经 TCJ_{11-12} 自闭。

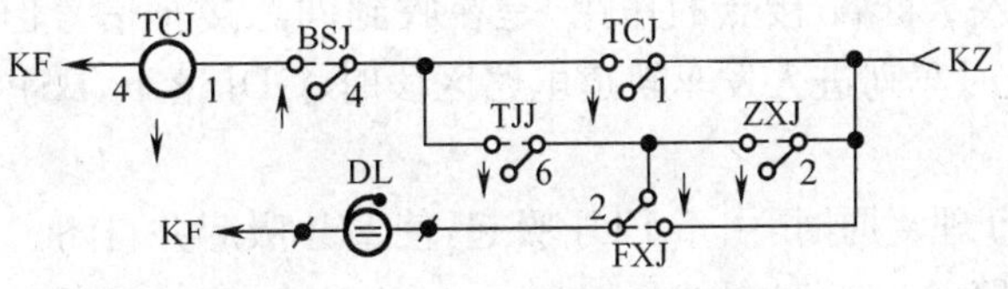

图 1-23 通知出发继电器电路图

当闭塞机复原时，用 BSJ_{41-43} 断开其自闭电路。

在收到列车出发通知信号后，如果接车站轨道电路发生故障，TCJ 吸起后 GDJ 未吸起，则 TJJ 不会落下。此时经过 TCJ_{11-12}、TJJ_{62-61}、FXJ_{23-21} 接通电铃电路，使电铃连续鸣响，发出报警，以便在列车到达前及时修复轨道电路。

5. 闭塞继电器电路

闭塞继电器 BSJ 电路的作用是反映区间的闭塞状态。BSJ 吸起时，表示区间空闲，闭塞机在定位状态；BSJ 落下时，表示区间闭塞，闭塞机在闭塞状态。

BSJ 电路如图 1-24 所示。BSJ 平时吸起并经过 BSJ_{11-12}、TJJ_{41-43}、KTJ_{41-43} 自闭。

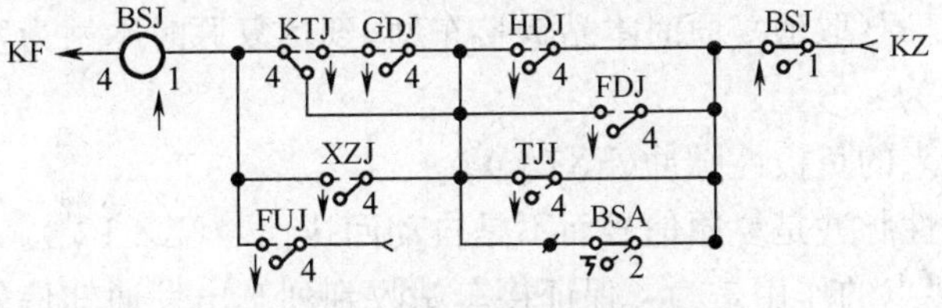

图 1-24 闭塞继电器电路图

作为发车站，当办理发车后，列车出发进入进站信号机内方第一个轨道电路区段时，BSJ 落下。BSJ 的失磁条件是：出站信号机已开放，由 XZJ_{41-42} 断开一条电路；列车出发进入进站信号机内方第一个轨道电路区段，由 GDJ_{41-42} 断开另一条电路。

作为接车站，当办理接车时，BSJ 的失磁条件是：收到请求发车信号，由 TJJ_{41-43} 断开一条电路；车站值班员同意接车按下 BSA，由 BSA_{21-23} 断开另一条电路。

在办理接车时，为了防止车站值班员过早地按下 BSA，影响自动回执信号的发送，将 FDJ_{41-42} 和 HDJ_{41-42} 接点并联在 BSA_{21-23} 接点上，从而保证了在发送自动回执信号期间，即使车站值班员过早地按下 BSA，也不会使 BSJ 落下，不影响发送自动回执信号。

在 BSJ 的自闭电路中，KTJ_{42} 与 GDJ_{43} 相连，KTJ_{43} 与 GDJ_{41} 相连，在两接点上再并联 $XZJ_{41\text{-}42}$。这样连接可使 BSJ 在平时未办理闭塞或已办理闭塞出站信号机开放后，其自闭电路均接通。当列车出发进入进站信号机内方第一个轨道电路区段时，才断开 BSJ 自闭电路。当列车运行在无联锁区段(对电锁器联锁车站而言)时，任何一个继电器断线落下，都能达到"故障—安全"要求。如 BSJ 断线，直接使闭塞机闭塞；GDJ 断线，相当于列车出发进入轨道电路区段，也使闭塞机闭塞；ZKJ 断线，使 KTJ 和 GDJ 都落下；KTJ 断线时，即使 BSJ 不落下，出站信号机已关闭，XZJ 早已落下，发车站不能办理取消复原，也不能再办理发车手续。这样就保证了安全。

另外，这种接法避免了发车站在请求发车后(FBD 亮黄灯)办理取消复原时，FBD 闪红灯的现象。如果 KTJ_{43} 与 GDJ_{43} 相连，当发车站 ZKJ 吸起后办理取消复原，若 XZJ 缓放时间不足，会使 BSJ 瞬时落下，造成 FBD 闪红灯。

在 BSJ 电路中加入 $XZJ_{41\text{-}42}$ 接点的作用，是在收到同意接车信号但出站信号机未开放之前，进行站内调车作业时车列进入发车轨道电路区段时，GDJ 落下，BSJ 仍保持吸起，不影响闭塞机的工作。

当本站或对方站办理复原时，由于 FUJ 吸起，使 BSJ 吸起并自闭。

6. 复原继电器电路

复原继电器 FUJ 电路的作用是用来使闭塞机复原，其电路如图 1-25 所示。

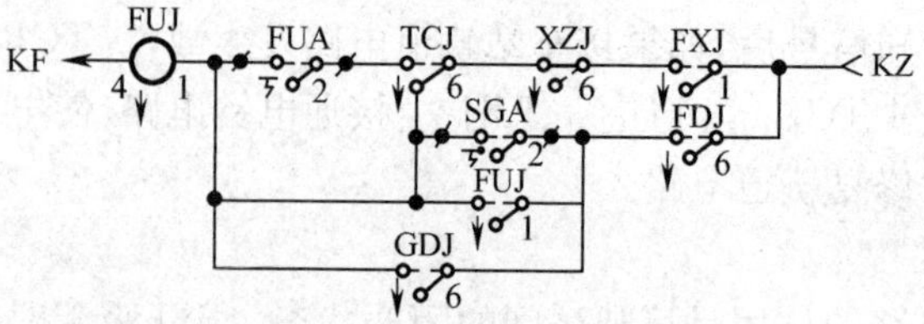

图 1-25　复原继电器电路图

它的励磁有四种情况。

(1)对方站办理复原(取消复原时本站为接车站，到达复原时本站为发车站)时

FUJ 的励磁条件为：

①收到对方站发来的负极性脉冲(FXJ↑)。

②并证实此负极性脉冲是复原信号而不是自动回执信号(XZ J↓)。

电路中 $TCJ_{61\text{-}63}$ 接点的作用是为了保证接车站收到列车出发通知信号(TCJ↑)后，区间有列车运行时，即使发车站送来复原信号或外线上有负极性脉冲干扰(FXJ↑)，也不能使接车站 FUJ 吸起，以保证列车在区间运行的安全。

(2)在本站办理到达复原(本站为接车站)或取消复原(本站为发车站)时

FUJ 的励磁条件为：

①车站值班员按下 FUA，使 FDJ 吸起($FDJ_{61\text{-}62}$)。

②办理到达复原时，$GDJ_{61\text{-}62}$ 表示列车出清接车站进站信号机内方第一个轨道电路区段；而在办理取消复原时，$GDJ_{61\text{-}62}$ 表示列车在发车站尚未出发。

吸起后经 $FUJ_{11\text{-}12}$ 自闭。

FDJ 落下后使 FUJ 复原。

(3)在本站办理事故复原时

车站值班员按下 SGA,FDJ 吸起后,FUJ 即吸起。

FUJ 吸起后经 $FUJ_{11\text{-}12}$ 自闭,直到 FDJ 落下后 FUJ 才落下。由于 FDJ 有足够的缓放时间,所以车站值班员在办理复原时,只要按下 SGA 即可,不必过长。

(4)为中途折返列车复原用的励磁条件

当在路用列车或机外调车需越出进站信号机占用区间时,车站值班员都应按照发车手续办理闭塞,然后开放出站信号机。当路用列车或机外调车进入区间后,两站闭塞机都闭塞,待路用列车或调车车列返回到本站时,由本站值班员确认后,按下 SGA 使 FUJ 吸起,办理事故复原。此时对方站的 TCJ 已吸起,为使对方站的闭塞机复原,需要对方站车站值班员在听到电铃声时按下 FUA。然后通过 $TCJ_{61\text{-}62}$ 和 $FUA_{21\text{-}22}$ 使 FUJ 吸起,从而使闭塞机复原。

7. 轨道继电器电路

闭塞机中的轨道继电器 GDJ,是现场轨道继电器的复示继电器,其作用是用来监督列车出发和到达,并以此来控制闭塞电路的动作,其电路如图 1-26 所示。

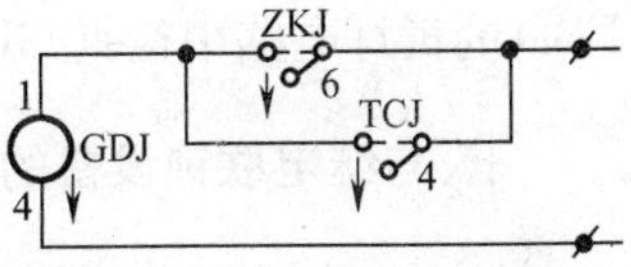

图 1-26　轨道继电器电路

对于发车站,在办理请求发车并收到自动回执信号之后,经 $ZKJ_{61\text{-}62}$ 接通电路。GDJ 吸起后,用 $GDJ_{41\text{-}42}$ 为接通 BSJ 的自闭电路准备条件;用 $GDJ_{71\text{-}72}$ 使 FBD 亮黄灯。当列车进入发车站进站信号机内方第一个轨道电路区段时,GDJ 落下,以监督列车出发。

对于接车站,在收到列车出发通知信号之后,经 $TCJ_{41\text{-}42}$ 接通电路。此时 GDJ 吸起后,用 $GDJ_{11\text{-}13}$ 断开 TJJ 的自闭电路;在 FDJ 和 FUJ 电路中,用 $GDJ_{21\text{-}22}$ 和 $GDJ_{61\text{-}62}$ 监督列车出清轨道电路区段,以便办理到达复原。当列车进入进站信号机内方第一个轨道电路区段时,GDJ 落下,在 HDJ 电路中,用 $GDJ_{51\text{-}53}$ 监督列车的到达。

8. 表示灯电路

表示灯电路的作用是用于表示闭塞机的各种状态。发车表示灯 FBD 和接车表示灯 JBD 电路如图 1-27 所示。

FBD 有以下五种状态:

(1)定位状态,BSJ↑,无表示。

(2)请求发车,BSJ↑,GDJ↑,亮黄灯。

(3)区间开通,BSJ↑,KTJ↑,亮绿灯。

(4)发车闭塞,BSJ↓,亮红灯。

(5)列车到达,作为接车站时,TCJ↑,HDJ↑,亮红灯。

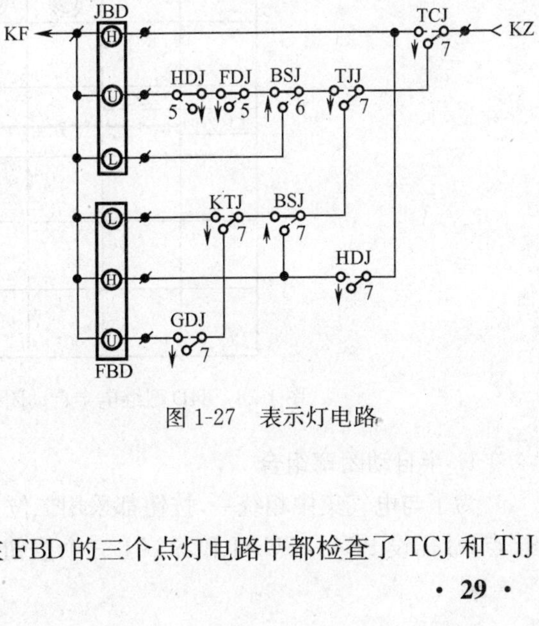

图 1-27　表示灯电路

JBD 有以下四种状态:

(1)定位状态,BSJ↑,无表示。

(2)邻站请求发车,BSJ↑,TJJ↑,亮黄灯。

(3)同意接车,BSJ↓,TJJ↑,亮绿灯。

(4)接车闭塞,TCJ↑,亮红灯。

表示灯电路中每个接点的作用如下:

在办理接车时,必须保证 FBD 灭灯,为此在 FBD 的三个点灯电路中都检查了 TCJ 和 TJJ

的后接点。当收到发车站的请求发车信号时，和向发车站发送同意接车信号时，用 TJJ 后接点切断 FBD 的点灯电路；当收到发车站的列车出发通知信号时，用 TCJ 后接点切断 FBD 的点灯电路。为了简化表示灯电路，在列车到达时 JBD 和 FBD 都亮红灯，此时经过 $TCJ_{71\text{-}72}$ 和 $HDJ_{71\text{-}72}$ 接通 FBD 的红灯电路。

在接车站，当收到列车出发通知信号时，TCJ 吸起后使 JBD 亮红灯，表示列车已从对方站出发。而在 JBD 亮黄灯或绿灯时，为了证实列车未出发，所以须检查 TCJ 的后接点和 TJJ 的前接点。

为了防止接车站值班员在办理接车时过早地按下 BSA，在 JBD 的黄灯电路中加入 $HDJ_{51\text{-}53}$，以保证在发完自动回执信号 JBD 亮黄灯后，当车站值班员看到亮黄灯时再按下 BSA，向对方站发送同意接车信号。

在发车站，为了在办理请求发车后，能随时监督轨道电路的状态，以免影响发车，所以在 FBD 的黄灯电路中检查 GDJ 的前接点。

七、与继电联锁设备的结合

继电半自动闭塞须与车站继电联锁设备发生联锁关系，使得半自动闭塞电路能反映是否已排列好并锁闭好发车进路或接车进路，列车是否出发和到达；而车站联锁电路开放信号机必须检查已办好区间闭塞手续，区间开通。因此它们必须有结合电路。

现以 6502 电气集中为例，说明 64D 型继电半自动闭塞和电气集中联锁的结合电路。

64D 型继电半自动闭塞的按钮和表示灯设在电气集中控制台上，其控制台面板如图 1-28 所示。

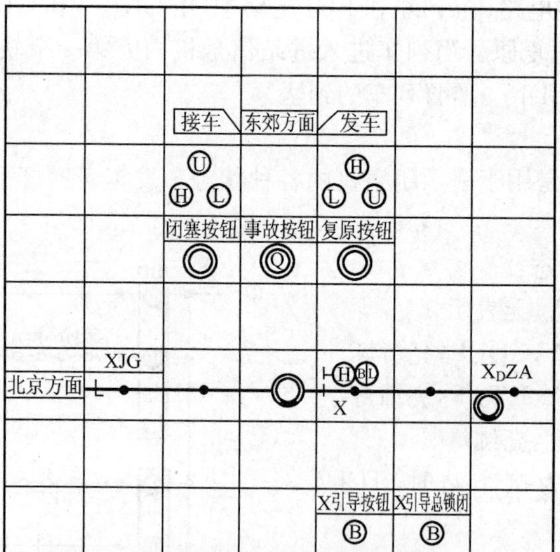

图 1-28　64D 型继电半自动闭塞区段车站控制台面板图(局部)

1. 半自动闭塞组合

为了与电气集中相统一，按钮都采用二位自复式。因为电气集中所用的按钮接点是单组接点，故需设 BSAJ、FUAJ 和 SGAJ 三个按钮继电器。为电路结合之用，以及提高电路定型率，还增设了接近电铃继电器 DLJ、接车锁闭继电器 JSBJ、发车锁闭继电器 FSBJ 和作为线路电源的硅整流器 ZG，这些设备连同半自动闭塞原有的 13 个继电器，做成定型组合，称为半自动闭塞组合 B_1、B_2，放在组合框上。B_1、B_2组合内的继电器及其类型见表 1-1。

表 1-1　64D 型继电半自动闭塞组合用继电器

组合	继电器									
B_1	HDJ	BSJ	KTJ	ZDJ	FDJ	GDJ	FUAJ	SGAJ	BSAJ	ZG-42/0.5
	JWXC-1700	JWXC-1700	JWXC-1700	JWXC-1700	JWXC-1700	JWXC-1700	JWXC-1700	JWXC-1700	JWXC-1700	
B_2	ZXJ	FXJ	FUJ	ZKJ	XZJ	TJJ	TCJ	JBSJ	FSBJ	DLJ
	JPXC-1000	JPXC-1000	JWXC-1700	JWXC-1700	JWXC-1700	JWXC-1700	JWXC-1700	JWXC-1700	JWXC-1700	JWXC-1700

2. 结合电路

64D 型继电半自动闭塞与 6502 电气集中的结合电路如图 1-29 所示，它由下列电路组成。

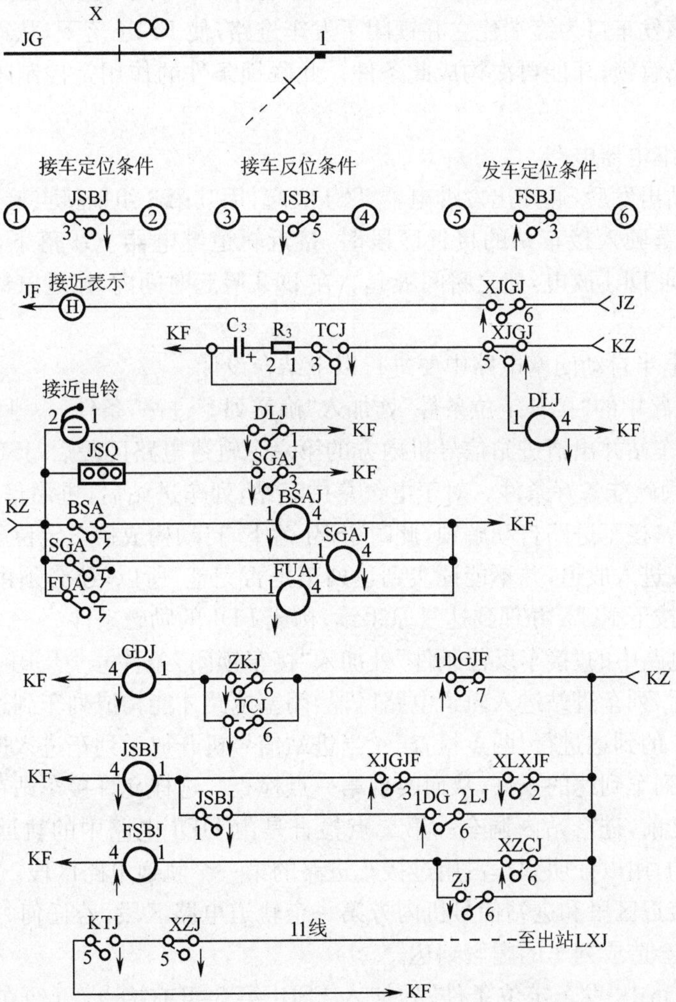

图 1-29　64D 与 6502 电气集中结合电路图

(1)按钮继电器电路

用闭塞按钮继电器 BSAJ、复原按钮继电器 FUAJ 和事故按钮继电器 SGAJ 分别反映 BSA、FUA 和 SGA 的状态。按下某按钮时,相应的按钮继电器吸起,松开后随即落下。

(2)接车锁闭继电器电路

接车锁闭继电器 JSBJ 平时落下,当进站信号机开放后(列车信号复示继电器 LXJF 吸起),列车驶入接近区段(接近轨道复示继电器 JGJF 落下)时,JSBJ 吸起并自闭。自闭电路中检查了进站信号机内方第一个道岔区段的进路继电器的后接点(如图中的 1DG/2LJ),列车经由该区段的进路时,进路继电器 2LJ 落下。列车进站驶过该区段后,2LJ 吸起。当列车出清接车进路的第一个道岔区段,待其解锁 1DG 的 2LJ 励磁后才断开 JSBJ 的自闭电路,从而实现对列车的到达进行"两点检查"。这样,任何一段轨道电路故障或错误动作,都不会造成列车的虚假到达。

(3)发车锁闭继电器电路

发车锁闭继电器 FSBJ 平时吸起。电路中的 ZCJ 是发车口部位的照查继电器,排列向 1DG 的列、调车进路时 ZCJ 落下,而在 1DG 道岔区段解锁后,ZCJ 吸起。ZJ 是终端继电器,向 1DG 排列调车进路时吸起,使 FSBJ 不落下,不致影响行车。当办理发车进路时,用 ZCJ 和 ZJ 都落下来说明以该发车口为终端建立并锁闭了发车进路,使 FSBJ 落下,从而断开发车定位条件。直到发车进路解锁,才能再次构成此条件。此联锁条件的作用是控制闭塞机能否取消闭塞,使闭塞机复原。

(4)接近电铃继电器电路

列车由对方站出发后,通知出发继电器 TCJ 吸起,用其第 3 组前接点接通电容器 C_3 电路,向 C_3 充电。当列车驶入接车站的接近区段时,接近轨道继电器 JGJ 落下,接通电铃继电器 DLJ 电路。由 C_3 向 DLJ 放电,使之瞬间吸起。在 DLJ 吸起时间内,接近电铃鸣响。

3. 结合设计

在 64D 型继电半自动闭塞电路中要进行以下结合设计。

(1)在 FDJ 电路中的"接车定位条件"处加入"确认列车进站"条件——JSBJ 的第 3 组后接点,当列车到达接车站并出清进站信号机内方的第一个轨道电路区段后,JSBJ 落下,为办理到达复原时 FDJ 的励磁准备好条件。对于电气集中车站,列车进站后,进站信号机自动关闭,列车完全进入股道后,接车进路自动解锁,此时 JSBJ 落下,自动构成接车定位条件。但这只能说明列车已经到达或进入股道,并不能证实到达列车是否完整,所以,还必须由车站值班员确认列车完整后,才能按下 FUA 办理到达复原手续,构成 FDJ 的励磁条件。

(2)在 HDJ 电路中的"接车反位条件"处加入"接车锁闭"条件——JSBJ 的第 5 组前接点,进站信号机开放后,列车进站进入轨道电路区段,闭塞电路才能构成列车到达状态。在电气集中车站要求对列车的到达进行"两点检查"。当进站信号机开放后列车进入进站信号机的接近区段时,才能构成列车到达的条件,从而实现第一点检查。这样允许接车站在区间闭塞后尚未开放进站信号机之前,进行站内调车。第二点检查是由 HDJ 电路中的轨道继电器 GDJ 第 5 组后接点来完成的,用以证明列车占用过接车进路的第一个轨道电路区段。这样,就检查了列车顺序地驶过了接近区段和进站信号机内方第一个轨道电路区段,若任何一段轨道电路故障或错误动作,都不会造成列车的虚假到达。

(3)在 XZJ 电路中"发车定位条件"处加入 FSBJ 第 3 组前接点,以便在未建立发车进路前,XZJ 吸起,允许调车和取消闭塞;而出站信号机开放后,XZJ 落下,就不允许调车和取消闭塞。对电气集中车站来说，因道岔区段全部装设轨道电路，列车是否出发，电路能检查。开放出站信号机后，因故不需要发车，可取消发车进路，当出站信号机关闭后，只要发车进路解锁（FSBJ 吸起），就说明列车确实没有越过出站信号机；由于取消复原的 FDJ 电路中检查了 XZJ 的吸起，所以用发车进路解锁条件来控制 XZJ 的吸起，实际上就满足了检查列车是否越过出站信号机的要求。

在 XZJ 电路中将 ZDJ_{43} 和 KTJ_{22} 连起来，在出站信号机关闭和进路解锁后，使 XZJ 再次吸起，以便办理取消复原或进行站内调车作业。

(4)在 GDJ 电路中接入进站信号机内方第一个轨道继电器的前接点，这里因接车和发车用同一个轨道继电器，所以必须选用进站信号机内方的第一个轨道电路区段。

在 6502 电气集中电路中，要进行以下结合设计：

在出站信号机的列车信号继电器 LXJ 电路中接入闭塞条件予以控制，即用半自动闭塞的开通继电器 KTJ 前接点来控制出站信号机的开放。在 11 线网路(LXJ 电路)的发车口部位，接入 KTJ 的第 5 组前接点和 XZJ 的第 5 组后接点，用前者证明闭塞机开通允许发车，用后者证明确已排除取消闭塞的可能。为了满足联锁电路双断控制的要求，用 KTJ 的第 5、6 两组前接点来控制出站信号机的开放。6502 电路只需单断控制，只用 KTJ 的第 5 组前接点，第 6 组前接点可作为备用接点。

八、与计算机联锁设备的结合

现以 TYJL-Ⅱ为例介绍 64D 型继电半自动闭塞与计算机联锁设备的结合。

1. 结合电路

(1)按钮继电器电路

计算机联锁一般采用显示器和鼠标作为控制和显示设备，“闭塞”按钮、“事故”按钮、“复原”按钮都通过鼠标进行操作，微机闭塞按钮继电器 WBSAJ、微机复原按钮继电器 WFUAJ、微机事故按钮继电器 WSGAJ 由计算机联锁驱动。计算机联锁还驱动微机照查继电器 WZCJ 作为联锁条件的检查。计算机联锁采集 WSGAJ、WZCJ 的前、后接点作为回读。

计算机联锁的 64D 采集驱动电路如图 1-30 所示。

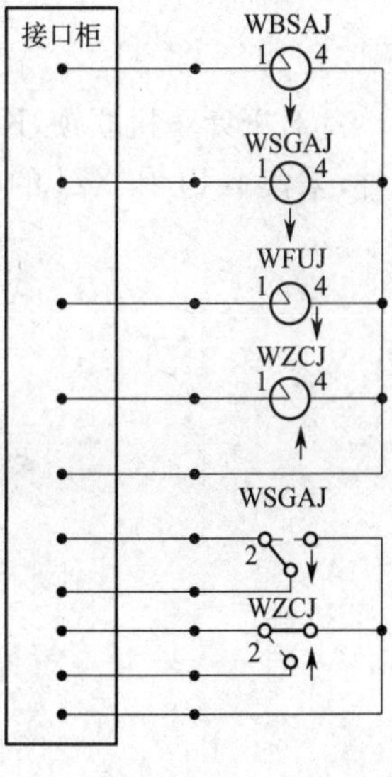

图 1-30 计算机联锁的 64D 采集驱动电路图

然后，由 WBSAJ、WFUAJ、WSGAJ 分别接通 BSAJ、FUAJ、SGAJ 电路，如图 1-31 所示。

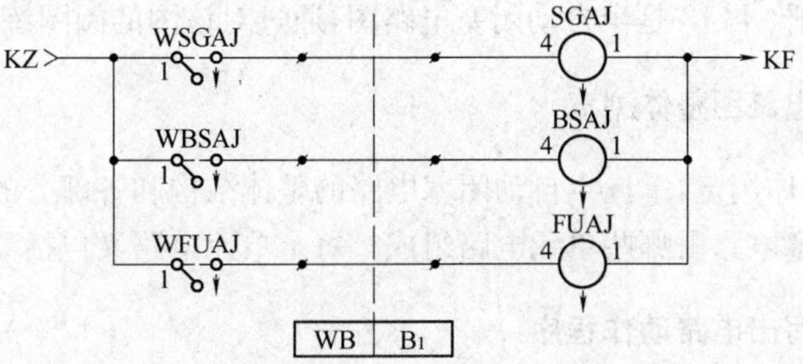

图 1-31 BSAJ、FUAJ、SGAJ 电路图

(2)接车锁闭继电器电路

接车锁闭继电器JSBJ 电路如图 1-32 所示。JSBJ 的励磁电路由接近区段轨道复示继电器JGJF 后接点和列车信号继电器 LXJ 前接点接通,自闭电路中有锁闭继电器 SJ 后接点,LXJ和 SJ 由计算机联锁驱动。

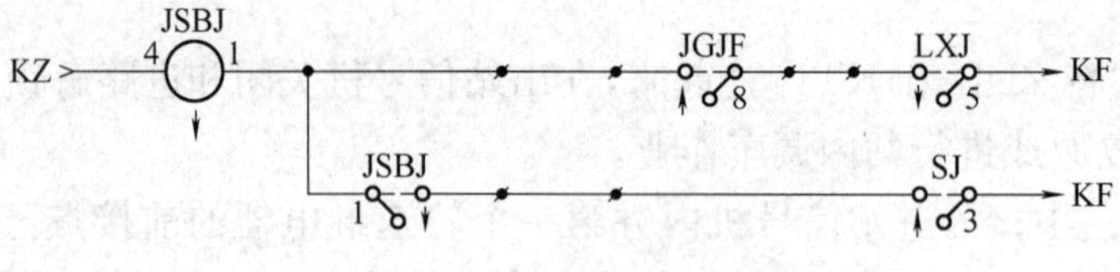

图 1-32　JSBJ 电路图

(3)发车锁闭继电器电路

由 WZCJ 的前接点接通发车锁闭继电器 FSBJ 电路,如图 1-33 所示。

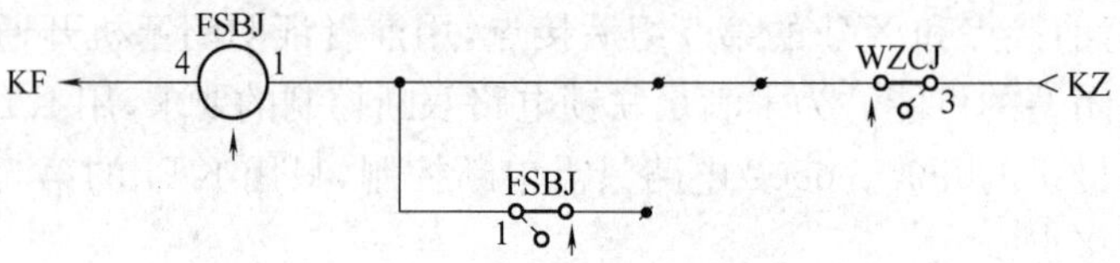

图 1-33　FSBJ 电路图

对于计算机联锁,KTJ 和 XZJ 的前、后接点为计算机联锁采集,作为开放出站信号机的条件,采集 KTJ 和 XZJ 的电路如图 1-34 所示。

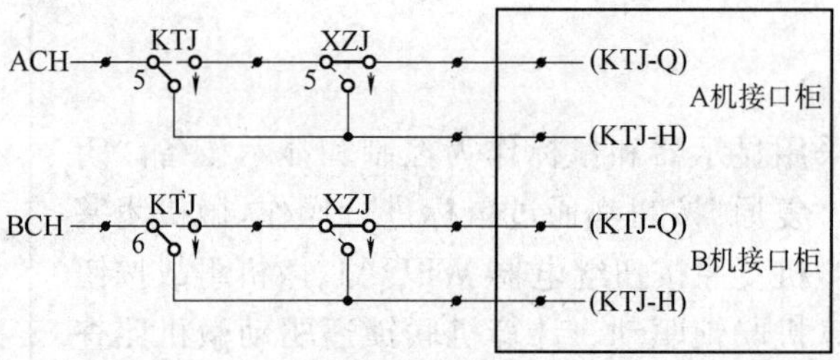

图 1-34　采集 KTJ 和 XZJ 的电路图

第三节　半自动闭塞阅图练习

《计算机联锁图册》Ⅰ-18 是半自动闭塞电路图,通过对该图的阅图练习来进行。

一、半自动闭塞电路图整体浏览

通过对该图的整体浏览,掌握半自动闭塞电路的整体结构和各部分的组成。

提示:半自动闭塞电路由哪些单元电路组成?每个单元电路又包括哪些继电器电路?

二、对照电路图写出电路动作程序

对照电路图,分别写出正常办理、取消复原、事故复原情况下的电路动作程序。

提示：正常办理按请求发车、同意发车、列车出发、列车到达、到达复原写出电路动作程序。对于取消复原，分别写出在 FBD 亮黄灯和亮绿灯情况下的电路动作程序。对于事故复原，分别写出在闭塞机停电后恢复时、当列车到达接车站后因轨道电路故障不能办理到达复原时、车站办理由区间返回原发车站的路用列车时的电路动作程序。

三、跑通电路

对照以上各电路动作程序，跑通各继电器的电路。

提示：有的继电器只有励磁电路和自闭电路，比较简单。但有的继电器有在不同情况下的多条励磁电路，要注意不同情况下的励磁条件，以正确跑通电路。

ZDJ 吸起向闭塞外线发送的有请求发车信号、同意接车信号、出发通知信号，在不同的时候，励磁电路是不同的，即有发送请求发车信号、发送同意接车信号、发送出发通知信号时的三条 ZDJ 励磁电路。

FDJ 吸起向闭塞外线发送的有自动回执信号、到达复原信号、取消复原信号、事故复原信号，在不同的时候，励磁电路是不同的，即有发送自动回执信号、发送到达复原信号，发送取消复原信号、发送事故复原信号时的四条 FDJ 励磁电路。

HDJ 有“自动回执”电路和“到达”电路，分别在自动回执时和到达时构成，要注意它们的区分条件。

FUJ 有对方站办理复原时、本站办理到达复原或取消复原时、本站办理事故复原时、中途折返列车复原用时的四条励磁电路。

四、看懂与计算机联锁的结合电路

对照电路图，看懂计算机联锁对于半自动闭塞的驱动和采集电路，以及在半自动闭塞电路中的结合。

提示：计算机联锁对于半自动闭塞的驱动和采集电路在半自动闭塞电路图的右部，右上方是半自动闭塞的驱动及回采电路，右方是半自动闭塞的采集电路。半自动闭塞与计算机联锁的结合电路是通过 JSBJ 和 FSBJ 实现的，注意半自动闭塞电路中 JSBJ 和 FSBJ 的作用。计算机联锁与半自动闭塞的结合电路是通过采集 KTJ 和 XZJ 接点实现的。

本章以 TYJL-Ⅱ型为例介绍 64D 型继电半自动闭塞与计算机联锁的结合，《计算机联锁图册》中的计算机联锁是 DS-K5B 型，两者与的半自动闭塞的结合略有差别。

五、半自动闭塞配线图阅图

阅读《计算机联锁图册》Ⅰ-29 中有关半自动闭塞的组合侧面端子配线图。

提示：半自动闭塞的组合侧面端子配线图在《计算机联锁图册》Ⅰ-29(6)中。半自动闭塞组合的侧面端子配线图与计算机联锁组合的侧面端子配线图的阅读方法相同。

第四节　半自动闭塞设备维护

一、半自动闭塞设备的维护

半自动闭塞的维护包括日常维修和集中检修。

半自动闭塞的组合柜、信号机、轨道电路、操纵和表示元件、电源都是和车站联锁系统共用的，其日常维修根据《普速铁路信号维护规则　技术标准》规定安排。

半自动闭塞的集中检修包括操纵设备、继电器、半自动闭塞组合的集中检修。

1. 操纵设备的检修

(1)表示灯有足够的亮度，颜色鲜明。灯座不旷动，灯泡插入接触可靠。

(2)自复式按钮应保证按、拉灵活及自动复原。

(3)按钮接点接触压力、断开间隙、接点接触电阻符合规定。

(4)所有接线应焊接牢固，不腐蚀，不虚焊，不断股，并应附有套管。

(5)“事故”按钮应加封良好，并装有计数器，计数器数字清楚，每次检修时应登记。计数器应保证每拉一次动作一个数字。

(6)电铃音响清晰，车站两端的电铃铃声应有区别。接点无火花和烧黑现象。

(7)控制台内应清扫干净，控制台门关闭严密并加封良好。

2. 继电器的集中检修

(1)继电器外罩完整，清洁，封闭良好，可动部分和导电部分与外罩间均有 2 mm 以上间隙。

(2)所有金属零件的防护层，不龟裂、融化、脱落、变色和锈蚀。

(3)线圈引出线及各部连接线良好，安装牢固，不转动并无较大旷动。

(4)端子及导电部分的绝缘电阻符合要求。

(5)磁极清洁平整，无杂物。

(6)接点接触可靠，接点压力、间隙、接触电阻、电气特性均符合规定。同类接点同时接触或断开。

3. 半自动闭塞组合电路的检查和试验

(1)电路元件的检查和测试

电路元件的检查和测试应在装配前进行，项目有：

①继电器电气特性试验，检查其工作值、落下值、线圈电阻是否符合要求。

②检查继电器、按钮的接点压力、接点电阻是否符合要求。

③检查电阻器电阻值是否符合要求。

④检查电容器容量是否符合要求。

⑤测试继电器并联电容器后的缓放时间是否达到要求。

(2)操纵和表示元件的检查

主要检查它们的完整性和灵活性，项目有：

①表示灯安装牢固，色玻璃位置正确，灯泡无烧毁，与灯座接线片接触良好。

②按钮安装牢固，按下和拉出灵活并能自动复原。

③电铃安装牢固，铃声清晰无噪声。

(3)配线的检查

①插座完整无裂纹、插头、插座接触可靠，安装牢固。

②各接线片焊接牢靠，无虚焊和断股现象。

③接线的接头应全部焊在接线片的焊锡里，线头不得有很长的裸线。焊后应擦去焊油，应有绝缘套管。

④接线应有足够的长度，便于检查和测试，不束缚元件安装和拆卸。

⑤扎线的径路不应影响检查和测试，线条应没有烫伤现象。

(4)电路的检查

电路检查的目的是检查接线是否完整正确。进行检查前，应按结合设计的要求，接上有关条件。

一般检查下述三种情况：

①检查两点间的接点和接线是否接通

用欧姆表来检查。断开电源，将万用表置于欧姆挡，分别检查两点间的接点和接线接通情况。这样不仅能检查是接通，而且能大致检查其间的接触电阻和接线电阻。

②检查断线点

将闭塞机供以电源，用电压表进行电压追踪检查。将电压表的一侧棒接负极，另一侧棒从正极开始，沿电路检查是否有电压。遇有接点断开的地方，可用人工方法使其接通，然后继续检查，直到查到没有电压的地方，证明该处断线。

③检查混线点

查找电路混线或混电较麻烦，可用接点分离法来查找。如图 1-35 中 FUJ_{51} 和 FUJ_{61} 间混线，使 TJJ 吸起并自闭。在查找故障时，先看 TJJ 有几条电路，然后分析哪一条电路混线，再查从哪处混线。为此，先断开 $GDJ_{11\text{-}13}$，看 TJJ 是否落下；若 TJJ 不落下，再断开 $FUJ_{51\text{-}53}$，若 TJJ 仍不落下，可分析出混线是从励磁电路混入的。这样再分离励磁电路的各接点，当断开 $FUJ_{61\text{-}63}$ 时（此时应同时断开自闭电路），TJJ 落下。可见混线在 HDJ_{61} 到 FUJ_{63} 之间，再进一步查找，即可查到。

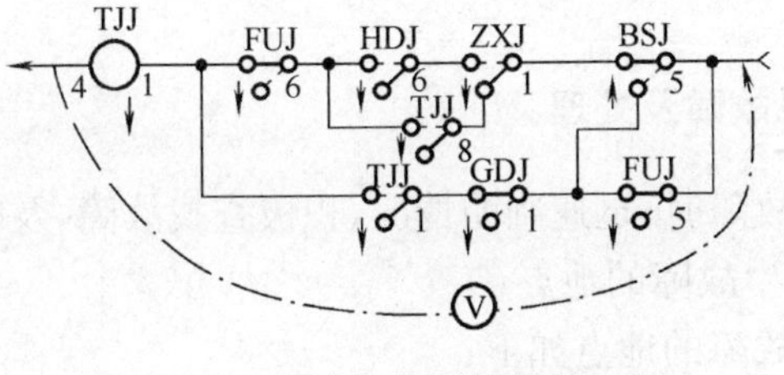

图 1-35　闭塞电路混线的检查图

(5)闭塞电路的试验

进行了各项检查后，将操纵和表示元件、闭塞机、站内结合设备的模拟盘连接起来，并在外线端子上接上一组电源和双刀双掷开关 SK，进行单个闭塞机的试验。闭塞机接通电源后，发车表示灯 FBD 亮红灯。试验前先按下 SGA，使闭塞机复原。

发车闭塞试验步骤如下：

①按一下 BSA，ZDJ 和 XZJ 吸起。

②将 SK 扳向下方（每次扳完后都应恢复至中间位置），给闭塞机送一负极性回执信号。此时 FXJ、XZJ、GDJ 相继吸起，FBD 亮黄灯。

③将 SK 扳向上方，给闭塞机发送一个正极性的同意接车信号，此时 ZXJ、KTJ 相继吸起，FBD 亮绿灯。

④将发车条件和轨道电路条件反位，使 GDJ、BSJ、ZKJ、KTJ 相继落下，FBD 亮红灯。

⑤将发车条件和轨道电路条件恢复定位。

⑥将 SK 扳向下方，向闭塞机发送负极性的到达复原信号，此时 FXJ、FUJ、BSJ 相继吸起，FBD 熄灭。至此，闭塞机恢复定位。

接车闭塞试验步骤如下：

①将 SK 扳向上方，向闭塞机发送正极性的请求发车信号，此时 ZXJ、HDJ 相继吸起，脉冲终了时，ZXJ 落下，在 HDJ 缓放时间里 TJJ 吸起并自闭，JBD 亮黄灯。

②按下 BSA，BSJ 落下，JBD 亮绿灯。

③将 SK 扳向上方，向闭塞机发送正极性的出发通知信号，此时 ZXJ、TCJ、GDJ、TJJ 相继吸起，JBD 亮红灯。

④将接车条件和轨道电路条件反位，GDJ 落下，HDJ 吸起，FBD 和 JBD 都亮红灯。

⑤将接车条件和轨道电路条件恢复定位。

⑥按下 FUA 办理到达复原，此时 FDJ、FUJ 吸起，使 BSJ 吸起并自闭，表示灯熄灭，闭塞机恢复定位。

以上是一端闭塞机试验方法。两台闭塞机连接起来进行试验更为合适，这样可检查两台闭塞机的参数能否满足要求。

以上检查和试验，在现场安装之前必须进行。

二、半自动闭塞的测试

半自动闭塞的测试包括外线输出、输入电压和环线电阻测试。外线输出、输入电压用直流电压表在试办理闭塞发送脉冲信号时测量。环线电阻测试需要点停止使用半自动闭塞机，将区间一端车站的外线端子环接，在另一端车站用欧姆表，最好用惠斯登电桥测量外线的环线电阻。

三、半自动闭塞的常见故障及处理

半自动闭塞设备发生故障时，迅速判明情况，积极查找故障，及时修复使用。

1. 半自动闭塞容易发生故障的地点

半自动闭塞容易发生故障的地点如下：

(1)表示灯泡断丝，灯座弹片接触不良。

(2)电源断电或电源电压不足。

(3)插座断线或接触不良。

(4)电容器断线或容量不足。

(5)电阻器断线或调整触头接触不良。

(6)继电器弹簧钢丝卡松动，使吸上空气隙增大，工作值提高或不吸起。

(7)继电器接点因火花影响，接点电阻增大。

(8)按钮动程不足，接点接触不良。

(9)电铃内接点因火花影响，接触不良或粘住，使电铃不响。

(10)轨道电路故障或室内/外连接有故障，使 GDJ 不能正常动作。

2. 半自动闭塞的常见故障

(1)电线路故障

电线路故障有断线、半断线、混线、接错等情况。

断线故障包括：电缆断线、断路器脱扣、由于线头假焊及接线端子螺丝松动等造成的电路不通。一般可按其所经过的电路进行分段测试或以连线跳线条件来检查。

断线故障一般发生在线头剪刀点上和导线中有伤痕处，或者导线与机械磨卡的位置。

混线故障包括电线路互相碰叠、绝缘不良、在导电回路中有两处以上与大地接通等情况。

闭塞外线接反，可导致线路继电器错误转极。

(2)电源故障

电源故障有电源无端电压和端电压不足、不稳、极性接反等情况。

电源没有端电压，其原因可能是，整流器故障、连接线断线或松动、电源断路器脱扣等。

电源端电压不足，其原因可能是：接线端子松动、无稳压器时交流电压下降、共用电源串电等。

电源端电压不稳定，其原因多为无稳压器时交流电压波动或端子松动有半接触现象。

(3)继电器电路故障

继电器电路的常见故障如下：

应励磁而不励磁，系接点接触不良，接点氧化，接点间有灰尘或绝缘物、断线、焊线假焊、腐蚀、端子松动、电源电压不足、线圈断线等原因所致，可用电压表在带电情况下分段进行查找。

不应励磁时励磁了，多数系混电所致或错误地共用一组接点。

应自闭时不能自闭而产生脉动现象，多系自闭接点错误地用了后接点，或继电器时间参数(如缓放时间)不够所引起的。

应励磁时不励磁，又烧熔断器，可能是电源被短路，或继电器线圈内部短路。

应落下时不落下，可能是接点烧融断不开或衔铁卡住。

(4)轨道电路故障

轨道电路无车占用时轨道继电器不励磁，原因可能是：轨道继电器线圈断线，整流器失效，端子松动接触不良，电缆芯线折断，引接线折断或开焊脱落，送电端轨间电压低或无电压(有铁线或其他导体搭连两钢轨、轨距杆绝缘破损致使轨道间短路、导接线折断或接触不良、钢丝绳引接线混线、轨端绝缘破损等)，送电端轨间电压低或无电压(电源、整流器、轨道变压器不良，端子松动，接触不良，限流电阻接触不良或断线，更换整流器或蓄电池时把极性接反，绝缘破损等)。

轨道电路有车占用时，轨道继电器不落下，原因有：轨面上有砂子或污垢，车辆轮缘上有污垢，受电端电压过高。

轨道电路遭雷击后，可能引起轨道继电器被击坏，轨道变压器被击坏，整流器被击坏，电缆断线等故障。

此外，还有按钮接点接触不良、表示灯泡断丝、接触不良等故障。

四、半自动闭塞故障实例

1. 因混线造成的故障

接车站通知，某区间不能办理闭塞。到车站值班员处调查，确实不能办理且控制台无表示。欲与对方站联系，闭塞电话也不通。闭塞电路与闭塞电话共用外线，而现在同时发生故障，经分析确定先排除电话的故障，而这种故障一般在外线。经查找，发现系通信电线路混线。排除混线后，设备即复原。

2. 因电容器击穿造成的故障

在办理闭塞过程中，开始电铃音响正常，以后逐渐缩短直至不响，闭塞也不能办理，而闭塞电话是正常的。这说明外线没有问题。电铃的作用是了解办理闭塞的情况，更重要的是反映对方站送来的脉冲信号的长短。现在电铃从响到不响，说明对方站信号发生器有故障。而脉冲从长到短，说明继电器是好的，电路也是好的，C_1可能有问题。C_1与ZDJ、FDJ并联，控制脉冲的长短，经分析确定C_1被击穿。

3. 因按钮接点接触不良造成的故障

列车到达后不能复原，按下FUA后，设备不动作，这说明FDJ有故障。FDJ电路除继电器接点外，还有按钮接点。经检查发现按钮接点接触不良，系按钮弹簧超限且螺丝松动使接点位置有所变动所致。

4. 因轨道引接线钩钉松动造成的故障

因震动使钩钉处松动，接触电阻增加，致使GDJ不能吸起，闭塞电路不能复原。

表1-2列出了单线继电半自动闭塞可能发生的故障现象及检查步骤和分析方法。

表1-2 单线继电半自动闭塞故障现象及分析

顺序	故障现象	检查步骤	故障分析
一、发车站请求发车时	1. 闭塞机在定位，区间空闲，双方站都没有办理，闭塞机错误取得显示	1. 检查是否瞬间中断电源 2. 检查外线是否混入电源	1. 如果FBD亮红灯，则是瞬间中断电源 2. 如果双方JBD都亮黄灯，则是外线瞬间混入一正电源，使TJJ吸起并自闭而致
	2. 闭塞机在定位，发车站按下BSA后，不能办理请求发车	1. 按下BSA，观察接车站ZXJ是否吸起(电铃是否鸣响) 2. 按下BSA，观察发车站ZDJ是否吸起 3. 按下BSA，检查外线端子间是否有电压	1. 接车站ZXJ吸起，说明发车站电路正常，检查接车站电路；若ZXJ不吸起，要检查发车站电路 2. ZDJ不吸起，检查ZDJ电路；ZDJ吸起，要检查线路继电器电路 3. 如果外线端子间没有电压，可能是线路电源断线
	3. 发车站请求发车后，接车站JBD不亮黄灯	1. 检查接车站TJJ是否吸起并自闭 2. TJJ未吸起，要检查接车站的ZXJ和HDJ是否吸起	1. 若TJJ已吸起并自闭，要检查表示灯电路是否有电压，灯泡是否烧坏，灯座弹片与灯泡是否接触良好 2. 若ZXJ和HDJ吸起，TJJ不吸起，可能是HDJ的缓放时间不够长，电容器C_2断线或失效
	4. 发车站请求发车后，收不到回执信号，FBD不亮黄灯	1. 检查发车站ZKJ是否吸起 2. 若ZKJ吸起，检查GDJ是否吸起	1. 若ZKJ不吸起，检查HDJ和FDJ的缓放时间够不够。若HDJ和FDJ的缓放时间不够长，都使回执信号脉冲不够长 2. GDJ不吸起，可能是现场轨道电路及室内/外连接线的毛病；若GDJ吸起，可能是GDJ的第7组前接点接触不良；若接触良好，可能是FBD灯泡接触不良或断丝
	5. 请求发车后，办理取消复原时，发车站能取消，接车站不能取消	1. 检查接车站FXJ是否吸起过短或不吸起 2. 若FXJ吸起，检查接车站的FUJ电路	1. FXJ吸起时间过短，是因为发车站的FDJ的缓放时间不够长 2. FXJ不吸起，可能是发车站线路电源电压不足或外线断线

续上表

顺序	故障现象	检查步骤	故障分析
一、发车站请求发车时	6. 请求发车后，接车站只有电铃鸣响，其他无变化	观察接车站是ZXJ吸起还是FXJ吸起	1. 若ZXJ吸起，则可能是HDJ和TJJ电路的问题 2. 若FXJ吸起，则可能是维修外线时将外线接反了
	7. 当发车站按下BSA后，发FBD亮红灯	检查线路电源是否接地	线路电源如一极（如负极）接地，则按下BSA，ZDJ吸起时，造成电源混线，电源处于半短路状态，端电压下降，使BSJ保持不住而落下，FBD亮红灯
二、接车站同意接车时	1. 接车站按下BSA同意接车后，JBD亮绿灯，发车站收不到同意接车信号，FBD不亮绿灯	1. 检查发车站KTJ是否吸起 2. 若KTJ吸起并自闭，检查发车站ZXJ是否吸起，FBD是否良好	1. 若KTJ未吸起，在接车按下BSA时，观察发车站ZXJ是否吸起。若ZXJ不吸起或吸起时间很短，可能是接车站ZDJ缓放时间不够 2. 发车站FBD灯泡接触不良或断丝
	2. 接车站按下BSA同意接车后，JBD和FBD均不变绿灯	检查BSA的按下接点是否接触良好	由于接点接触不良，ZDJ不能吸起，无法向发车站发送同意接车信号，故发车站的KTJ无法吸起
三、列车从发车站出发时	1. 列车从发车站出发后，双方站表示灯都不亮红灯	检查发车站轨道电路动作是否可靠；出发列车是否是轻型轨道车	可能是由于轨道电路是分路效应不好
	2. 列车从发车站出发后，发车站FBD亮红灯，接车站JBD不亮红灯	1. 检查发车站TCJ是否吸起 2. 若TCJ吸起，应进一步检查接车站JBD电路	1. 若TCJ未吸起，应人为地由发车站向接车站送正电，观察ZXJ和TCJ是否吸起。若TCJ吸起并自闭，可能是发车站列车出发通知信号不够长，ZKJ和ZDJ缓放时间不够长 2. JBD灯泡断丝或接触不良
	3. 列车从发车站出发后，接车站电铃一直鸣响	观察接车站GDJ是否吸起	若接车站GDJ故障，列车从发车站出发后，接车站TCJ吸起，GDJ不吸起，TJJ不落下，使电铃一直鸣响
四、列车到达接车站时	列车到达接车站时，接车站FBD不亮红灯	1. 观察接车站HDJ是否吸起 2. 若HDJ不吸起，应检查接车站轨道电路及室内/外的连接线是否良好	1. HDJ吸起，则是表示灯电路有故障 2. 闭塞机内的GDJ是否与现场轨道继电器动作一致
五、办理到达复原时	1. 列车到达接车站后，JBD和FBD都亮红灯，但不能办理到达复原	1. 按下FUA，观察接车站FDJ是否吸起 2. 若FDJ不吸起，应检查FDJ励磁电路 3. 检查FUJ和BSJ是否吸起	1. 如FDJ吸起，则进一步检查FUJ电路 2. 检查列车是否出清电路区段，GDJ是否吸起
	2. 接车站办理到达复原时，发车站闭塞机不能复原	1. 由接车站送负电，观察FXJ是否吸起 2. 若FDJ不吸起，应检查FDJ电路 3. 检查FUJ和BSJ是否吸起	1. 若FXJ不吸起或吸起时间短，可能是接车站线路电源电压低；FDJ缓放时间不够；外线断线或混线 2. 如果发车站FXJ吸起时间短，FUJ来不及吸起，一般是接车站FDJ缓放时间不够
	3. 接车站办理到达复原后，JBD又亮黄灯	1. 检查HDJ缓放时间是否过长 2. 检查FDJ缓放时间是否不足	1. HDJ缓放时间大于FUJ的缓放时间时，在FUJ落下和HDJ缓放时间里，TJJ又重新吸起 2. 电容器C_1断线或失效

续上表

顺序	故障现象	检查步骤	故障分析
六、其他	1. 一方按下 SGA 办理事故复原时，两站间连续地互相传送正极性信号	1. 检查两站外线是否接反了 2. 检查线路电源极性是否接反了 3. 检查线路继电器极性是否接反了	若有检查步骤中任一种故障，都使两站间传送的闭塞信号相反。送出的事故复信号，到对方站变成请求发车信号，对方站又送来回执信号；此时本站 ZXJ 吸起，然后又向对方站送回执信号……互相来回传送正极性信号
	2. 一方按下 SGA 办理事故复原时，本站闭塞机复原，对方站 JBD 亮黄灯	1. 检查本站线路电源是否接反了 2. 检查对方站线路继电器极性是否接反了	若有检查步骤中任一种故障，一方在发送事故复原信号时，到对方站变成请求发车信号，使 TJJ 吸起，JBD 亮黄灯

五、查找故障的方法

要迅速查找故障，必须学透电路原理，弄清电路动作顺序，熟悉配线，善于分析故障原因，掌握查找故障的正确方法，在实践中积累经验。

1. 查找故障的基本方法

(1)“问”，问车站值班员，搞清楚发生故障的全部情况。

(2)“办”，认真进行办理闭塞的试验。

(3)“听”，仔细听继电器、电话、电铃的动静。

(4)“看”，注意看表示灯和各种设备的状态。

(5)“想”，详细分析是哪种故障。

(6)“测”，正确使用万用表测出故障位置。

2. 查找故障的步骤

(1)电源，检查电源有无端电压，端电压大小，是否稳定，极性是否正确。

(2)电路，检查有无断线、半断线、混线、外线反接的情况。

(3)接触，检查接点状态及接触是否良好，是否牢固。

(4)机械，检查按钮的动作情况。

(5)磁路，检查衔铁是否被卡，永磁螺钉有无脱落。

在发生故障时，应仔细分析，究竟是接车站故障还是发车站的故障；是闭塞电路内部故障还是外部结合设备的故障；是闭塞电路内哪一部分电路的故障，以逐步缩小故障范围。

复习思考题

1. 什么叫半自动闭塞？它有哪些优、缺点？

2. 简述半自动闭塞系统的技术特征。

3. 简述半自动闭塞系统设备组成，其中哪些与车站集中联锁有联系？

4. 64D 型继电半自动闭塞两站间传递几个正极性的闭塞信号？说明发送这些正极性闭塞信号的时机和条件。负极性的闭塞信号呢？

5. 64D 型继电半自动闭塞有几个闭塞信号是自动发送的？说明是如何实现自动发送的？

6. 简述继电半自动闭塞正常办理的手续。在什么情况下办理取消复原？如何办理？在哪些情况下办理事故复原？如何办理？

7. 简述线路继电器电路的工作原理。

8. 简述信号发送器的工作原理。

9. 发车接收器电路的各继电器的励磁条件和失磁条件是什么？

10. 接车接收器电路的各继电器的励磁条件和失磁条件是什么？

11. 闭塞继电器何时失磁？失磁后何时励磁？

12. 复原继电器在各种复原时如何励磁？

13. GDJ 在什么情况下复示现场轨道继电器的状态？

14. 64D 型继电半自动闭塞与 6502 电气集中有哪些联系？与计算机联锁如何结合？

15. 当发车站的发车表示灯及接车站的接车表示灯均点黄灯时，接车站能否办理取消复原？为什么？

16. 当两站的值班员同时办理请求发车（同时按下 BSA 又同时松开）时，其闭塞机的状态如何？如何恢复？

17. 在接车站同意接车后（JBD 点绿灯），发车站办理取消复原时，如何切断同意接车继电器 TJJ 的自闭电路？

18. 若与 FDJ 线圈并联的电容器 C_1 断线，当接车站办理到达复原时，会出现什么现象？

19. 若将两站闭塞机的闭塞外线接反，写出此时发车站办理事故复原时的电路动作程序。

20. 若本站的线路电源接反，当本站闭塞机停电恢复时会产生什么现象？

第二章　自动站间闭塞

第一节　自动站间闭塞概述

一、自动站间闭塞的基本概念

对于64D型继电半自动闭塞，由于没有区间检查设备，区间的占用或空闲及列车是否完整到达均需由车站值班员人工确认，因此，存在着不安全因素。一旦车站值班人员违章和疏忽，错误办理解除闭塞而向有车占用的区间发车，就会造成车毁人亡的重大事故。为了确保行车安全，在铁路安全措施中，要求逐步对现有半自动闭塞进行技术改造，增加区间空闲与占用状态的检查设备。

在半自动闭塞区段，配套计轴设备或长轨道电路，可自动地确认列车的完整到达，使区间闭塞设备自动复原，构成自动站间闭塞。长轨道电路因为区间需要电源及有关设备，维护不方便，故未得到发展。目前，采用的多为计轴设备。

二、自动站间闭塞的类型

自动站间闭塞分两种类型。第一种是在现有64D型继电半自动闭塞的基础上增加计轴设备或长轨道电路构成的自动站间闭塞。第二种是在双线双向自动闭塞区段，反方向按自动站间闭塞运行。

三、自动站间闭塞的基本原理

第一种自动站间闭塞是在现有64D型继电半自动闭塞的基础上增加计轴设备或长轨道电路构成两站间的自动闭塞。当发车站办理发车进路时，区间自动构成闭塞状态，并断开对方站的发车进路。出站信号机开放，应连续检查闭塞正确及区间空闲。列车出发后，解除闭塞前，两站防护区间的出站信号机均不能开放。当列车到达接车站后，经检查区间空闲后，自动解除闭塞。

第二种自动站间闭塞在检查了整个站间区间空闲改变运行方向后，即可形成自动站间闭塞。

以下所述均为第一种自动站间闭塞。

四、自动站间闭塞的技术特征

自动站间闭塞与半自动闭塞相同的是，它们都是站间闭塞。但自动站间闭塞不同于半自动闭塞，它不需要办理闭塞，不需要办理到达复原，即闭塞作用完全是自动完成的。

自动站间闭塞与自动闭塞相同的是，它们都是自动完成闭塞作用的。但自动站间闭塞也不同于自动闭塞，它不将区间划分为闭塞分区，而是以整个区间作为闭塞空间。

五、自动站间闭塞的技术条件

自动站间闭塞区间，必须装设区间轨道检查装置。区间轨道检查装置可采用计轴设备或长轨道电路。

自动站间闭塞应满足下列技术要求：

(1)车站办理发车进路，区间应自动转入闭塞状态。

(2)出站信号机开放，必须连续检查闭塞正确及区间空闲。

(3)列车出发后，出站信号机应自动关闭。闭塞解除前，两站向该区间的出站信号机不得再次开放。

(4)列车到达接车站，经检查区间空闲后，闭塞自动解除。

(5)区间闭塞后，发车进路解锁前，不能解除闭塞；取消发车进路，发车进路解锁后，闭塞随之自动解除。

自动站间闭塞区间，原有半自动闭塞可作为备用闭塞且应满足下列要求：

(1)区间检查设备正常、区间空闲、未办理闭塞时，经操作，自动站间闭塞方式与半自动闭塞方式可以互相转换，同一区间的闭塞方式应一致。

(2)区间检查设备故障停用时，可按规定的作业程序改为半自动闭塞。

当区间检查设备为计轴设备时，计轴设备检修或停电恢复后，应由区间两端车站值班员确认区间空闲，同时办理，方能使设备复原。

六、自动站间闭塞的技术经济效益

自动站间闭塞无需车站值班员办理闭塞和确认列车完整到达，缩短了车站办理接/发车时间，相应地提高了区间通过能力。克服了在没有区间空闲检查设备状况下半自动闭塞区段因区间遗留车辆、车辆溜逸和错误办理事故复原等造成的不安全情况。

第二节 计轴设备

一、计轴设备概述

1. 计轴设备的作用

计轴设备是用于计算机车车辆进出区段的轮轴数，分析区段是否有车占用的一种技术设备。它具有检查区间占用与空闲的功能，而且不受轨道线路的道床状况等影响。它采用车轮传感器和计轴器来记录和比较驶入和驶出轨道区段的轴数，作为检查区段的安全设备，其作用和轨道电路等效。

2. 计轴设备的组成

由室内设备和室外设备两部分组成。室外设备和室内设备通过传输线路相连接，用来传递信息。室外设备计轴点，包括车轮传感器和电子连接箱，主要用于产生车轴脉冲。室内设备有运算器、继电器、电源等信息传输部分，用来计轴和传递信息。运算器，包括计数、比较、监督、表示等装置，对计轴点产生的车轴脉冲进行计数和确定列车运行方向，比较计轴点入口和出口所记轴数及记录计数结果。电源，提供可靠的供电。

3. 计轴设备的主要技术条件

(1)车轮传感器的安装点应符合下列要求：检测区段长度应大于最大轴距，安装应符合建筑限界的要求，距信号机的安装位置应符合信号机处钢轨绝缘安装位置的要求。用于区间轨道检查的车轮传感器应安装于进站信号机内方 2～3 m，安装在轨枕间的钢轨上且避开轨距杆等金属部件，两组磁头应安装于同一侧钢轨上，在双线区段，磁头应安装于外侧钢轨上。

(2)车轮传感器安装需用绝缘材料与钢轨隔离。车轮传感器安装应牢固，磁头齿与底座齿必须对准密合，各部螺栓、螺母上的扭矩应符合规定要求；底座无裂纹，外壳无损伤。

(3)计轴设备的数据传输通道应采用不加感通信电缆、铝护套计轴综合电缆中的通信四芯组线对或者光缆，通道质量应符合有关技术标准。

(4)计轴设备主机的电缆连接线屏蔽层不得与室外引入电缆屏蔽层接地相连，也不得与信号机械室内分散接地的信号地线相连。

(5)计轴设备应有可靠电源供电，输入电源断电 30 min 以内，应保证计轴设备正常工作。

(6)计轴设备发生任何故障，作为检查轨道区段空闲与占用状态的轨道继电器应可靠落下，并持续显示占用状态；故障排除后，未经人工办理，不得自动复位。

(7)计轴设备的电源、传输通道、磁头等部位应有雷电防护措施。

二、车轮传感器

车轮传感器又称磁头，为变耦合式电磁有源传感器，设有发送线圈和接收线圈，利用车轮改变二者之间的耦合关系，使电感或互感在车轮通过时发生变化，而产生轮轴信号。

设 K_1 和 K_2 两组磁头，每组磁头又由 1 个发送磁头(Tx)和 1 个接收磁铁(Rx)组成。发送磁头的信号来自电子连接盒的发送的 30 kHz 和 29 kHz 的信号。由于电磁感应作用，在接收磁头中感应出交流信号。该信号送到电子连接盒进行解调。

发送磁头和接收磁头由绕在铁氧体磁芯上的线圈和一并联电容组成，发送线圈和接收线圈磁芯的位置及钢轨的几何形状如图 2-1 所示，使得发送线圈 S 和接收线圈 E 所产生的磁通环绕过钢轨后形成两个磁通 Φ_1、Φ_2，它们以不同的路径、相反的方向穿过接收线圈 E。在无车轮经过传感器时，此时磁通 Φ_1 远大于 Φ_2，在接收线圈内感应出一定的交流信号。当车轮经过传感器，由于车轮的屏蔽作用，Φ_1 减小，而 Φ_2 增大，使 $\Phi_2 > \Phi_1$，在接收线圈内感应的交流信号相位与发送信号相反，这个载有轮轴信息的信号，经整形、检波后产生一个轴脉冲。轴脉冲形成后，计轴过程完全由软件来完成。

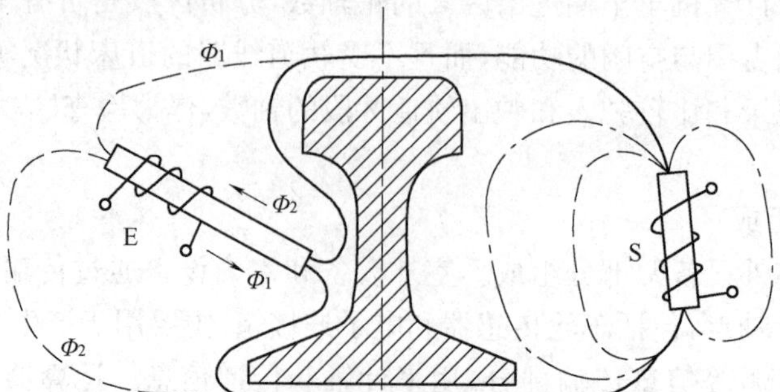

图 2-1　磁头

由于两条轨上的磁头 K_1 和 K_2 是交错设置的，两磁头产生的轴脉冲在时间上先后不同，可以判别是进入或是驶出车轮轴。当车轮轮轴从第一计轴点进入区段，在 K_2 处就会产生一个下降沿的“入”脉冲，说明进入一个车轮轮轴。如果车轮轮轴从第一计轴点离开，就会产生一个上升沿的“出”脉冲，说明驶出一个车轮轮轴。

车轮电子检测器的功能是向发送传感器提供 30 kHz 和 29 kHz 的信号，并将接收传感器中感应的信号进行解调，转换成便于远距离传输的数字信号，送往车站信号机械室进行计轴。

三、计轴设备的基本工作原理

计轴设备利用车轮传感器、计数器来记录和比较驶入和驶出轨道区段的轴数，以此确定轨道区段的占用或空闲，其工作原理是：当列车出发，车轮进入轨道传感器作用区时，发车站微机开始计轴，轮对经过磁头时，向微机传送轴脉冲，微机开始计数，并判定运行方向，确定对轴数是累加计数还是递减计数。系统规定，凡进入防护区段的轮轴数进行加轴运算，凡离去防护区段的轮轴数进行减轴运算。列车进入计轴点，计轴器对轮轴进行计数，并发出区间占用信息，区间轨道继电器落下，列车全部通过车轴计轴点时，停止计数，并经传输线向对方站发送本站所计的发车轴数。当列车到达接车站计轴点时，由于列车是驶离区间，计轴器进行减轴运算，同时接车站在列车全部通过后，将所计轴数，再传递给发车站。然后两站的微机同时对驶入区间和驶离区间的轮轴数进行比较运算，两站一致时，发出区间空闲信息表示，区间轨道继电器吸起，这时微机控制闭塞设备自动复原，否则区间仍将处于占用状态。

四、计轴设备

目前，我国铁路使用的计轴设备有从德国引进的 AzL90-3 型、ZP30CA 型、AzS(M)350 型计轴设备和国产的 JZ_1-H 型计轴设备等。现以 ZP30CA 型和 JZ_1-H 型为例予以介绍。

1. ZP30CA 型计轴设备

ZP30CA 型计轴设备主要用于自动站间闭塞。

(1)计轴设备的组成

ZP30CA 型计轴设备的组成如图 2-2 所示。室外设备有车轮传感器(或称磁头)K_1、K_2 和电子连接箱；室内设备有轴数显示器、检测盒、继电器等。室外设备和室内设备通过传输线路相连接。计轴器到信号楼采用计轴专用电缆(12 芯)连接，型号为 PJTA23 型。信号机械室到通信机械室采用屏蔽双绞线连接，并在通信机械室接入。

(2)计轴设备的部件

①车轮传感器

采用 SK30 型车轮传感器。SK30 包括 SK_1 和 SK_2 两组磁头，每组磁头又由 1 个发送磁头(Tx)和 1 个接收磁铁(Rx)组成。SK30 的两组磁头安装在同一侧钢轨上，发送磁头安装在钢轨外侧，接收磁头安装在钢轨内侧，用三个止退固定螺栓螺母固定在轨腰上。安装孔的位置取决于钢轨的高度。发送磁头为仰角可调型。每个 Tx/Rx 磁头都备有 4.0 m 长的外加护套电缆与电子连接盒相接。整个 SK30 传感器与钢轨绝缘。

②计轴运算处理器

计轴运算处理器又称电子连接箱。EAK30 电子连接箱内装有测轴点所用的电子电路印制板，由 2 块发送接收板(SEA)、2 块 CPU 板(ZPR)、1 块调制解调器板(MOD)和 1 块电源板

(SV)及接线端子等组成。电子连接箱各接一对 Tx/Rx 磁头，分别向两个 Tx 线圈发送调频电源，并接收及处理来自相应 Rx 线圈的信息，输入直流轮轴脉冲。

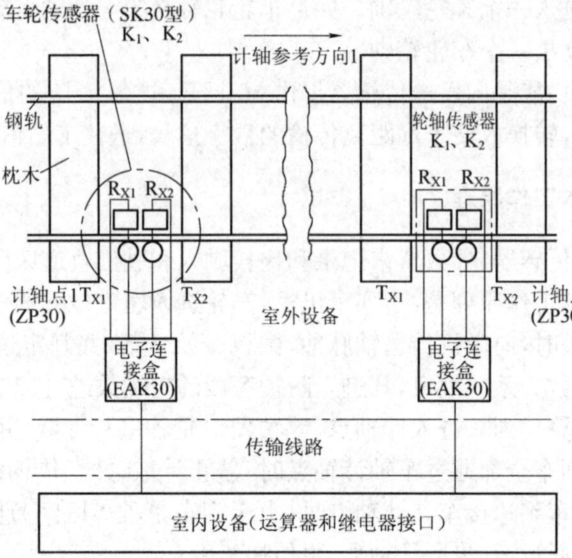

图 2-2　ZP30CA 型计轴设备的组成图

EAK30CA 型电子连接箱可以直接处理和计算进、出车轮轮轴数，经调制解调器传送到室内设备的结合电路。

③轴数显示器

轴数显示器是计轴检测设备的一部分，放置在信号机械室内，其主要作用为监视计轴设备的工作状态，显示进入区间的列车轴数。

轴数显示器的不同显示状态可以反映当前区间不同的状况：

a. 当计轴区间空闲时，轴数显示器的显示为“0000”。

b. 当计轴区间有站占用时，轴数显示器显示为相应的轴数，例如，计轴区间有一列车，其轴数为 192 轴，则显示为“0192”。

c. 当计轴区间出现负轴时，轴数显示器将由稳定显示变为闪动显示并在轴数前加“—”符号，例如：计轴区间负轴数为 2 轴，则显示为闪动的“—002”。

d. 当列车正在进入计轴区间时，轴数显示器显示的计轴数逐渐递增，直到列车完全进入为止，显示轴数稳定在实际列车轴数上。

e. 当列车离开计轴区间时，计轴轴数显示器显示轴数逐渐递减，直到列车完全离开，显示轴数显示“0000”。

f. 当计轴器出现故障无法正常工作时，计轴轴数显示器关闭。

④计轴检测盒

计轴检测盒每一计轴区间设一个，它是计轴设备的一部分，安装在信号机械室内，其主要作用是监测计轴闭塞设备的运行状态，指示设备工作状态，给出各种故障提示，为维修人员提供区间是否占用，设备是否故障及故障类型等信息，以便及时进行故障处理，保障计轴闭塞设备可靠地工作。

目前，尚不能提供一个总的故障信息，因此无法去控制台上进行故障表示，需要维修人员加强巡视。

计轴检测盒设以下表示灯：

a. 区间占用表示灯

当计轴区间有车占用时，该灯点亮，反之则关闭。

b. 负轴故障表示灯

当计轴区间由于某种原因，驶出区间的轴数大于驶入区间的轴数时该灯点亮。

c. 接收故障表示灯

计轴器或计轴检测盒由于通信故障收不到信息连续达到 3 s 以上，轨道继电器落下，该灯点亮，通信故障消除，计轴设备可以自动恢复原有工作，该灯自动关闭。

d. 本站复零表示灯

当本站计轴器初次接通电源或运行中断后又重新接通等时，该灯点亮，计轴设备要重新运行后该灯才能熄灭。

e. 本站设备故障表示灯

本站计轴器在磁头发生故障不能记录在轴数时，该灯点亮，计轴器自检不正常时，该灯也点亮。

f. 计轴检测盒工作表示灯

计轴检测盒正常工作时，该灯点亮。

g. 载波检测(CD)表示灯

该灯随着计轴通信线路中通信信号的有无点亮或关闭。

(3)计轴设备的安装

ZP30CA 型计轴器的安装如图 2-3 所示。

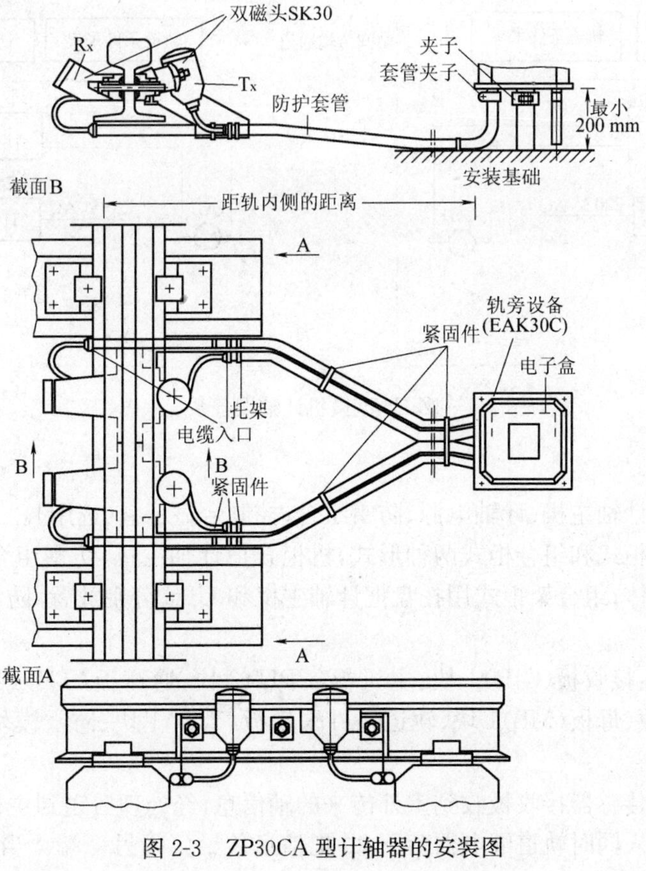

图 2-3　ZP30CA 型计轴器的安装图

磁头安装在进站信号机内方 2～3 m 处，安装在接车方向左侧轨条上，两对磁头安装在同一侧钢轨上。

室外设备的设备地与防雷地合用，接地电阻小于 4 Ω，接地线采用 25 mm^2 多股铜芯塑料软线。

室内设备的设备地与防雷地分设，设备地与联锁设备共用，防雷接地电阻小于 4 Ω，接地线采用 4 mm^2 多股铜芯塑料软线。

2. JZ_1-H 型微机计轴设备

JZ_1-H 型微机计轴设备的特点是：各闭塞区段之间相对独立，每个闭塞区段由一个计轴主机进行控制，不会因某个计轴主机的故障而影响其他区段。同时各计轴主机均设有轴数显示以显示区段轴数及区段故障状态；各区段均可单独复零。

系统结构和单元板采用欧洲标准结构，分为室内和室外两部分。室外设一个 JCH 车轮电子检测器和 CC32K 车轮传感器，室内设一个计轴主机柜或计轴主机箱（附 UPS 箱）。各功能模块接插在母板上，结构简单，维修方便，JZ_1-H 型微机计轴设备系统如图 2-4 所示。

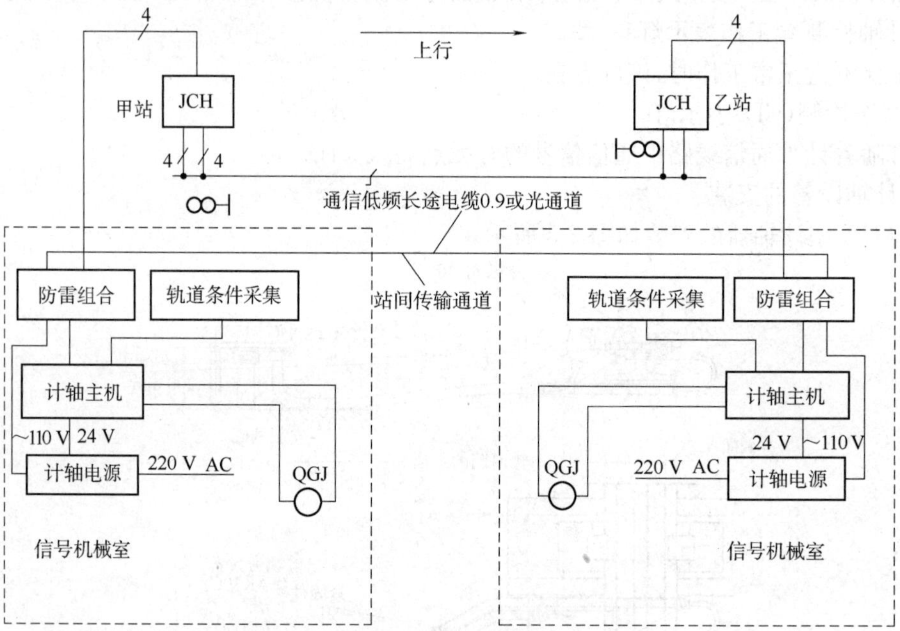

图 2-4　JZ_1-H 型微机计轴设备系统框图

（1）室内设备

室内设备包括计轴主机、计轴电源、防雷组合、控制台显示盒（选用）。

室内设备有机柜式和组合柜式两种形式，机柜式把计轴主机、防雷组合和 UPS 等放置在机柜中成为一个整体；组合架柜式用托盘把计轴主机和 UPS 分别放置，防雷在计轴主机中。

①计轴主机

计轴主机包括：接收板（CJB）1 块、主机板（CPU）2 块、通道板（TD）或光通道板（GTD）1 块、显示板（XS）1 块、母板（MB）1 块、轨道条件采集板（TCJ）1 块、防雷模块组合 3 个、防雷变压器组合 2 个。

计轴主机内的传感器接收板收到室外传来的轴信息，经处理后送到主机板进行计数，主机给出区间占用信息。同时轨道继电器落下，并把信息传给区间另一端。当列车完全驶离区间或折返时，经区间两端主机的微机判断比较，确认两端数据信息无误及区间无车则给出区间空闲指示，同时吸合轨道继电器，并将区间的轴数在显示盘上显示出来。

a. 接收板

接收板 CJB 接收并处理轴信息。它接收室外 JCH 传来的数字信号，通过滤波、整流、比较处理成高或低电平信号(室外信号接收正常，传输线路无中断且无车占用时，给出高电平信息，相应面板 L 亮灯，传感器 1 对应 L1；传感器 2 对应 L2；反之给出低电平信息，相应面板指示灯灭灯)。由 AC/DC 模块向 CJB 提供 DC 24 V，板上的电源模块将其转化为所需工作电压 DC ±12 V。CJB 面板示意如图 2-5 所示。M_1 和 M_2 分别用于测量经 CJB 整流后的直流电平信号，其值均对应于 GND 测量。大小随室外 JCH 至室内的通道电平信号变化。参考值应＞3 V DC。J_1、J_2 为用于判别有无轮对信号的门限值，可通过条件面板相应电位器改变其值，一般其对地电压在 1.5～3.0 V DC，出厂值为 DC 2.6 V。更换单盘时，相同型号单盘原则上可互换，但所换单盘 CJB 盘中的 SK3 短路设置需和换下单盘一致。

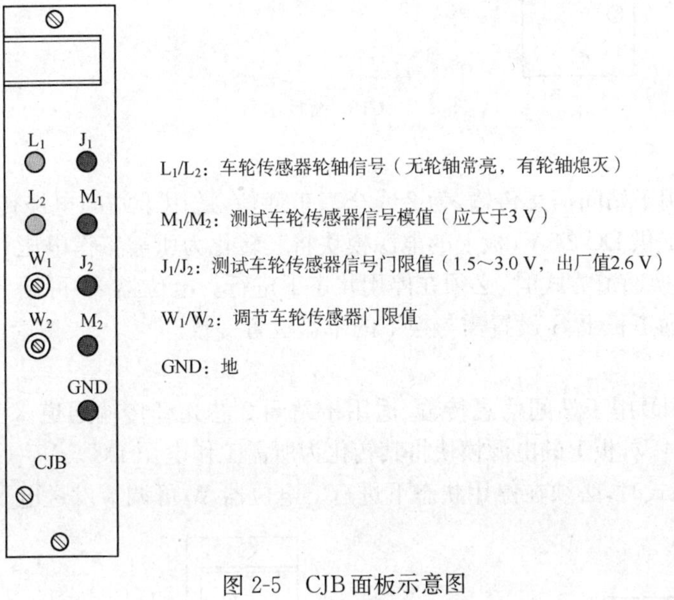

图 2-5　CJB 面板示意图

b. 主机板

主机板(CPU 板)进行计数，给出闭塞分区占用或空闲信息。主机板采用二取二结构，两块 CPU 实时采集 CJB 板给出的轴脉冲信息，并对其进行计算判别。同时通过 GTD 盘与区间另一端的两 CPU 进行信息交换，并进行轴数比较。当检测到区间两端轴数不等或有故障信息时，主机给出区段占用状态信息，相应区段轨道继电器落下。当列车完全驶离区间或折返时，经区间两端主机的微机判断比较，确认两端数据信息无误及区间无车则给出区间空闲指示，相应区段轨道继电器吸起。同时，可利用外部轨道条件实现“±1”干扰轴的冗余功能。由 AC/DC 模块向 CPU 板提供 DC 24 V，板上的电源模块将其转化为所需工作电压 DC 5 V。CPU 的工作状态可通过面板指示灯予以表示，CPU 面板如图 2-6 所示。CPU 初始上电时，在保证室外信息正常的情况下，需对其进行正常复位后才能工作。每次复位需由车站值班员确认区段空闲后进行，且需在 13 s 内同时对区间两端运算单元进行复位操作。在区间两端的设备未建立正常的通信或未进行同时有效的复位情况下，设备不能正确反应区段的空闲与占用状态。设备因外界干扰原因导致区段无车占用或设备故障修复后，应对其进行有效复位。

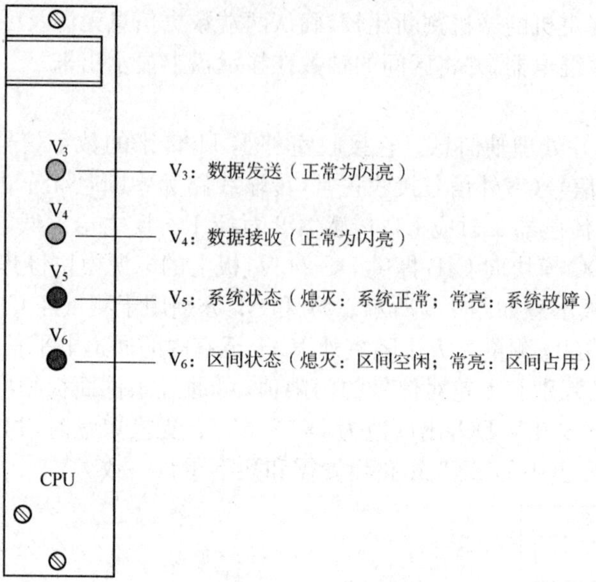

图 2-6　CPU 面板示意图

c. 通道板

通道板(TD)用于站间信息传输，为 2 线全双工通信，适用于站间电缆传输通道。由 AC/DC 模块向 TD 板提供 DC 24 V，板上的电源模块将其转化为所需工作电压 DC 5 V。TD 面板如图 2-7 所示。更换通道方式时，必须在停用状态下进行。电位器 W 可调节发送电平。更换通道板时，换上的通道板上 S_4 设置需与换下的单盘设置一致。

d. 光通道板

光通道板(GTD)用于站间信息传输，适用于站间 2 芯光纤传输通道。由 AC/DC 模块向 GTD 板提供 DC 24 V，板上的电源模块将其转化为所需工作电压 DC 5 V。GTD 面板如图 2-8 所示。更换通道方式时，必须在停用状态下进行。电位器 W 可调节发送电平。

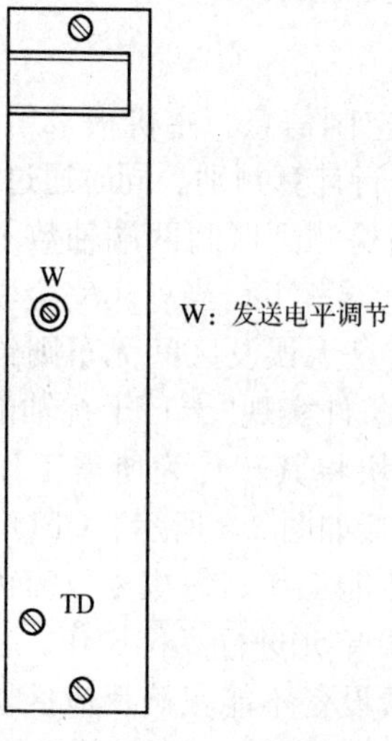

图 2-7　TD 面板示意图

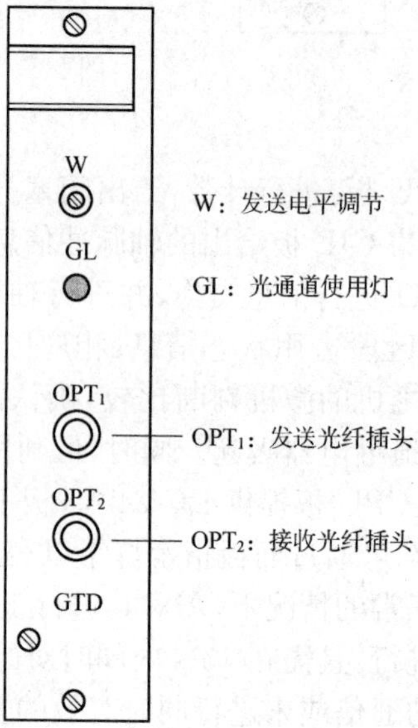

图 2-8　GTD 面板示意图

GTD(F)板用于站间信息传输，适用于站间单芯光纤传输通道，此板置于通道两端站的发送端，电源供给与 GTD 板相同。GTD(F)面板如图 2-9 所示。

e. 显示板

显示板(XS)显示区段剩余轴数及故障信息。XS 板接收 TD 板或 GTD 板解调后的 CPU 编码信息，并将区间两端的轴数信息及故障信息解码后采用数码管显示。可显示区段轴数及故障状态，显示轴数采用十进制方式，从上往下依次为千位、百位、十位、个位。当区间两端设备没有正常复位时，其显示无实际意义。XS 板可通过面板的复位孔单独复位，而不影响系统的安全性。XS 板电源供给：由 AC/DC 模块向 XS 板提供 DC 24 V，板上的电源模块将其转化为所需工作电压 DC 5 V。XS 面板如图 2-10 所示。

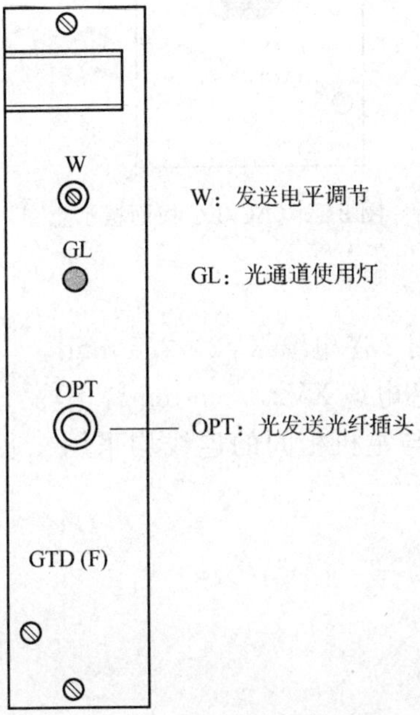

图 2-9　GTD(F)面板示意图

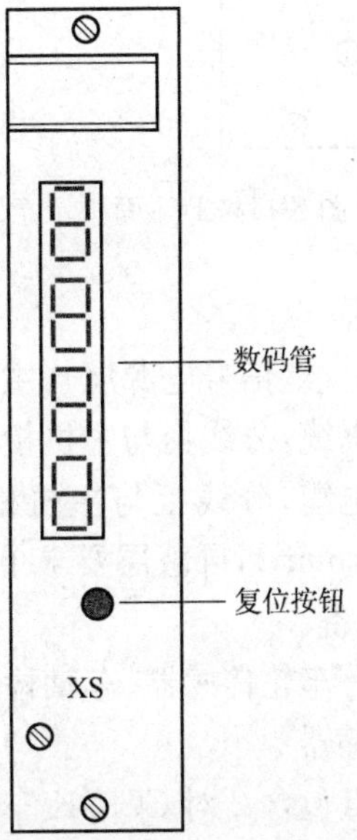

图 2-10　XS 面板示意图

f. 条件采集板

条件采集板 TCJ 主要用于对复位条件的采集和隔离，即将采集到的复位继电器接点信息通过光电隔离转换成高低信号通过母板对 CPU 进行复位操作。采集到复位接点信息时相应面板的 FY 灯或 TJ 灯亮灯。由 AC/DC 模块向提供 TCJ DC 24 V，板上的电源模块将其转化为所需工作电压 DC 5 V。TCJ 面板如图 2-11 所示。

②计轴电源

计轴电源包括 UPS(APC-SRT1000UXICH)1 台、AC/DC 板 1 块。

室内主机的电源提供由 UPS 和电源板 AC/DC 完成，每一个运算单元由 1 个 AC/DC 盘供电，每个电路板均有自己独立的电源转换电路，将 24 V 直流电压转换成各自工作所需电压。

AC/DC 板为电源板，其主要功能是将输入 AC 220 V 电压转换为 DC 24 V，供室内计轴主机各电路板。每个运算单元需要一个独立的 AC/DC 板。AC/DC 面板如图 2-12 所示。

③防雷组合

防雷组合用于防雷。一个车站每端需要防雷模块组合 3 个、防雷变压器组合 2 个。

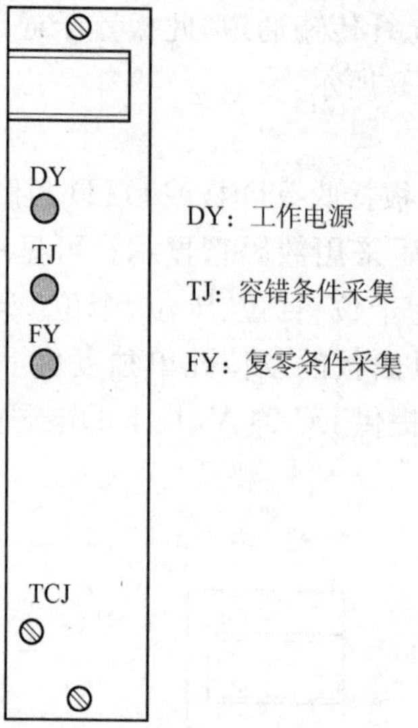

图 2-11　TCJ 面板示意图

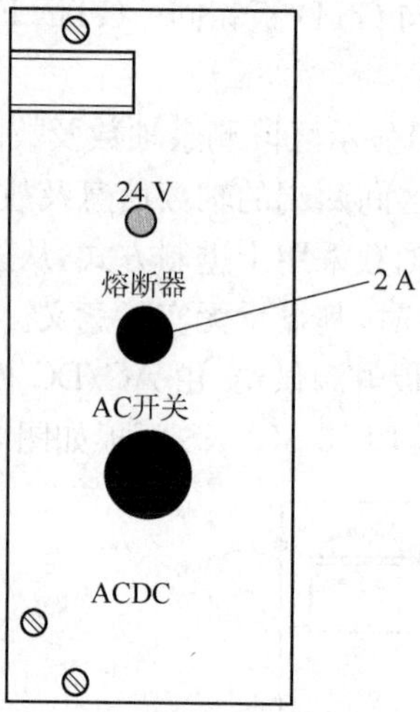

图 2-12　AC/DC 板面板示意图

④室内电缆

室内供电电缆，信号电源屏与主机柜之间采用 2 芯电缆 XV2×2.5 mm^2。

远供电源电缆，分线柜与主机柜之间采用 2 芯电缆 XV2×2.5 mm^2。

其他配线电缆，分线柜与主机柜间、组合柜与主机柜间的连线均采用二芯屏蔽双绞线(RVVP2×0.5 mm^2)，屏蔽层要求单端接屏蔽地。

(2)室外设备

室外设备有车轮传感器、车轴检测器。

①车轮传感器

每个检测点包含 2 对 CC32K 车轮传感器。

②车轮电子检测器

每个检测点有 1 个 JCH 型车轮电子检测器。JCH 机笼内有传接板(CG)2 块、通道板(TD)1 块和电源板(DY)1 块。

JCH 机笼内负责通信传输的通道盘分为 TD(提供 1 路通道信号)和 TDF(提供 2 路通道信号)两种。

TD 盘和 TDF 盘内均设有三挡增益调节电路可供选择(通过跳点或拨位开关调节)，以满足不同传输距离的要求。TDF 盘内的 2 路通道信号可以分别设置增益电平，互不影响。此项设置在设备出厂前已调整完毕，在现场更换单盘时需注意将新换单盘调整到与更换下来的单盘设置一致。

车轮电子检测器的功能是向发送传感器提供 30 kHz 和 29 kHz 的信号电压，并将接收传感器中感应的信号电压进行解调，转换成便于远距离传输的数字信号，送往车站信号机械室进行计轴。

室外设备供电由室内不间断电源提供交流 220 V 或 110 V，交流 220 V 需经室外 XB 箱中电源变压器转换为 110 V 左右的交流电压，送于室外设备电源块，电源板 DY 经 AC/DC 转换后，给出 24 V 直流电源，为各电路板提供工作电源。

(3)接地

接地示意如图 2-13 所示。

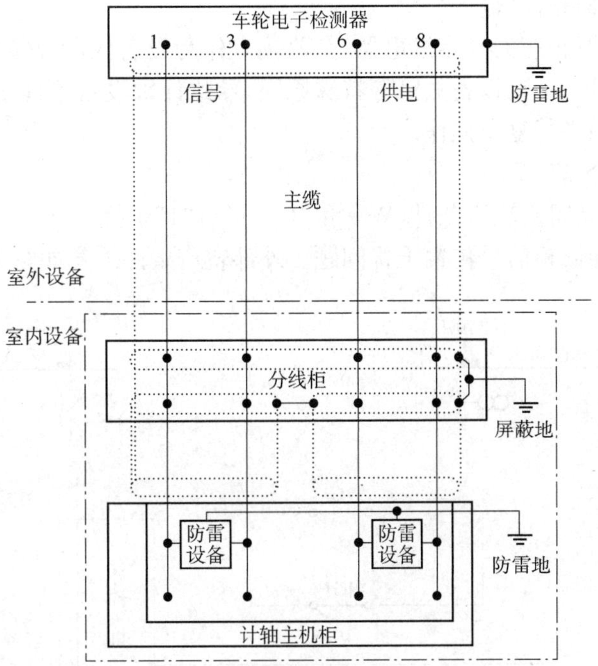

图 2-13　接地示意图

室内设备的机壳地接屏蔽地线，防雷地接防雷地线。

室外设备的车轮电子检测器外壳接防雷地线。室外 XB 箱至室内传输电缆屏蔽层应保证接地良好，且不得与电力线路靠近和并排敷设。

屏蔽地线与防雷地线分设，接地电阻≤4Ω。接地线采用不小于 4 mm^2 多股铜芯塑料线。当采用综合地时要求接地电阻≤1 Ω。

(4)计轴点传输通道

室内分线盘与室外 XB 箱间、室外 XB 箱与检测盒间采用计轴专用电缆(如 PJZL23 型)或符合特性的电缆，用以传输轴数信息并为检测点供电。每个检测点需要 4 芯，其中 1 路通道信号 2 芯(JCH 用 2 路通道信号时需用 4 芯)，电源 2 芯。多个检测点电源线可共用 2 芯(共用检测点的个数需要计算电缆压降，到每个检测点时电压不能低于 AC 160 V，每个检测点功耗为 10 W)。以上不含备用。

采用计轴专用电缆，通道信号采用通信四线组，电源采用信号四线组。金属护层 1 800 V、芯线间 1 000 V，持续时间 2 min，应无击穿或闪络现象。

车轮传感器和车轮电子检测器之间通过双层屏蔽的电缆连接，此电缆的长度统一为 4.2 m(特殊要求除外)，出厂前已经安装到传感器上。

(5)站间传输通道

应采用专用通道，可采用 2 芯电缆或 2 芯或单芯光纤。

(6)与其他设备的接口

①轨道继电器条件(输出)

每个检测区段设有一个区段轨道继电器输出条件，当区段占用或设备故障时，相应轨道继电器落下；当区段空闲时，相应区段轨道继电器吸起。

②区段复零继电器条件（输入）

每个区段均需设置相应的复零继电器，其前接点作为设备区段复零的依据。每个区段单独复零。由于磁头损坏、计轴设备故障等特殊原因，导致计轴设备不能正常工作，轨道继电器落下，故障修复后必须进行复位操作。

③外部轨道条件采集

可充分利用半自动闭塞轨道条件（WG 和 JG），进行“1”干扰轴冗余，并采用高频车轮传感器传感技术，有效改善低频信号传输干扰问题。外部轨道条件采集如图 2-14 所示。

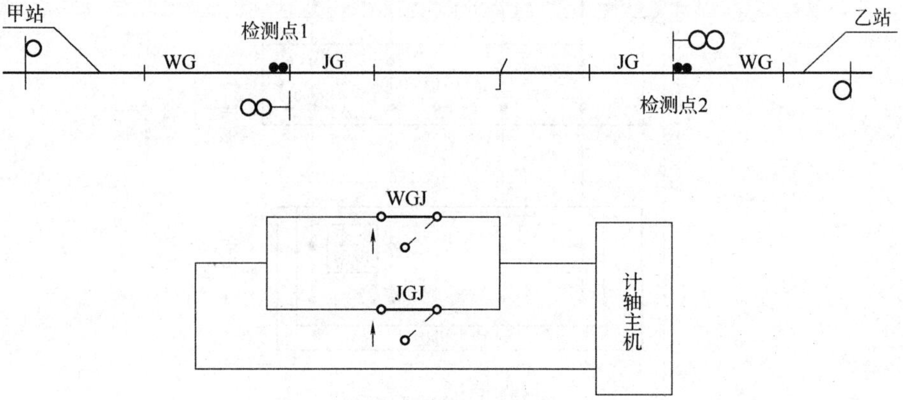

图 2-14　外部轨道条件采集示意图

(7)复零方式

每个区段都设有相应的“复零”按钮和复零继电器 JZFJ，用以对区段进行复零操作。计轴主机对相应的复零条件进行采集，实现区段复零。控制台复零条件采集如图 2-15 所示。

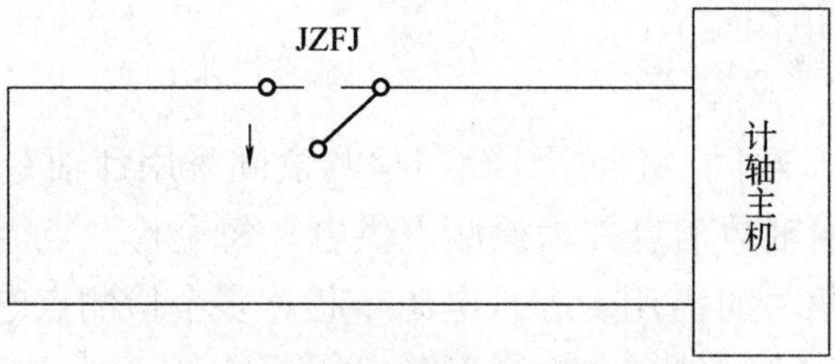

图 2-15　控制台复零条件采集示意图

设备采用预复位方式时，在车站值班员确认区段空闲的情况下，按下相应区段“复零”按钮时，仍需在区间走行一趟车，系统确认无误后，方可使各闭塞分区复零（各 QGJ 吸起）。

第三节　计轴自动站间闭塞

一、计轴自动站间闭塞主要技术条件

计轴自动站间闭塞主要技术条件如下：

(1)办理闭塞、取消闭塞及事故复原应在检查区间空闲后,仍按原继电半自动闭塞方式办理。

(2)列车进入计轴自动站间闭塞区间的凭证是出站信号机开放。

(3)发车站办理发车进路时,区间应自动构成闭塞状态。

(4)出站信号机开放,必须连续检查闭塞正确及区间空闲。

(5)列车出发后,闭塞解除前,两站防护该区间的出站信号机均不能再次重复开放。

(6)列车到达接车站,经检查区间空闲后,闭塞应自动解除。

(7)区间闭塞后,发车进路解锁前,不能解除闭塞;取消发车进路,发车进路解锁后,闭塞应随之自动解除。

(8)计轴设备工作正常,区间空闲且未办理闭塞时,破铅封操纵"闭塞方式转换"按钮,计轴自动站间闭塞方式与半自动闭塞方式可直接相互转换,同一区间的闭塞方式应一致。

(9)计轴设备应连续对主机自身状态与执行环节状态是否一致进行监测。当出现不一致时,应处于区间占用状态,并使对方站也处于区间占用状态。

(10)计轴设备故障后,可按规定的作业程序办理,停用计轴设备,改按原半自动闭塞方式行车。

(11)计轴系统发生任何故障,作为检查区间空闲与占用状态的区间轨道继电器应可靠落下,并持续显示占用状态。故障排除后,必须办理预复零(即断通电一次),并采用其他闭塞方式经过走行一趟列车,计轴器计入与计出的轴数相同,确保区间空闲后,计轴设备方可自动复零。

(12)计轴设备正常工作时,控制台上应给出区间空闲或占用表示;设备故障后,应给出计轴故障和区间占用表示及音响报警。

(13)计轴设备应有可靠电源供电,交流停电后,应能连续供电 30 min 以上且控制台上仍能给出区间空闲与占用表示。

(14)计轴设备检修或停电后复原,应由双方车站值班员确认区间空闲后,同时办理预复零,方能使设备复原。

(15)计轴信息的传输通道应采用专用通道,并且应满足数据传输通道的要求。

(16)计轴设备应连续监测站间通道是否良好,当通道发生故障后,两站设备均应处于"区间占用"状态。

(17)计轴自动站间闭塞系统应具有良好的电磁兼容性和防雷设施。

(18)计轴自动站间闭塞系统与结合电路设计必须符合"故障—安全"要求。

二、计轴自动站间闭塞系统

1. 系统构成

目前使用的计轴自动站间闭塞系统是在现有 64D 型继电半自动闭塞设备的基础上增加计轴设备、计轴专用电源、轴数显示器、计轴检测盒、滤波器、计轴综合电缆、计轴与原 64D 型继电半自动闭塞结合电路及防雷设备等构成。

下面以 ZP30CA 型计轴器构成的计轴自动站间闭塞为例,说明其系统构成。系统采用 ZP30CA 型计轴器作为区间空闲与占用状态的检查设备,每个区间安装两套,分别设在两站进站信号机内方 2～3 m 处。该计轴设备采用直流供电，站间数据通信与继电半自动共线传输方式，其系统构成如图 2-16 所示。

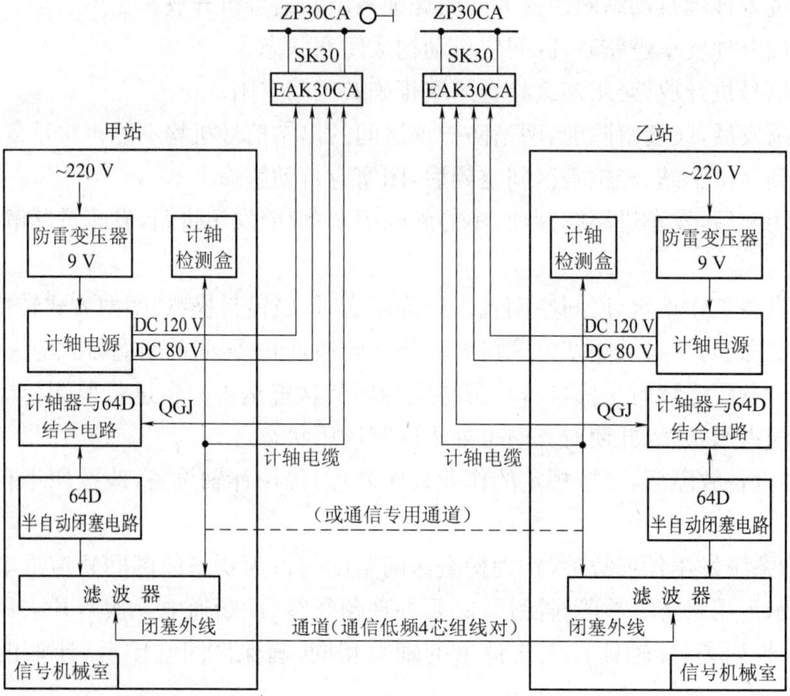

图 2-16　计轴自动站间闭塞系统构成框图

2. 车站控制台上的计轴控制按钮和表示灯

(1)闭塞切换按钮 BSQA

BSQA，二位非自复式带铅封，用于闭塞方式的切换，当计轴设备正常工作时，该按钮处于拉出位置，区间按自动站间闭塞方式行车；当需停用计轴设备时，需车站值班员破铅封按下该按钮，系统恢复为半自动闭塞行车。

(2)计轴复零按钮 JFLA

JFLA，自复式带铅封按钮，用于计轴复零。

(3)闭塞状态表示灯 ZBSD 和 RBSD

站间闭塞表示灯 ZBSD(绿色)点亮表示自动站间闭塞；人工闭塞表示灯 RBSD(黄色)点亮表示半自动闭塞。

(4)计轴复零表示灯 JFLD

JFLD (白色)，当按下“计轴复零”按钮后，该表示灯点亮 13 s 后自动关闭，表示计轴设备复零一次。

(5)区间状态表示灯

“B”表示区间空闲；“H”表示区间占用。

当计轴设备正常工作时，在信号电源停电 30 min 内，控制台上能给出区间状态表示。

按计轴自动站间闭塞办理时，原半自动闭塞表示灯及基本意义不变。

三、继电集中联锁车站的自动站间闭塞电路

计轴设备与系统的结合采用了安全型继电器电路。计轴设备与原半自动闭塞的结合电路每个区间的两端站各设一套，主要由区间轨道继电器（QGJ）、区间轨道辅助继电器（QGFJ）、闭塞自动办理继电器（BZBJ）、站间闭塞继电器（ZBSJ）、人工闭塞按钮继电器（RBSAJ）、人工闭塞继电器（RBSJ）、路票列车记录继电器（LJLJ）、同意接车复示继电器（TJJF）等组成，以及与闭塞按钮继电器 BSAJ、复原按钮继电器 FUAJ、事故按钮继电器 SGAJ、发车锁闭继电器 FJBJ、接车锁闭继电器 JSBJ、半自动轨道继电器 GDJ、负电继电器 FDJ、复原继电器 FUJ 电路的结合。

1. 组合运用

对每个接/发车方向设一套自动站间闭塞电路及与半自动闭塞联系电路，每套电路由三个组合组成，其中 LDB_1、LDB_2 组合即原半自动闭塞的 B_1、B_2 组合，LDB_3 为新增组合，安放继电器 QGJ、QGFJ、BZBJ、ZBSJ、RBSAJ、RSAJ、LJLJ、TJJF。LDB_3 组合内继电器排列和类型见表 2-1。

表 2-1　LDB_3 组合内继电器排列和类型

RBSAJ	QGJ	QGFJ	BZBJ	ZBSJ	RSAJ	LJLJ	TJJF
JWXC-1700	JWXC-1700	JWXC-1700	JWXC-1700	JWXC-1700	JWXC-H340	JWXC-H340	JWXC-1700

2. 自动站间闭塞继电器电路

(1) 区间轨道继电器 QGJ 电路

QGJ 由计轴设备驱动，反映区间空闲与占用状态，QGJ↑说明区间空闲，QGJ↓说明区间占用。

(2)区间轨道辅助继电器 QGFJ 电路

QGFJ 电路如图 2-17 所示。在自动站间闭塞运行时为 QGJ 的复示继电器。在半自动闭塞运行时，RBSJ 吸起，短路 QGJ 的第 2 组前接点，使 QGFJ 保持吸起，不再检查区间空闲。为保证在闭塞方式的切换过程中电路的可靠动作，QGFJ 设有 R_1、C_1 组成的缓放电路。

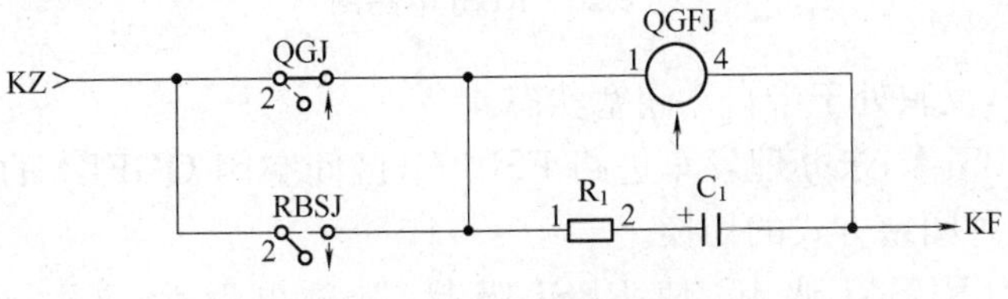

图 2-17　QGFJ 电路图

(3)人工闭塞按钮继电器 RBSAJ 电路

RBSAJ 电路如图 2-18 所示。

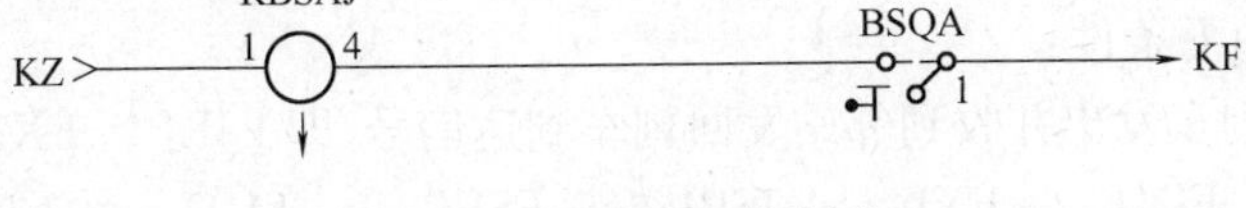

图 2-18　RBSAJ 电路图

RBSAJ 平时落下，为站间自动闭塞方式。按下 BSQA 时，RBSAJ 吸起，转为半自动闭塞方式。拉出 BSQA，RBSAJ 落下，转为站间自动闭塞方式。

(4)站间闭塞继电器 ZBSJ 电路

ZBSJ 电路如图 2-19 所示。

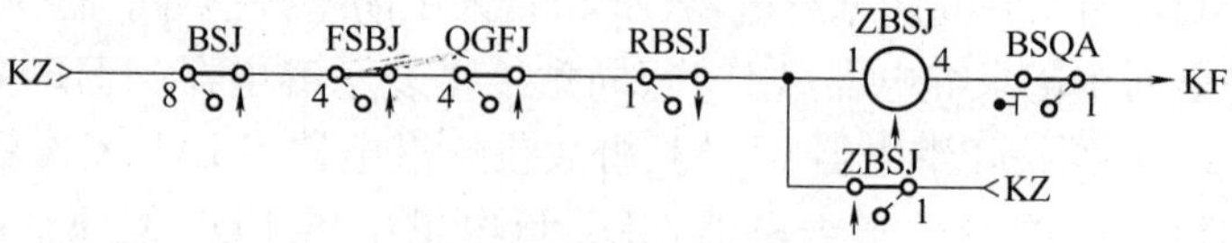

图 2-19　ZBSJ 电路图

ZBSJ 平时吸起，反映处于站间闭塞状态。

在未按下“闭塞切换”按钮 BSQA，未办理闭塞 BSJ↑，未办理发车进路 FSBJ↑，区间空闲 QGFJ↑的情况下，ZBSJ 吸起，励磁电路为：KZ—BSJ$_{81\text{-}82}$—FSBJ$_{41\text{-}42}$—QGFJ$_{41\text{-}42}$—RBSJ$_{11\text{-}13}$—ZBSJ$_{1\text{-}4}$—BSQA$_{13\text{-}11}$—KF。电路中检查了 RBSJ 在落下状态。ZBSJ 吸起后由第 1 组前接点构成自闭电路。

按下 BSQA 时，ZBSJ 落下。此时即使拉出 BSQA 后，因 RBSJ 吸起，ZBSJ 不会吸起。

(5)人工闭塞继电器 RBSJ 电路

RBSJ 电路如图 2-20 所示。

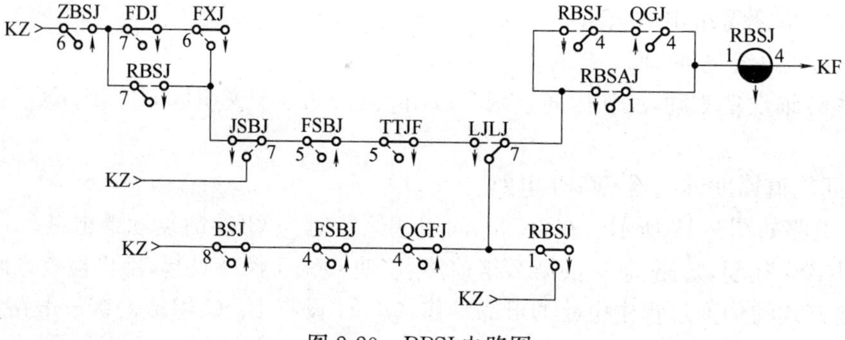

图 2-20　RBSJ 电路图

RBSJ 平时落下，反映处于半自动闭塞状态。

在未办理闭塞 BSJ↑，未办理发车进路 FSBJ↑，区间空闲 QGFJ↑的条件下，可通过“闭塞切换”按钮进行两种闭塞方式的切换。

按下 BSQA 后，RBSAJ 吸起，使 RBSJ 吸起，励磁电路为：KZ—BSJ$_{81\text{-}82}$—FSBJ$_{41\text{-}42}$—QGFJ$_{41\text{-}42}$—LJLJ$_{73\text{-}71}$—RBSAJ$_{13\text{-}12}$—RBSJ$_{1\text{-}4}$—KF。

RBSJ 吸起后由第 1 组前接点构成自闭电路。

拉出 BSQA，RBSAJ 落下，断开 RBSJ 自闭电路。

当计轴设备故障(QGJ↓)时，使用一次电话闭塞法，方可按半自动闭塞运行，此时，要使 RBSJ 吸起，须满足如下条件：

在发车站，路票列车发出并收到邻站发回列车到达信号，即 LJLJ↑、FXJ↑→RBSJ↑，励磁电路为：KZ—ZBSJ$_{61\text{-}63}$—FDJ$_{71\text{-}73}$—FXJ$_{61\text{-}62}$—JSBJ$_{73\text{-}71}$—FSBJ$_{52\text{-}51}$—TJJF$_{53\text{-}51}$—LJLJ$_{72\text{-}71}$—RBSAJ$_{12\text{-}11}$—RBSJ$_{1\text{-}4}$—KF。

RBSJ↑后经 QGJ_{41-43}、$RBSJ_{41-42}$ 自闭，LJLJ↓后 RBSJ 经 $RBSJ_{11-12}$，否则办理发车进路 FSBJ↓，使 RBSJ↓。

在接车站，开放进站或引导信号 JSBJ↑后，确认路票列车到达，并办理到达复原，TJJF↓，LJLJ↑→RBSJ↑，励磁电路为：KZ—$JSBJ_{72-71}$—$FSBJ_{51-52}$—$TJJF_{51-53}$—$LJLJ_{72-71}$—$RBSAJ_{12-11}$—$RBSJ_{1-4}$—KF。

LJLJ↓后 RBSJ 经 $RBSJ_{11-12}$ 构成自闭电路。

(6)路票列车记录继电器 LJLJ 电路

LJLJ 用以记录的路票列车出发及到达。LJLJ 电路如图 2-21 所示。

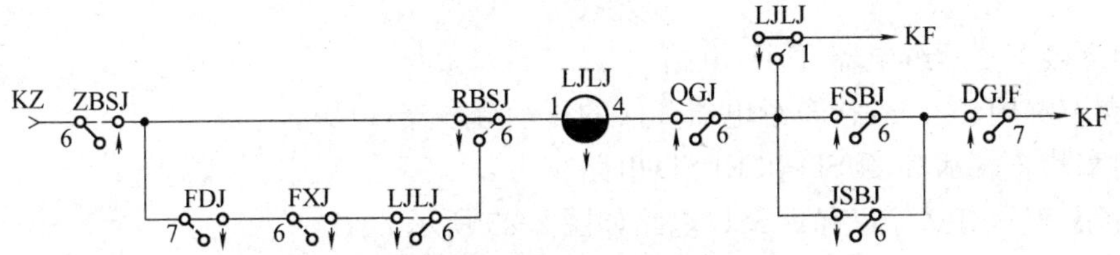

图 2-21　LJLJ 电路图

当计轴设备故障(QGJ↓)时，ZBSJ↓，RBSJ 仍↓，列车出发前，双方站值班员确认区间空闲后，各自破封按下“闭塞切换”按钮，停用计轴设备，经用一次电话闭塞法确保区间空闲后，使 LJLJ 吸起并自闭。LJLJ 吸起后，使 RBSJ 吸起，此后按半自动闭塞方式运行。

对于发车站，列车出发时，使 LJLJ↑，励磁电路为：KZ—$ZBSJ_{61-63}$—$RBSJ_{63-61}$—$LJLJ_{1-4}$—QGJ_{61-63}—$FSBJ_{61-63}$(须开放调车信号，使 FSBJ↓)—$DGJF_{83-81}$—KF。

LJLJ 吸起后构成自闭电路。LJLJ 吸起检验路票列车进入区间。

待列车到达邻站并收到复原信号，FXJ↑后，才能使 RBSJ↑→LJLJ↓，并使 QGFJ↑→FUJ↑→BSJ↑，人工办理闭塞复原。

对于接车站，排列列车进路时 JSBJ↑，列车进站 DGJF↓，使 LJLJ↑，励磁电路为：KZ—$ZBSJ_{61-63}$—$RBSJ_{63-61}$—$LJLJ_{1-4}$—QGJ_{61-63}—$JSBJ_{61-63}$—$DGJF_{83-81}$—KF。

LJLJ 吸起后由第 1 组前接点构成自闭电路，并使 RBSJ 吸起。RBSJ 吸起后，LJLJ 由其 1、6 两组前接点构成自闭电路。RBSJ↑→QGFJ↑。

列车进站，进路解锁后，JBSJ↓，RBSJ 由第 7 组前接点继续保持吸起。车站值班员确认列车完整到达后，按下 FUA，使 FUAJ↑→FDJ↑→ FUJ↑→BSJ↑，人工办理闭塞复原。

此后，两站 RBSJ 均吸起 LJLJ 均落下，便能按半自动闭塞运行。

在计轴设备恢复后，拉出“闭塞切换”按钮，LJLJ 电路被断开。

(7)闭塞自动办理继电器 BZBJ 电路

在不改变原半自动闭塞电路基本结构前提下，用该继电器完成原由人工办理的请求发车和同意接车手续，实现闭塞的自动办理。BZBJ 电路如图 2-22 所示。

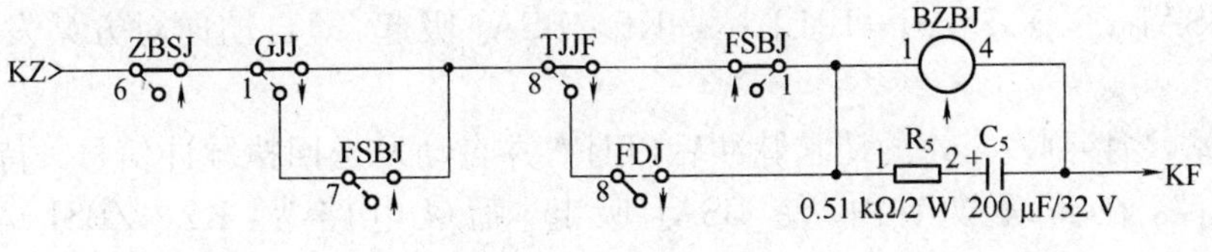

图 2-22　BZBJ 电路图

BZBJ 平时吸起，励磁电路为：KZ—$ZBSJ_{61-62}$—GJJ_{81-83}—$TJJF_{81-83}$—$FSBJ_{12-11}$—$BZBJ_{1-4}$—KF。

对于发车站，办理发车进路时，由于发车口的 GJJ↑，使 BZBJ↓，在 FSBJ↓后利用 BZBJ 的缓放接通 BSAJ 电路，自动发送请求发车信号。发车进路解锁后，BZBJ 复原。

电路中 $FSBJ_{11-12}$ 的作用是：为取消已排列好的发车进路，办理过程中，在 FSBJ 尚未吸起前，电气集中电路中的 GJJ 由吸起状态落下后又一度吸起，可使 BZBJ 错误吸起，加 $FSBJ_{11-12}$ 在这时可切断 BZBJ 电路。

对于接车站，收到对方站请求发车信号后，TJJF↑、FDJ↑，使 BZBJ 继续吸起。发完自动回执信号 FDJ↓后，利用 BZBJ 的缓放接通 BSAJ 电路，自动发送同意接车信号。TJJF↓后，BZBJ 复原。

(8)同意接车复示继电器 TJJF 电路

因接点不够用，设同意接车继电器 TJJ 的复示继电器 TJJF。

(9)闭塞状态表示灯 ZBSD 和 RBSD 电路

闭塞状态表示灯 ZBSD 和 RBSD 电路如图 2-23 所示。

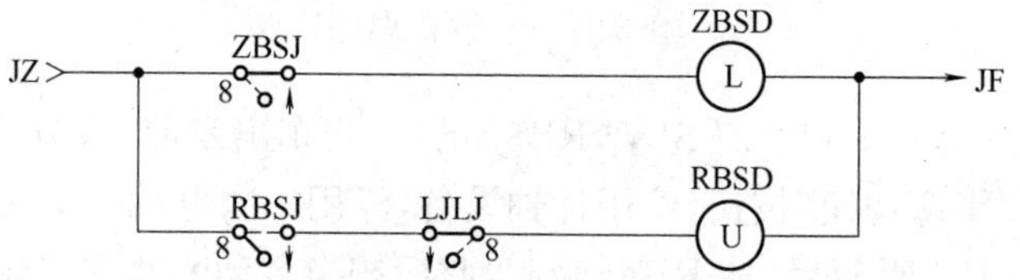

图 2-23　闭塞状态表示灯 ZBSD 和 RBSD 电路图

ZBSJ↑，点亮 ZBSD。

在 LJLJ↓的情况下，RBSJ↑点亮 RBSD。LJLJ↑时 RBSD 灭灯。

3. 和原半自动闭塞继电器的结合电路

(1)闭塞按钮继电器 BSAJ 电路

BSAJ 电路如图 2-24 所示。

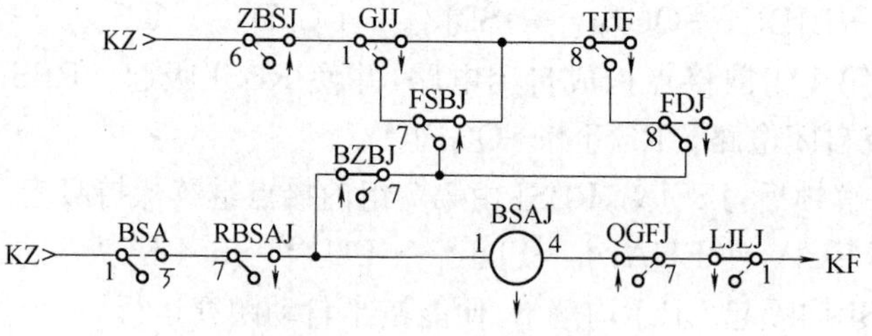

图 2-24　BSAJ 电路图

在 ZBSJ↑处于站间闭塞状态，BSAJ 与 BZBJ 协同完成自动办理手续。

在发车站，排列发车进路后进站口的 GJJ↑，发车进路锁闭后 FSBJ↓，切断了 BZBJ 电路，在 BZBJ 在缓放期内，使得 BSAJ 吸起，励磁电路为：KZ—$ZBSJ_{61-62}$—GJJ_{81-82}—$FSBJ_{71-73}$—$BZBJ_{71-72}$—$BSAJ_{1-4}$—$QGFJ_{72-71}$—$LJLJ_{13-11}$—KF。BSAJ 吸起，即自动向对方站发送请求发车信号。

在接车站，当接到发车站的请求脉冲后，TJJ↑并自动发送回执脉冲信号。待 FDJ↓切断了 BZBJ 电路，在其缓放期内，使 BSAJ 吸起，励磁电路为：KZ—$ZBSJ_{61-62}$—GJJ_{81-83}—$TJJF_{81-82}$—FDJ_{81-83}—$BZBJ_{71-72}$—$BSAJ_{1-4}$—$QGFJ_{72-71}$—$LJLJ_{13-11}$—KF。

电路中用 $QGFJ_{72\text{-}71}$ 检查了区间空闲，用 $LJLJ_{13\text{-}11}$ 检查了没有列车运行的记录。

在 RBSAJ↑处于半自动闭塞状态，BSAJ 电路仍通过 BSA 接通。

(2)复原按钮继电器 FUAJ 电路

FUAJ 电路如图 2-25 所示。

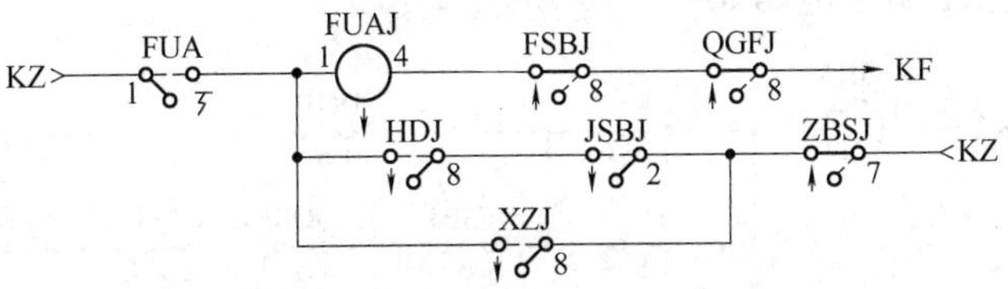

图 2-25　FUAJ 电路图

在 ZBSJ↑处于站间闭塞状态，自动办理到达复原，待进站列车出清区间时自动完成，即 JSBJ↑(缓放)，HDJ↑，QGFJ↑→FUAJ↑，励磁电路为：KZ—$ZBSJ_{71\text{-}72}$—$JSBJ_{81\text{-}82}$—$HDJ_{81\text{-}82}$—$FUAJ_{1\text{-}4}$—$FSBJ_{82\text{-}81}$—$QGFJ_{82\text{-}81}$—KF。

电路中用 $JSBJ_{81\text{-}82}$ 证明接车进路锁闭，用 $HDJ_{81\text{-}82}$ 证明列车到达，用 $QGFJ_{82\text{-}81}$ 证明区间空闲。电路中的 $FSBJ_{82\text{-}81}$、$QGFJ_{82\text{-}81}$ 还可防止列车在"出发危险区段"运行时错办事故复原。

自动取消复原，在取消发车进路的同时自动完成，即 FSBJ↑→XZJ↑→FUAJ↑。电路中 $FSBJ_{82\text{-}81}$ 保证在发车进路锁闭的情况下不能取消复原。

办理人工复原，必须在 FSBJ↑、QGFJ↑条件下通过按下 FUA 进行。

(3)事故按钮继电器 SGAJ 电路

SGAJ 电路如图 2-26 所示。

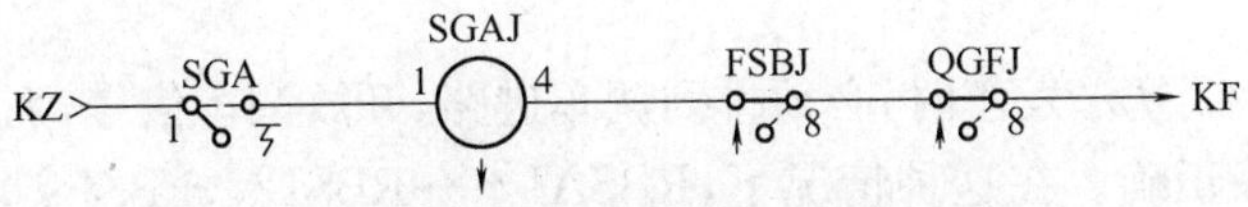

图 2-26　SGAJ 电路图

SGAJ 电路中用 $FSBJ_{82\text{-}81}$ 保证在发车进路锁闭的情况下不能办理事故复原，用 $QGFJ_{82\text{-}81}$ 保证在区间有车占用的情况下不能办理事故复原，这在很大程度上提高了事故复原的安全性。

(4)接车锁闭继电器 JBSJ 电路

接车锁闭继电器 JBSJ 电路如图 2-27 所示。

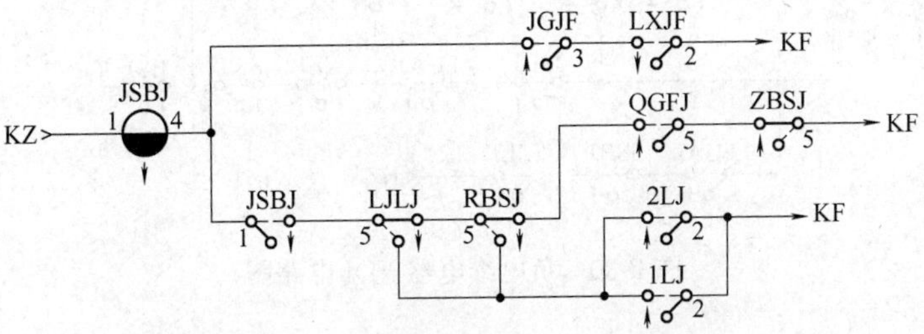

图 2-27　接车锁闭继电器 JBSJ 电路图

在站间闭塞状态下，为了提高区间通过能力，JBSJ 自闭电路中将进站信号机内方第一个区段的进路继电器后接点改为 QGFJ 后接点，当列车出清区间 QGFJ↑后就使 JBSJ↓，自动解除区间闭塞。

(5)半自动轨道继电器 GDJ 电路

半自动轨道继电器 GDJ 电路如图 2-28 所示。

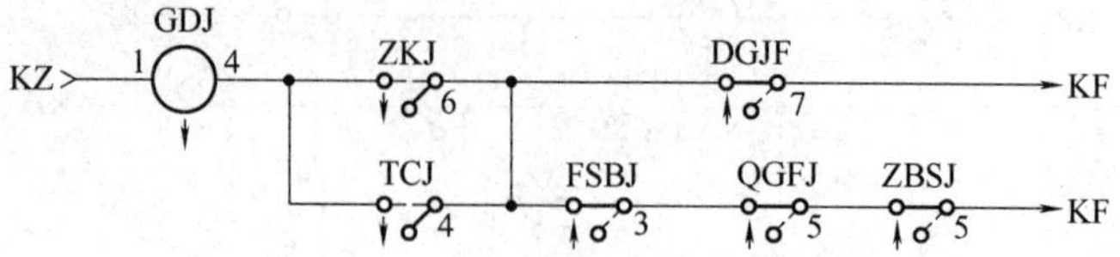

图 2-28 半自动轨道继电器 GDJ 电路图

在站间闭塞状态下，为提高区间通过能力，使列车出清区间后自动解除区间闭塞，增加一条经 QGFJ 前接点构成的励磁电路，使 GDJ 提前吸起。

(6)发车锁闭继电器 FBSJ 电路

发车锁闭继电器 FBSJ 电路如图 2-29 所示。

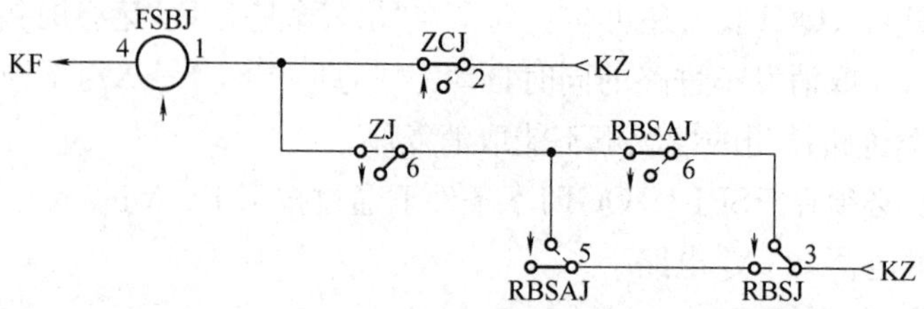

图 2-29 发车锁闭继电器 FBSJ 电路图

路票列车按电话闭塞法发车时，必须排列调车进路，开放调车信号，列车按调车信号行车，以确保站内联锁关系正确。在这种情况下，RBSAJ↑→RBSJ↑，FBSJ↓，当列车压入进站内方轨道电路时，使 LJLJ↑，验证路票列车进入区间。

(7)负电继电器 FDJ 电路

负电继电器 FDJ 电路如图 2-30 所示。

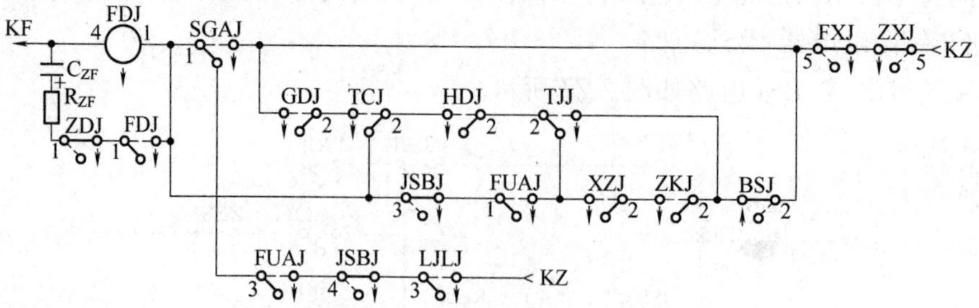

图 2-30 负电继电器 FDJ 电路图

路票列车进站，车站值班员确认列车完整到达后，按下 FUA，使 FUAJ↑→FDJ↑，励磁电路为：KZ—$LJLJ_{32\text{-}31}$—$JSBJ_{42\text{-}41}$—$FUAJ_{32\text{-}31}$—$SGAJ_{13\text{-}11}$—$FDJ_{1\text{-}4}$—KF。

(8)复原继电器 FUJ 电路

复原继电器 FUJ 电路如图 2-31 所示。

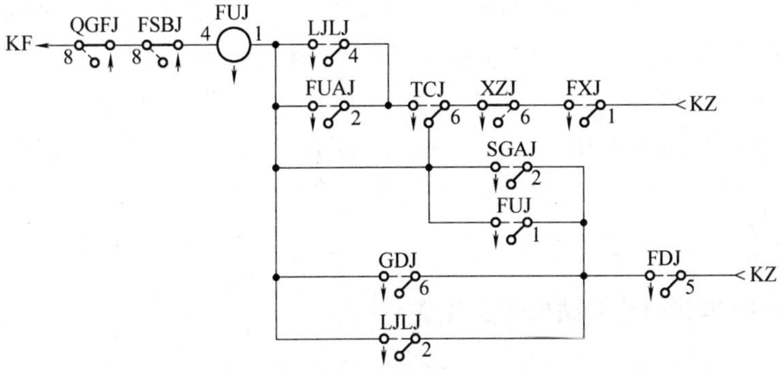

图 2-31 复原继电器 FUJ 电路图

在 FUJ 电路中增加经 LJLJ 前接点的支路，是为了在路票列车进站后，办理人工复原，FDJ↑→FUJ↑，使电路复原。

4. 计轴自动站间闭塞电路的动作过程

(1)请求发车

发车站值班员办理发车进路时，进站口的 GJJ↑，仍接通 BZBJ 电路，发车进路锁闭后，JBSJ↓，BZBJ 缓放，接通 BSAJ 电路，自动发送请求发车信号。

(2)同意接车

接车站收到请求发车信号，TJJ↑，HDJ↑，FDJ↑，发送自动回执信号，继续接通 BZBJ 电路；FDJ↓后，BZBJ 缓放，接通 BSAJ 电路，自动发送同意接车信号。发车站收到同意接车信号后，区间开通，出站信号机开放。

(3)区间闭塞

列车从发车站出发，区间闭塞。列车进入计轴点时，计轴设备开始计数，并判定运行方向。计入第一轴时，计轴设备停止向 QGJ 发送脉冲，QGJ↓，同时向接车站发送占用信息，接车站的 QGJ↓。

列车通过发车站计轴点后，等待 3 s，由微机将所计轴数及计入状态等进行编码，形成两组串行码，向接车站发送。

接车站收到起始位后，将串行码按位寄存，并将两组数据进行比较。如两组数据不相同，则等待对方重发；如核对正确，就编制应答码向发车站发送。

发车站收到应答码后，对收、发的码进行校核。如相同，则停止发送；如不相同或收不到应答码，则重新向接车站发码。如果四次往返收、发出错或收不到应答码，就发出故障报警。

当接车站接收数正确，发车站接收应答也正确停止再发后，两站同时显示驶入区间的列车轴数。

(4)列车到达

接车站值班员办理接车进路，开放进站信号机。列车进站，经过接车站计轴点，计轴设备开始计数，并判定运行方向。

(5)到达复原

列车全部通过接车站计轴点后，接车站的计轴设备将所计轴数及计轴状态等进行编码，发往发车站。计轴设备将两站所计轴数进行比较，如轴数相等，表示列车完整到达。此时，两站计轴设备送出脉冲，使各自的 QGJ↑，表示区间空闲。接车站 FUAJ↑，使两站闭塞设备复原。

两站计轴设备所计轴数不相等，由于 QGJ↓，断开 FUAJ 电路，闭塞设备不能复原。

计轴设备故障时，车站值班员确认区间空闲后，按下“闭塞切换”按钮，断开计轴条件，按半自动闭塞方式行车。

四、计算机联锁车站的自动站间闭塞电路

计算机联锁车站的自动站间闭塞电路设计包括驱动采集电路、自动站间闭塞继电器电路和半自动闭塞的结合电路。

1. 组合运用

在计算机联锁车站，对每一个接/发车方向设一套自动站间闭塞电路及与半自动闭塞联系电路。每套电路由五个组合组成，除了原半自动闭塞组合 B_1、B_2 外，增设 BSD、B 和 B_3 组合，它们的继电器排列见表 2-2。

表 2-2　组合内部继电器排列和类型

BSD	JDHJ	JDUJ	JDLJ	FDHJ	FDUJ	FDLJ			
	JWXC-1700	JWXC-1700	JWXC-1700	JWXC-1700	JWXC-1700	JWXC-1700			
B	$BSAJ_1$	$SGAJ_1$	$FUAJ_1$	ZCJ	SJ	GJJ	JFLAJ	BSQAJ	
	JPXC-1000	JPXC-1000	JPXC-1000	JPXC-1000	JPXC-1000	JPXC-1000	JPXC-1000	JPXC-1000	
B_3	RBSAJ	JFLJ	QJFLJ	QGJ	QGFJ	BZBJ	ZBSJ	BJJ	TJJF
	JWXC-1700	JNXC-1700	JBSXC-850	JWXC-1700	JWXC-1700	JWXC-1700	JWXC-1700	JWXC-1700	JWXC-1700

2. 驱动/采集电路

驱动电路如图 2-32 所示，计算机联锁驱动闭塞按钮继电器 $BSAJ_1$、事故按钮继电器 $SGAJ_1$、复原按钮继电器 $FUAJ_1$、照查继电器 ZCJ、锁闭继电器 SJ、股道检查继电器 GJJ、计轴复零继电器 JFLAJ、闭塞切换按钮继电器 BSQAJ。

采集电路如图 2-33 所示，计算机联锁回采事故按钮继电器 $SGAJ_1$、照查继电器 ZCJ、锁闭继电器 SJ 的前、后接点，股道检查继电器 GJJ 前接点。采集 JDHJ、JDUJ、JDLJ、FDHJ、FDUJ、FDLJ 前接点，作为半自动闭塞表示条件。采集 KTJ、XZJ 前、后接点，作为开放出站信号机的条件。采集 BJJ、JFLJ、ZBSJ、RBSAJ、QGFJ 前接点，作为自动站间闭塞条件。

3. 与自动站间闭塞结合电路

(1)闭塞按钮继电器 BSAJ 电路

BSAJ 电路如图 2-34 所示。电路中用到 GJJ 和 FSBJ 条件。

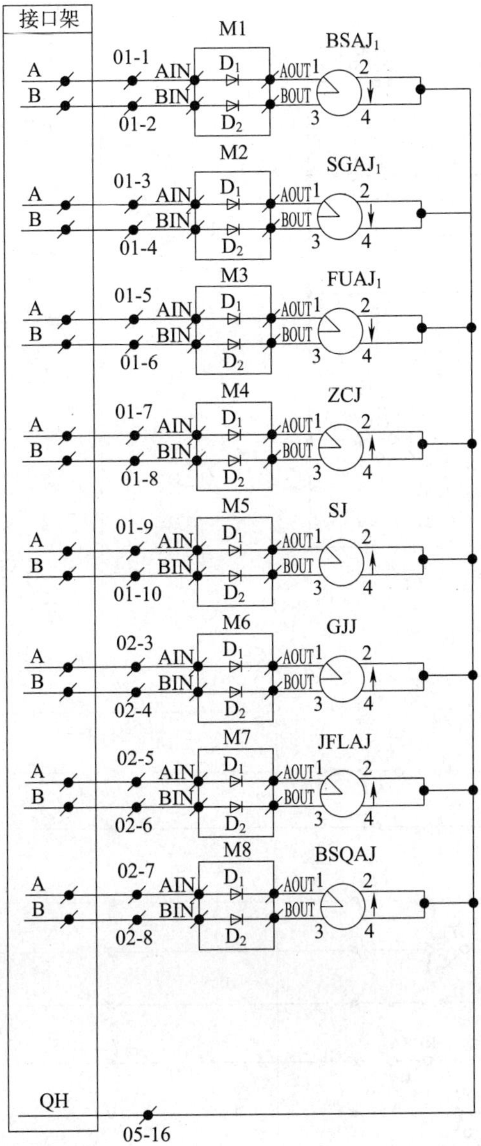

图 2-32 驱动电路图

在 ZBSJ↑处于站间闭塞状态，BSAJ 与 BZBJ 协同完成自动办理手续。

在发车站，排列发车进路后进站口的 GJJ↑，发车进路锁闭后 FSBJ↓，切断了 BZBJ 电路，在 BZBJ 缓放期内，使得 BSAJ 吸起。BSAJ 吸起，即自动向对方站发请求发车信号。

在接车站，当接到发车站的请求脉冲后，TJJ↑并自动完成回执脉冲信号。待 FDJ↓切断了 BZBJ 电路，在其缓放期内，使 BSAJ 吸起。

电路中用 $QGFJ_{72\text{-}71}$ 检查区间空闲。

(2)复原按钮继电器 FUAJ 电路

FUAJ 电路如图 2-35 所示。

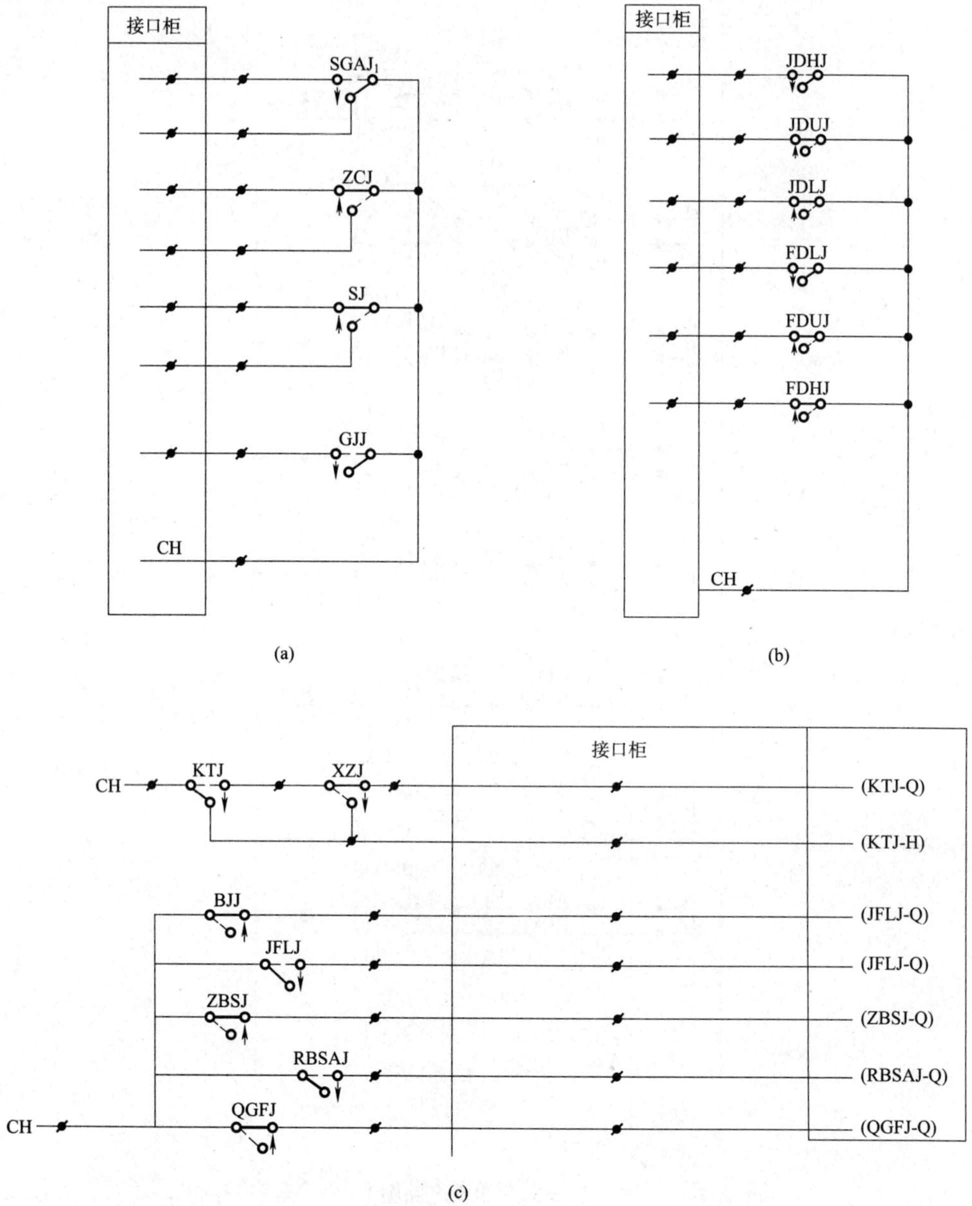

图 2-33　采集电路图

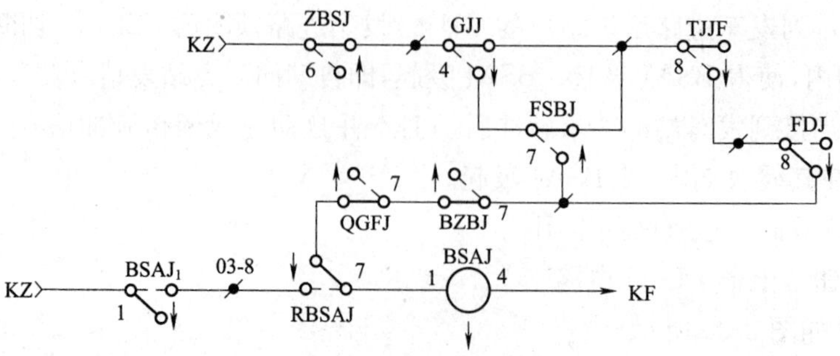

图 2-34　BSAJ 电路图

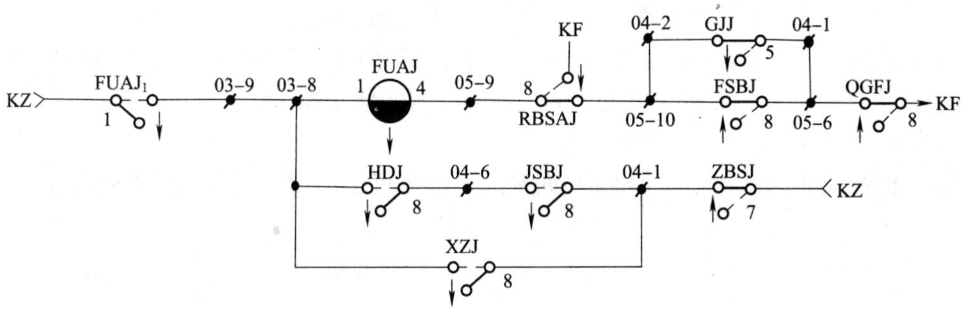

图 2-35　FUAJ 电路图

在 ZBSJ↑处于站间闭塞状态，自动办理到达复原，待进站列车出清区间时自动完成，即 JSBJ↑(缓放)，HDJ↑，QGFJ↑→FUAJ↑。

电路中用 $JSBJ_{81\text{-}82}$ 证明接车进路锁闭，用 $HDJ_{81\text{-}82}$ 证明列车到达，用 $QGFJ_{82\text{-}81}$ 证明区间空闲。电路中的 $FSBJ_{82\text{-}81}$、$QGFJ_{82\text{-}81}$ 还可防止列车在"出发危险区段"运行时错办事故复原。

自动取消复原，在取消发车进路的同时自动完成，即 FSBJ↑→XZJ↑→FUAJ↑。电路中 $FSBJ_{82\text{-}81}$ 保证在发车进路锁闭的情况下不能取消复原。

办理人工复原，必须在 FSBJ↑、QGFJ↑条件下通过按下 FUA 进行。

(3)事故按钮继电器 SGAJ 电路

SGAJ 电路如图 2-36 所示。

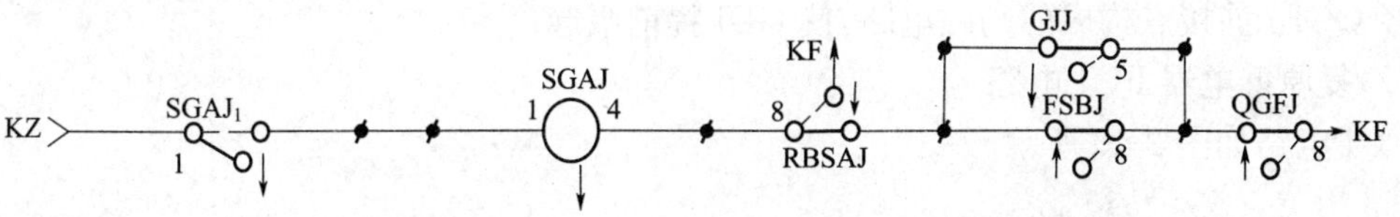

图 2-36　SGAJ 电路图

SGAJ 电路中用 $FSBJ_{82\text{-}81}$ 保证在发车进路锁闭的情况下不能办理事故复原，用 $QGFJ_{82\text{-}81}$ 保证在站间闭塞状态下区间有车占用的情况下不能办理事故复原，这在很大程度上提高了事故复原的安全性。

(4)接车锁闭继电器 JSBJ 电路

JSBJ 电路如图 2-37 所示。

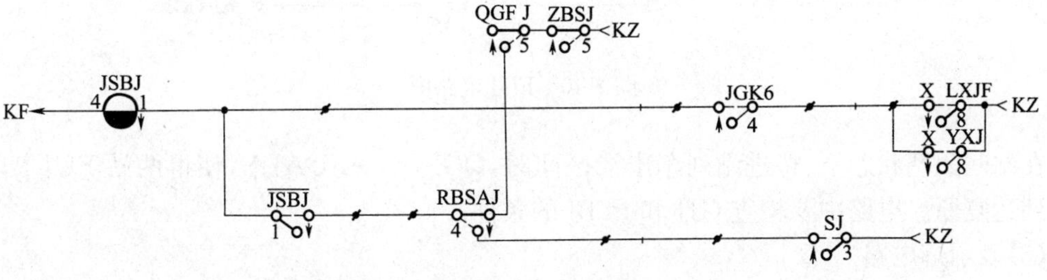

图 2-37　JSBJ 电路图

在列车接近，进站信号机开放(包括引导接车)后，JSBJ 吸起。

在站间闭塞状态下，JSBJ 通过 QGFJ 后接点自闭，当列车出清区间 QGFJ↑后就使 JSBJ↓，自动解除区间闭塞。在人工闭塞状态下，JSBJ 通过 SJ 后接点自闭。

(5)发车锁闭继电器 FSBJ 电路

FSBJ 电路如图 2-38 所示。FSBJ 平时吸起。办理进路后，ZCJ 落下使 FBSJ 落下。

图 2-38　FSBJ 电路图

(6)轨道继电器 GDJ 电路

半自动轨道继电器 GDJ 电路如图 2-39 所示。

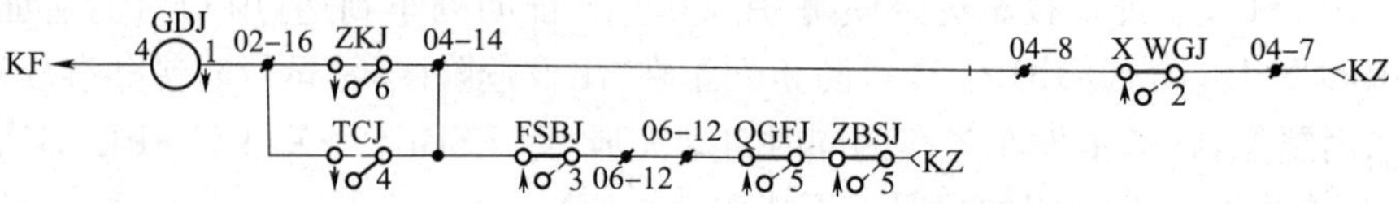

图 2-39　GDJ 电路图

在站间闭塞状态下，为了提高区间通过能力，使列车出清区间后自动解除区间闭塞，增加一条经 QGFJ 前接点构成的励磁电路，使 GDJ 提前吸起。

(7)复原继电器 FUJ 电路

FUJ 电路如图 2-40 所示。

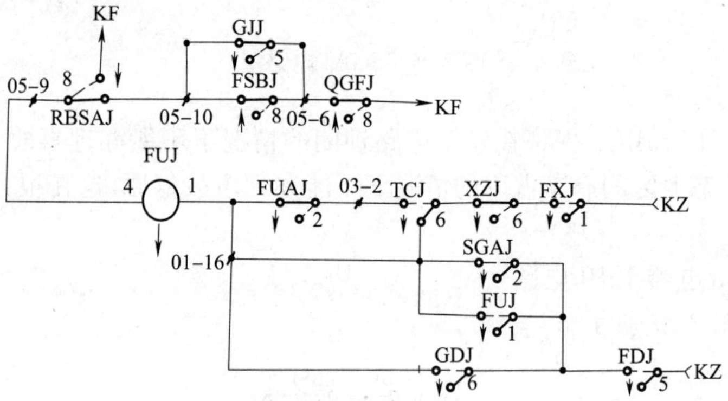

图 2-40　FUJ 电路图

在站间闭塞状态下，待进站列车出清区间时，QGFJ↑→FUAJ↑，使得两站 FUJ↑，自动办理到达复原。电路中要检查 GJJ 和 FSBJ 的条件。

(8)表示灯电路

如图 2-41 所示，由有关继电器接点，沟通接车表示灯继电器 JDHJ、JDUJ、JDLJ 和发车表示灯继电器 FDLJ、FDUJ、FDHJ，采集它们的接点，构成屏幕显示。

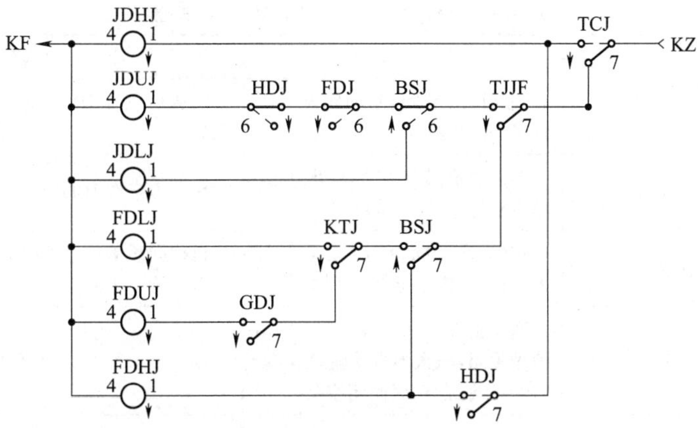

图 2-41　表示继电器电路图

五、计轴自动站间闭塞的使用

1. 自动站间闭塞首次使用

两站值班员确认区间空闲，同时(先后时差可在 13 s 内)按下计轴复零按钮，此时车站控制台上计轴复零按钮表示灯 JFLD 亮白灯，区间表示灯亮红灯。打开计轴器电源，计轴设备经自检后处于工作状态，计轴轴数显示器点亮并显示“0000”。两站间按半自动闭塞方式发第一趟车后，区间占用表示灯灭灯，区间空闲表示灯点亮。然后，两站值班员根据列车的运行情况分别拉出对应的闭塞切换按钮，进入站间闭塞方式，此时，控制台上人工闭塞黄灯灭，自动站间闭塞绿灯亮，计轴设备投入正常使用。此后，区间按自动站间闭塞方式行车，计轴设备在正常使用过程中，闭塞切换按钮应在铅封状态。

2. 自动站间闭塞正常操作

计轴设备正常使用时，发车站值班员根据行车计划办理发车进路，自动构成站间闭塞，列车凭出站信号机显示出站后，出站信号机自动关闭，待列车出清区间完整到达接车站后，闭塞设备自动复原。

首先本站值班员确认车站控制台上对应的区间占用表示灯关闭，区间空闲表示灯点亮，表明区间处于空闲状态，计轴轴数显示器点亮并显示“0000”，对方站没办理闭塞时，可根据计划直接排列发车进路，开放出站信号机，列车以出站信号机的绿色灯光作为进入区间的行车凭证，邻站开放进站信号机准备接车。当列车到达邻站，其尾部全部越过进站信号机附近的磁头后，闭塞自动复原。

3. 站间闭塞制式转换

当因某种原因需停止使用计轴设备时，车站值班员应请示列车调度员并根据停止使用计轴自动站间闭塞的调度命令，在双方车站值班员共同确认区间空闲的前提下，破铅封按下闭塞切换按钮，这时，控制台上相应的人工闭塞黄灯亮，自动站间闭塞绿灯灭，车站值班员可按半自动闭塞或电话闭塞方式办理。

4. 计轴设备故障复原

由于某些外界干扰等原因，会出现实际区间空闲但仍有轴数的故障，使相应区间始终处于“占用”状态无法正常使用的情况。出现这种故障后可按自动站间闭塞首次使用进行办理。

计轴自动站间闭塞各种情况下的办理手续见表 2-3。

表 2-3 计轴自动站间闭塞的办理手续

<table>
<tr><th colspan="3">办理手续</th><th>甲站(发车站)</th><th>乙站(接车站)</th></tr>
<tr><td rowspan="6">正常办理</td><td>0</td><td>电话联系</td><td>确认区间空闲,站间闭塞表示灯 ZBSD 亮绿灯</td><td>确认区间空闲,站间闭塞表示灯 ZBSD 亮绿灯</td></tr>
<tr><td>1</td><td>请求发车</td><td>车站值班员排列发车进路,发车表示灯 FBD 亮黄灯</td><td>接车表示灯 JBD 亮黄灯</td></tr>
<tr><td>2</td><td>同意接车</td><td>FBD 改亮绿灯,出站信号开放,自动完成请求闭塞手续</td><td>自动同意接车,JBD 改亮绿灯,自动完成同意接车手续</td></tr>
<tr><td>3</td><td>列车出发</td><td>列车出发压入道岔区段,出站信号关闭,压入半自动轨道区段,FBD 改亮红灯,区间闭塞</td><td>接车表示灯 JBD 改亮红灯,区间闭塞</td></tr>
<tr><td>4</td><td>列车在区间运行</td><td>列车驶入区间,电铃短时鸣响,区间占用红灯亮,出清区间空闲白灯亮</td><td>同左,列车驶入乙站接近轨道区段,接近通知电铃短时鸣响</td></tr>
<tr><td>5</td><td>列车到达乙站</td><td>FBD 红灯熄灭,闭塞自动复原</td><td>开放进站或引导信号,列车进入信号机内方,进站信号机关闭;JBD 和 FBD 亮红灯;列车尾部驶入进站信号机内方,区间空闲白灯亮,闭塞双红灯熄灭,闭塞自动复原</td></tr>
<tr><td>取消复原</td><td colspan="4">甲站取得发车权后如需取消闭塞,先以电话联系,然后由甲站办理取消发车手续,待发车进路解锁后,闭塞随之自动取消复原</td></tr>
<tr><td>维修计轴设备</td><td colspan="4">信号工区维修计轴设备时,需停用计轴设备,改用半自动闭塞,经列车调度员同意,车站值班员先电话联系,确认区间空闲,未办理闭塞,未排列发车进路,两站同时破封按下“闭塞切换”按钮 BSQA,此时,RBSD 亮黄灯,区间即转为半自动闭塞运行方式</td></tr>
<tr><td rowspan="3">故障复原</td><td>1</td><td>甲站取得发车权后一度停电恢复</td><td>FBD 亮红灯,出站信号自动关闭,两站先电话联系,甲站办理取消发车进路手续,待闭塞电铃鸣响后,两站闭塞复原</td><td>电铃短时鸣响,两站电话联系后,由未停电站按压 SGA 复原</td></tr>
<tr><td>2</td><td>区间空闲,一站或两站同时停电恢复</td><td colspan="2">FBD 亮红灯,两站电话联系,经确认区间空闲,未排列发车进路,由接车站破铅封按压 SGA,两站闭塞复原</td></tr>
<tr><td>3</td><td>区间计轴设备故障后修复,需由半自动闭塞制恢复站间闭塞制运行</td><td colspan="2">计轴设备修复后,区间正常通过一列车后,区间轨道继电器吸起,此时,两站对应区间占用灯灭,区间空闲灯点亮,轴数显示器显示“0000”,两站值班员同时拉出“闭塞切换”按钮,控制台上站间闭塞灯亮绿灯,人工闭塞黄灯灭灯,恢复站间闭塞制运行</td></tr>
<tr><td>区间计轴设备故障转为半自动闭塞</td><td colspan="2">区间空闲</td><td>电铃短时鸣响,两站电话联系,确认区间空闲后,双方破铅封按下“计轴复零”按钮(时差可在 13 s)使计轴设备复零,再由两站值班员同时破铅封按压“闭塞切换”按钮,此时,ZBSD 灭灯,由任意站按电话闭塞法使用路票开行一趟列车;甲站必须开放调车信号机,列车出发后进路自动解锁,列车到达乙站闭塞电铃鸣响,RBSD 亮黄灯,闭塞复原,区间按半自动闭塞制运行</td><td>同左,按半自动闭塞手续接车,经确认列车完全到达后,值班员按压“复原”按钮 FUA,RBSD 亮黄灯,闭塞复原,区间按半自动闭塞运行</td></tr>
</table>

第四节　计轴自动站间闭塞维护

一、计轴自动站间闭塞维护

计轴自动站间闭塞维护包括计轴设备维护和计轴自动站间闭塞电路维护，其中计轴自动站间闭塞电路维护与半自动闭塞电路维护大体相同。

计轴器的维修工作内容、周期见表 2-4。

表 2-4　计轴器的维修工作内容、周期

修　　程	工作内容	周　　期
日常养护	1. 检查机械装置螺栓有无松动、裂缝及损伤	每日不少于 2 次
	2. 检查距轨面距离是否超限	
	3. 检查磁头状态	
集中检修	1. 同日常养护工作内容	每 2～3 月 1 次
	2. 电子盒检查、调整、清扫	
	3. 油饰	2 年 1 次

为保证设备可靠运行，需定时对室内/室外设备进行维护，并做好记录。

ZP30CA 型计轴设备检修作业程序如图 2-42 所示，检修作业内容及质量标准见表 2-5。

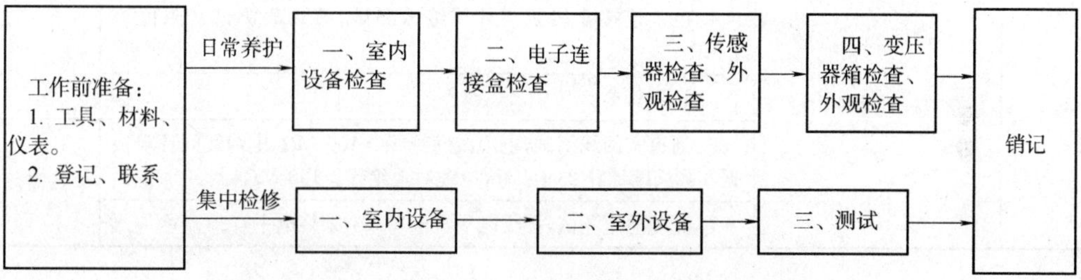

图 2-42　ZP30CA 型计轴设备检修作业程序图

表 2-5　ZP30CA 型计轴设备检修作业内容及质量标准

修程	工作步骤	工作内容及质量标准	周期
日常维护	一、室内设备检查	1. 检测盒各指示灯显示正常	每季一次
		2. 轴显示器显示正常	
		3. 电源指示灯显示正常	
		4. UPS 各指示灯显示正常	
		5. 各元器件紧固、清扫	
	二、电子连接盒检查	1. 电子连接盒安装底座地线连接紧固	
		2. 电子连接盒外罩无破损、基础牢固、安装螺栓紧固	
		3. 电子连接盒外罩、电缆引入孔密封良好	
	三、传感器检查	1. 传感器无裂纹，安装螺栓紧固、注油	

续上表

修程	工作步骤	工作内容及质量标准	周期
日常维护	三、传感器检查	2. 传感器防护罩无破损、安装螺栓紧固、注油	每季一次
		3. 传感器数据线固定支架无破损，数据线固定良好	
	四、变压器箱检查	1. 设备加锁完好，标记画清楚	
		2. 安装基础完好	
集中检修	一、室内设备	1. 接通 UPS 输入 AC 220 V 电源，UPS 能正常充电	每年一次
		2. 复零正常	
		3. 抗干扰功能试验正常	
	二、室外设备	1. EAK MOD 板发送电平开关焊接(接触)良好	
		2. 传感器参考电压调整	
		3. 电子连接盒电缆线、地址码调整线、EAK 与复零抗干扰板连接线连接牢固	
		4. 电源防雷、通道防雷、隔离变压器、整流变压器工作正常	
		5. 设备地线连接紧固	
	三、测试	1. 计轴电缆对地绝缘测试，阻值＞100 MΩ；通道环阻测试，阻值＞100 MΩ	
		2. 主干电缆与分支电缆屏蔽层连接检测	
		3. 计轴电缆屏蔽地线测试、设备地线测试，地线值≤1 Ω	
		4. 电子连接盒机笼与外罩绝缘测试(万用表测试)，阻值＞1 MΩ	
		5. Ⅰ级测试	
		6. 通道实回线测试，电缆线间绝缘＞100 MΩ，电缆线间环阻根据实际长度计算 23 Ω/km，电缆对地绝缘＞100 MΩ	按需测试
		7. 光缆通道测试，接收电平＞－10 dB，杂音电平＜20 mV	

JZ_1-H 型计轴设备检修作业程序如图 2-43 所示，检修作业内容及质量标准见表 2-6。

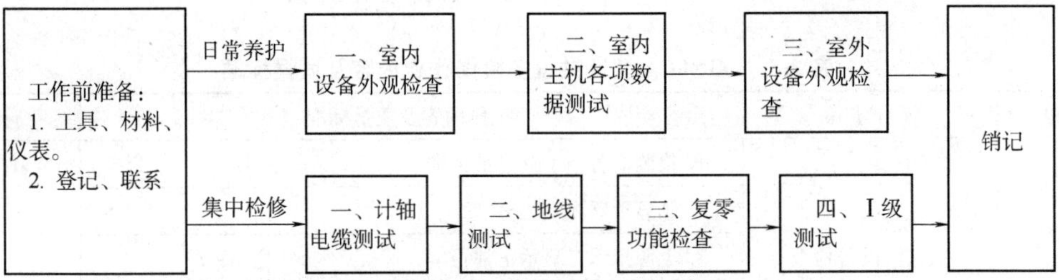

图 2-43　JZ_1-H 型计轴设备检修作业程序图

表 2-6　JZ_1-H 型计轴设备检修作业内容及质量标准

修程	工作步骤	检修内容及质量标准	周期
日常养护	一、室内设备外观检查	1. 主机各表示灯显示正常	每月 1 次
		2. 诊断机各项测试功能正常，各表示灯显示正确	

续上表

修程	工作步骤	检修内容及质量标准	周期
日常养护	一、室内设备外观检查	3. 主机、控制台(站间)轴显示器显示正常	每月 1 次
		4. 各元器件紧固、清扫	
	二、室内主机各项数据测试	1. 静态模值 1　≥3 V DC	每月 1 次
		2. 门槛值 J1　2.6 V DC(出厂时已设置)	
		3. EAK 返回信号>500 mV AC	
		4. 主机 24 V 工作电源(24±0.5) V DC	
	三、室外设备外观检查	1. 电子连接盒电缆线、传感器数据线连接紧固	每月 1 次
		2. 电子连接盒外罩、电缆引入孔密封良好	
		3. 电子连接盒安装底座地线连接紧固	每月 1 次
		4. 电子连接盒外罩无破损、基础牢固、安装螺栓紧固	
		5. 传感器无裂纹,安装螺栓紧固、注油	
		6. 传感器数据线固定支架无破损,数据线固定良好	
集中检修	一、计轴电缆测试	1. 贯通计轴电缆对地、线间绝缘测试,阻值>100 MΩ	按需测试
		2. 贯通计轴电缆环阻测试	
	二、地线测试	1. 计轴电缆屏蔽地线、设备地线测试,阻值≤1 Ω	每年 1 次
		2. 电子连接盒机笼与外罩绝缘测试(万用表测试),阻值>1 MΩ	
	三、复零功能试验	复零功能正常	每年 1 次
	四、I 级测试	完成测试项目并记录	每年 1 次

二、常见故障诊断

以 JZ_1-H 型计轴设备为例。

1. 室外设备常见故障诊断

(1)电源板 DY 表示灯灭

检查远供 AC 110 V 电源是否正常(车轮电子检测 JCH 端子 6、8),不正常更换 DY 板。

(2)传接板 CG_1/CG_2表示灯均灭灯

检查电源开关是否闭合;检查磁头位置是否调整好;旋转 CG 板面板电位器,调整漂移指标;不能恢复正常,更换 CG 板。

(3)传接板 CG_1/CG_2红灯亮

检查相应发送电压(磁头 1 对应端子 19、20,磁头 2 对应端子 21、22)。如发送电压不正常,查相应发送磁头是否线断,更换 CG 板,更换发送磁头;如发送电压正常,调整接收磁头;如无法正常调整,更换 CG 板、更换接收磁头。

(4)通道板 TD(TDF)JCH 信号电压不正常(≤500 mV),更换 TD(TDF)板,但必须对照单盘的 SK_1、SK_2、SK_3、SK_4的封点要相同。

2. 室内设备常见故障诊断

(1)CPU 板 V_3绿灯灭

CPU 板 V_3为数据发送表示灯,CJB 接收正常,复位后闪亮则正常,否则为 CPU 板故障或

“复位”按钮黏连。当 CJB 板上 L_1、L_2亮绿灯后，按压复零按钮，未出现 V_3灯闪亮，则本 CPU 板故障，需更换 CPU 板。

(2)CPU 板 V_4绿灯灭

CPU 板 V_4为数据接收表示灯，闪亮则正常，否则为接收故障，站间通道断线或 CPU、TD 板故障。当 CJB 板上 L_1、L_2亮绿灯后，按压“复零”按钮，未出现 V_4灯闪亮，则本 CPU 、TD 板故障，需更换 CPU 、TD 板。

(3)CPU 板 V_5故障表示灯常亮

CPU V_5为系统故障表示灯，系统正常时熄灭，系统故障时常亮(过车过程中偶有此显示为正常)。此时应对其进行复位处理，如仍常亮则更换 CPU 板。

(4)CJB 板 L_1、L_2表示灯同时灭灯

CJB 板 L_1、L_2绿灯表示有无轮轴信号，正常时常亮，有轴通过传感器时，闪亮则正常，否则车轮传感器参数调整不正常或 CJB 盘故障。

无轴通过时应常亮，若无车通过时熄灭则车轮传感器信号不正常或室外检测点至室内的线路断(L_1对应车轮传感器信号 1；L_2对应车轮传感器信号 2)。

此时应检查远供电源 AC 220 V 或 AC 110 V 电压是否正常；检查 JCH 信号线是否断线、信号电压是否正常、XB 箱内有无断线；检查 JCH 中电源盘是否正常；更换 JCH 中或 TDF 板；更换室内 CJB 板。

(5)CJB 板 L_1灭灯 L_2亮灯

说明磁头 1 信号故障，应检查磁头是否调整好或磁头是否有断线，更换第一个 CG 板。

(6)CJB 板 L_1亮灯 L_2灭灯

说明磁头 2 信号故障，应检查磁头是否调整好或磁头是否有断线，更换第二个 CG 板。

(7)XS 数码管区间轴数

正常时显示区间轴数，若显示混乱，则说明主机或 XS 盘没有正确复位或 XS 盘工作不正常。区间无车时显示为“0000”；本站车轮传感器故障时显示“EE00”；邻站车轮传感器故障时显示“00EE”；通道故障时显示“EEEE”，正在过车时偶有此显示为正常。

复习思考题

1. 简述自动站间闭塞的技术特征。它与半自动闭塞相比有何异同？与自动闭塞相比有何异同？

2. 为什么要发展自动站间闭塞？

3. 简述计轴设备的作用、组成和基本工作原理。

4. 简述车轮传感器的结构，它是如何进行计轴的？

5. 简述 ZP30CA 型计轴设备的组成及各部件的作用。

6. 简述 JZ_1-H 型计轴设备的组成及各部件的作用。

7. 计轴自动站间闭塞由哪些部分组成？各起什么作用？

8. 计轴自动站间闭塞增加了哪些继电器？各起什么作用？在什么情况下励磁和失磁？

9. 计轴自动站间闭塞对 64D 型继电半自动闭塞的哪些电路进行了改动？为什么要做这些改动？

10. 写出路票列车出发和到达时的电路动作程序。
11. 如何使用计轴自动站间闭塞？与使用半自动闭塞有何不同？
12. 如何进行自动站间闭塞和半自动闭塞的转换？
13. 计轴设备故障时如何处理？设备复原后又应如何处理？
14. 如何进行计轴设备的维护？
15. 计轴设备有哪些常见故障？如何处理？

第三章　自动闭塞

第一节　自动闭塞概述

自动闭塞是先进的闭塞制度，技术经济效果显著，受到普遍重视，在技术上不断完善和提高。自动闭塞是现代化信号设备的重要组成部分。为适应我国铁路运输现代化的需要，应大力发展自动闭塞。

一、自动闭塞的基本概念

自动闭塞是根据列车运行及有关闭塞分区状态，自动变换通过信号机显示而司机凭信号行车的闭塞方法。自动闭塞把区间分成若干小段即闭塞分区，在各闭塞分区的起点装设通过信号机（如图 3-1 中的 1、3、5、7 和 2、4、6、8 信号机均为通过信号机）用以防护该闭塞分区。每个闭塞分区内都装设轨道电路。双线单方向自动闭塞示意如图 3-1 所示，通过轨道电路将列车和通过信号机的显示联系起来，根据列车运行及有关闭塞分区的状态使通过信号机的显示自动变换。因为闭塞作用的完成不需要人工操纵，故称为自动闭塞。

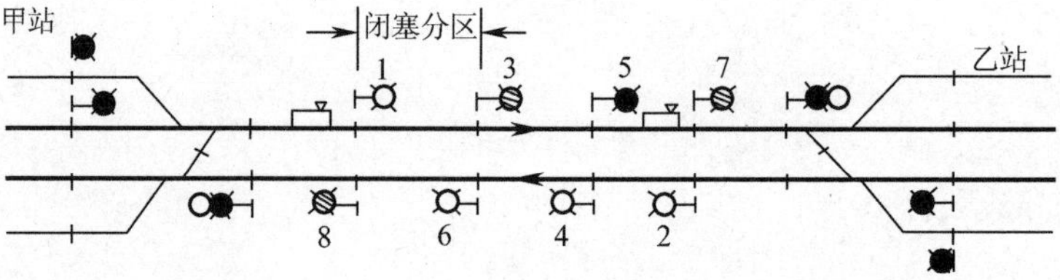

图 3-1　双线单向自动闭塞

二、自动闭塞的基本原理

自动闭塞通过轨道电路自动地检查闭塞分区的占用情况，根据轨道电路的占用和空闲状态，通过信号机自动地变换其显示，以指示列车运行。

图 3-2 为三显示自动闭塞基本原理图，由通过信号机的不同显示调整列车运行的命令。

通过信号机平时显示绿灯，即“定位开放式”，只有当列车占用该信号机所防护的闭塞分区或线路发生断轨等故障时，才显示红灯——停车信号。

每架通过信号机处为一个信号点，信号点的名称以通过信号机命名。例如，通过信号机“1”处就称为“1”信号点。

现以图 3-2 为例说明自动闭塞的工作原理：

当列车进入 3G 闭塞分区时，3G 闭塞分区的轨道电路被列车车轮分路，轨道继电器 3GJ 落下，通过信号机 3 显示红灯，通过信号机 1 显示黄灯。当列车驶入 5G 闭塞分区并出清 3G 闭塞分区时，轨道继电器 3GJ 吸起，5GJ 落下，因而通过信号机 3 显示黄灯，通过信号机 1 显示绿灯。

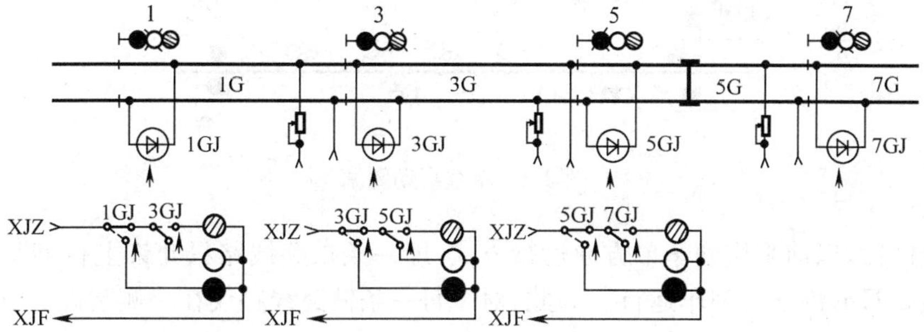

图 3-2 三显示自动闭塞基本原理图

通过对三显示自动闭塞基本原理的叙述，可得出以下几点结论：

(1)通过信号机的显示是随着列车运行的位置而自动改变的。当显示黄灯时，列车运行前方只有一个闭塞分区空闲；当显示绿灯时，列车运行前方至少有两个闭塞分区空闲。

(2)通过信号机的禁止信号(红灯显示)是利用轨道电路传送的；而其他的显示信息可以利用轨道电路，也可利用电缆传送。对于三显示自动闭塞必须传递三种以上的信息。

(3)若利用轨道电路传送信息，在每一个信号点处不但有接收本信号点信息的接收设备，同时还须有向前方信号点发送信息的发送设备。

虽然自动闭塞有不少制式，但是它们有着共同的特点，即大多是以轨道电路为基础构成的，也就是说是采用轨道电路来传输信息的。

三、自动闭塞的主要技术要求

(1)闭塞分区被占用或轨道电路失效时，防护该闭塞分区的通过信号机应自动关闭。

(2)当进站及通过信号机红灯灭灯时，其前一架通过信号机应自动显示红灯。

(3)双向运行的自动闭塞区段，在同一线路上，当一个方向的通过信号机开放后，相反方向的信号机均须在灭灯状态，与其衔接的车站向同一线路发车的出站信号机开放后，对方车站不得向该线路开放出站信号机。

(4)双向运行的自动闭塞区段，当区间被占用或轨道电路失效时，经两站工作人员确认后，可通过规定的手续改变运行方向。

(5)双向运行的自动闭塞区段，当发生设备故障或受外电干扰时，不得出现敌对发车状态。

(6)闭塞设备中，当任一元件、部件发生故障或钢轨绝缘破损时，均不得出现信号的升级显示。

(7)在自动闭塞区段，站内控制台上应设有下列区间表示。

①双向运行区间列车运行方向及区间占用。

②邻近车站两端的正线上，至少相邻两个闭塞分区的占用情况。

③必要的故障报警。

四、自动闭塞的分类

自动闭塞一般是根据运营上和技术上的特征来进行分类的。

1. 按行车组织方法可分为单向自动闭塞和双向自动闭塞

在单线区段，只有一条线路，既要运行上行列车，又要运行下行列车。为了调整双方向列车的运行，在线路的两侧都要装设通过信号机，这种自动闭塞称为单线自动闭塞，如图 3-3 所示。

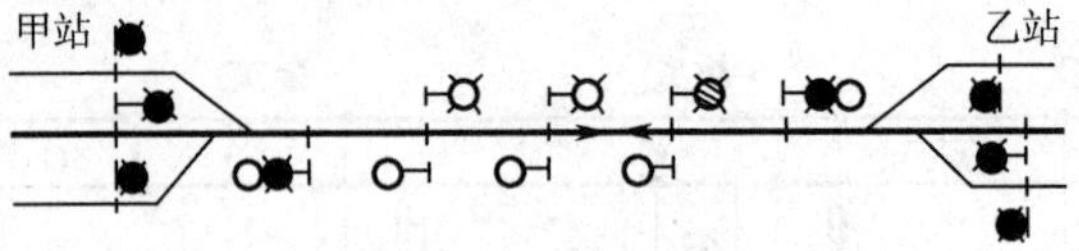

图 3-3　单线自动闭塞

在双线区段，以前采用列车单方向运行方式，即一条铁路线路只允许上行列车运行，而另一条铁路线路只允许下行列车运行。为此，对于每一条铁路线路仅在一侧装设通过信号机，这样的自动闭塞称为双线单向自动闭塞，如图 3-1 所示。

为了充分发挥铁路线路的运输能力，在双线区段的每一条线路上都能双方向运行列车，这样的自动闭塞称为双线双向自动闭塞，如图 3-4 所示。正方向设置通过信号机，反方向按站间自动闭塞行车。

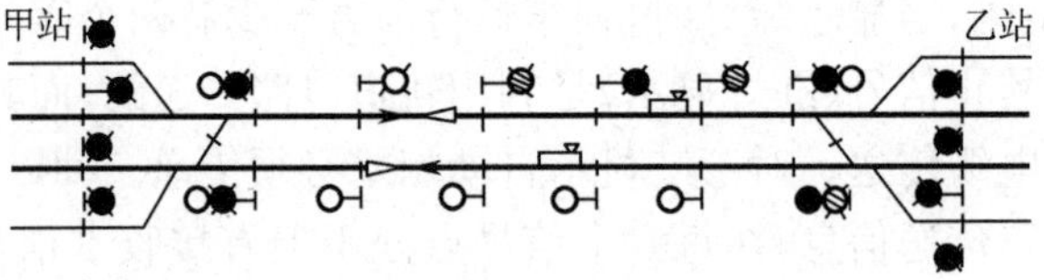

图 3-4　双线双向自动闭塞

双线单向自动闭塞，只防护列车的尾部，而单线自动闭塞和双线双向自动闭塞，必须对列车的尾部和头部两个方向进行防护。为了防止两方向的列车正面冲突，平时规定一个方向的通过信号机亮灯，另一个方向的通过信号机灭灯，只有在需要改变运行方向，而且在区间空闲的条件下，由车站值班员办理一定的手续后才能允许反方向的列车运行。

2. 按通过信号机的显示制式可分为三显示自动闭塞和四显示自动闭塞

三显示自动闭塞的通过信号机具有三种显示，能预告列车运行前方两个闭塞分区的状态。图 3-2 为三显示自动闭塞，当通过信号机所防护的闭塞分区被列车占用时显示红灯；仅它所防护的闭塞分区空闲时显示黄灯；其运行前方有两个及以上的闭塞分区空闲时显示绿灯。

三显示自动闭塞，能使列车经常按规定速度在绿灯下运行，并能得到次架通过信号机显示的预告，基本上能满足运行要求，又能保证行车安全，因此在提速以前得到较广泛的应用。

列车运行在三显示自动闭塞区段，越过显示黄灯的通过信号机时开始减速，至次架显示红灯的通过信号机前停车，因此要求每个闭塞分区的长度绝对不能小于列车的制动距离。随着列车速度和密度的不断提高，在一些繁忙的客货混运区段，各种列车运行的速度和制动距离相差很大，如市郊列车等需经常停车且制动距离短，要求实现最小运行间隔，闭塞分区长度越短越好；而高速客车、重载货车制动距离长，闭塞分区长度又不能太短。三显示自动闭塞不能解决这一矛盾，提高区间通过能力的最好方法是采用四显示自动闭塞。

四显示自动闭塞是在三显示自动闭塞的基础上增加一种绿黄显示，如图 3-5 所示。它能预告列车运行前方三个闭塞分区的状态，规定列车以规定的速度越过绿黄显示后必须减速，以使列车在抵达黄灯显示下运行时不大于规定的黄灯允许速度，保证在显示红灯的通过信号机前停车；而对于低速、制动距离短的列车越过绿黄显示后可不减速。由于增加了绿黄显示，就圆满地解决了上述矛盾。

四显示自动闭塞的信号显示具有明确的速差含义，是真正意义的速差式自动闭塞，列车按规定的速度运行，能确保行车安全。四显示自动闭塞能缩短列车运行间隔，缩短闭塞分区长度，提高运输效率。

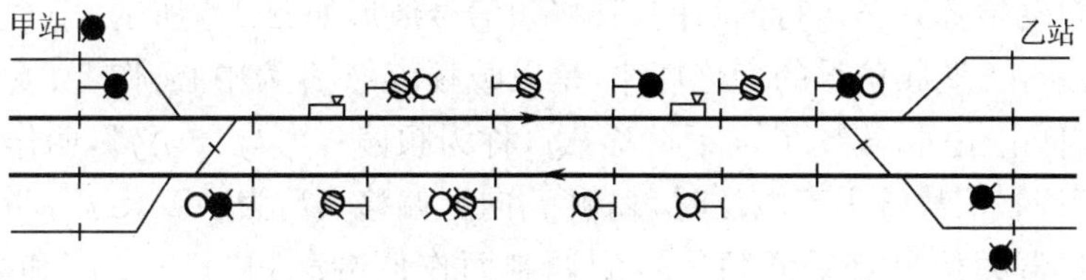

图 3-5　四显示自动闭塞

3. 按是否设置轨道绝缘分为有绝缘自动闭塞和无绝缘自动闭塞

传统的自动闭塞在闭塞分区分界处均设有钢轨绝缘，以分割各闭塞分区。但钢轨绝缘的设置不利于线路向长钢轨、无缝化发展，钢轨绝缘损坏率高，影响了设备的稳定工作且增加了维修工作量和费用。尤其是电气化区段，牵引电流为了通过钢轨绝缘，必须安装扼流变压器，缺点更显著。于是出现了无绝缘自动闭塞。无绝缘自动闭塞以无绝缘轨道电路为基础，取消了区间线路的钢轨绝缘，满足了铁路无缝化、电气化发展的需要。

五、自动闭塞的技术经济效益

自动闭塞不需要办理闭塞手续，并可开行追踪列车，既保证了行车安全，又提高了运输效率。和半自动闭塞相比，自动闭塞有以下优点：

(1)由于两站间的区间允许续行列车追踪运行，就大幅度地提高了行车密度，显著地提高区间通过能力。

(2)由于不需要办理闭塞手续，简化了办理接/发列车的程序，因此既提高了通过能力，又大大减轻了车站值班人员的劳动强度。

(3)由于通过信号机的显示能直接反映运行前方列车所在位置及线路的状态，因而确保了列车在区间运行的安全。

(4)自动闭塞还能为列车运行超速防护提供连续的速度信息，构成更高层次的列车运行控制系统，保证列车高速运行的安全。

由于自动闭塞具有明显的技术经济效果，所以广泛应用于各国铁路(尤其是双线铁路)。更由于自动闭塞便于和列车自动控制、行车指挥自动化等系统相结合，它已成为现代化铁路必不可少的基础设备。

第二节　移频自动闭塞

移频自动闭塞是采用频率参数作为控制信息的自动闭塞制式。国产 4 信息移频、8 信息移频和 18 信息移频自动闭塞，UM71 系列、WG-21A 型和 ZPW-2000 系列均为移频制式，只是频率参数不相同。

一、移频自动闭塞的基本概念

移频自动闭塞是以移频轨道电路为基础的自动闭塞。它选用频率参数作为控制信息，采用频率调制的方法，把低频信号(F_C)搬移到较高频率(中心载频 f_0)上，以形成振幅不变、频率随低频信号的幅度作周期性变化的调频信号。将此信号用钢轨作为传输通道来控制通过信号机的显示，达到自动指挥列车运行的目的，其移频信号波形如图 3-6 所示。

从图中可以看出，调频信号的变化规律，是以载频信号 f_0 为中心，作上、下边频偏移；当低频调制信号输出低电位时，载频 f_0 向下偏移 Δf(称为频偏)，为“$f_0-\Delta f$”，叫作低端载频(或称下边频)；当低频调制信号输出高电位时，载频 f_0 向上偏移 Δf，为“$f_0+\Delta f$”，叫作高端载频(或称上边频)，可见，调频信号是受低频信号的调制而作低端载频“$f_0-\Delta f$”和高端载频“$f_0+\Delta f$”的交替变化，两者在单位时间内变化的次数与低频调制信号的频率相同。

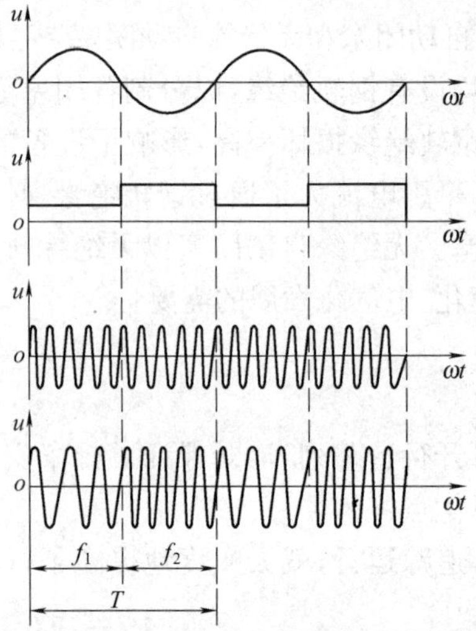

图 3-6　移频信号波形图

在轨道电路中传输的信息是低端载频“$f_0-\Delta f$”和高端载频“$f_0+\Delta f$”，载频 f_0 实际上是不存在的。

由于低端载频和高端载频的交替变换接近于突变性的，好似频率的移动，因此称为移频信号。应用这种移频轨道电路的自动闭塞称为移频自动闭塞。

在移频自动闭塞中，低频信号用于控制通过信号机的显示，而载频 f_0 则为运载低频信号之用，其目的是提高抗干扰能力。

三显示自动闭塞的地面信号显示只要两种参数就是可以构成三种信息。例如，选用 F_{C_3} 为绿灯信息，F_{C_2} 为黄灯信息，无信号为红灯信息。但是自动闭塞均和机车信号配合使用，由于运营的需要，机车信号应比地面信号有更多的显示。此外，为了和正线停车有所区别，当列车进侧线停车时，需要另设一种显示。

四显示自动闭塞则在三显示自动闭塞的基础上增加绿黄灯信息，例如，选用 F_{C_3} 为绿黄灯信息，即构成四种信息。

在每个闭塞分区的钢轨中传输的移频信息，实际上是频率为中心载频的下边频 $f_1(f_0-\Delta f)$ 和上边频 $f_2(f_0+\Delta f)$ 的两个交替变换的正弦交流信息，即 $f_1 \rightleftarrows f_2$。单位时间内频率变换的次数由低频调制信号 Fc 决定。

ZPW-2000移频自动闭塞载频中心频率 f_0 选为1700-1 Hz、1700-2 Hz、2000-1 Hz、2000-2 Hz、2300-1 Hz、2300-2 Hz、2600-1 Hz、2600-2 Hz八种，是为了防止钢轨绝缘双破损后两相邻轨道电路产生错误动作；所以相邻轨道电路采用不同的载频。在双线区段，由于上、下行线路之间存在邻线干扰，所以上、下行线路采用不同的频率，上行线用1 700 Hz和2 300 Hz，下行线用2 000 Hz和2 600 Hz。频偏 Δf 为11 Hz。低频为从10.3～29 Hz，每隔1.1 Hz一个，共18个，各低频代表不同的信息。

二、移频自动闭塞设备的组成

现以ZPW-2000A型自动闭塞为例介绍移频自动闭塞设备的组成。

ZPW-2000A型无绝缘闭塞设备包括发送器、接收器、电缆模拟网络、调谐单元、空芯线圈、匹配变压器、补偿电容、执行单元、通过信号机，如图3-7所示。

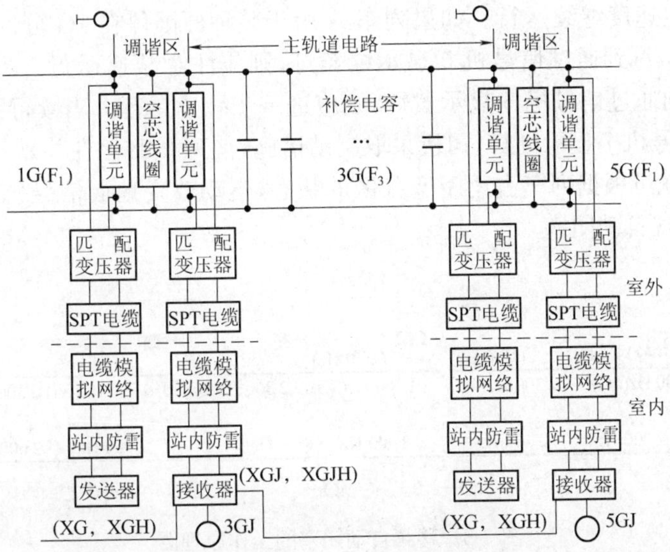

图3-7　ZPW-2000A自动闭塞组成图

发送器、接收器、电缆模拟网络、调谐单元、空芯线圈、匹配变压器、补偿电容构成无绝缘轨道电路。将轨道电路分为主轨道电路和调谐区短小轨道电路两个部分，并将短小轨道电路视为列车运行前方主轨道电路的所属“延续段”。

发送器用来产生高精度、高稳定性的移频信号，同时向线路两侧主轨道电路、小轨道电路发送信号。

接收器用于接收主轨道电路信号，并在检查所属调谐区短小轨道电路状态（XGJ、XGJH）条件下，动作本轨道电路区段的轨道继电器。

执行单元由有关继电器组成，用它们的接点电路来控制发送设备编码及构成通过信号机的显示条件。

通过信号机采用三显示机构的色灯信号机。

三、移频自动闭塞的基本工作原理

移频自动闭塞以钢轨作为通道，采用移频信号的形式传输低频信号，自动控制区间通过信号机的显示，指示列车运行。

在移频自动闭塞区段，移频信息的传输，是按照运行列车占用闭塞分区的状态，迎着列车的运行方向，自动地向前方闭塞分区传递信息的。移频自动闭塞的工作原理如图 3-8 所示，若下行线有两列列车 A、B 运行，A 列车运行在 1G 分区，B 列车运行在 5G 分区。由于 1G 有列车占用，防护该闭塞分区的通过信号机 7 显示红灯，这时 7 信号点的发送设备自动向前方闭塞分区 2G 发送 26.8 Hz 调制的、中心载频为 2 300 Hz 的移频信号。当 5 信号点的接收设备接收到该移频信号后，使通过信号机 5 显示黄灯。此时 5 信号点的发送设备自动地向前方闭塞分区 3G 发送以 16.9 Hz 调制的、中心载频为 1 700 Hz 的移频信号。当 3 信号点的接收设备接收到该移频信号后，使通过信号机 3 显示绿黄灯，同样，2 信号点的发送设备又自动地向前方闭塞分区 4G 发送 13.6 Hz 调制的、中心载频为 2 300 Hz 的移频信号，当 1 信号点的接收设备接收到此移频信号后，使通过信号机 1 显示绿灯。1 信号点的发送设备又自动地向前方闭塞分区 4G 发送 11.4 Hz 调制的、中心载频为 1 700 Hz 的移频信号。由于续行列车 B 已进入 5G 分区，可按规定速度继续运行。如果列车 A 由于某种原因停在 1G 分区，则当续行列车 B 进行 4G 分区，司机见到通过信号机 5 显示绿黄灯，则应注意减速运行。当续行列车 B 进入 3G 分区，司机见到通过信号机 5 显示黄灯，则应进一步减速运行。当续行列车 B 进入 2G 分区时，由于通过信号机 7 显示红灯，司机采取制动措施，使列车 B 停在显示红灯的通过信号机 7 的前方。这样，就可根据列车占用闭塞分区的状态，自动改变地面信号机的显示，准确地指挥列车的运行，实现自动闭塞。

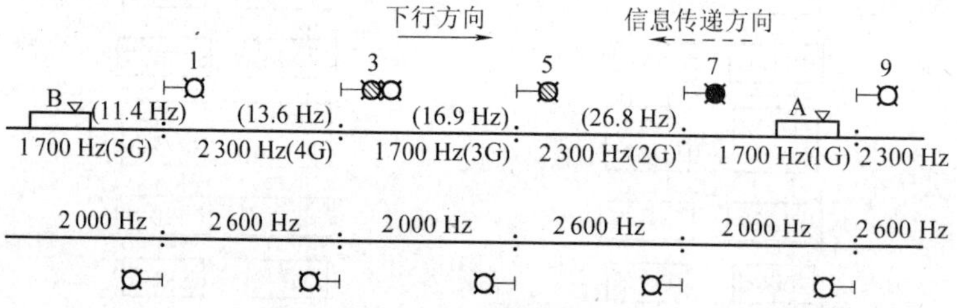

图 3-8 移频自动闭塞的工作原理图

四、移频自动闭塞的特点

移频自动闭塞制式具有以下主要特点：

(1)抗干扰能力较强，既适用于非电力牵引区段，又适用于干扰较大的电力牵引区段。

(2)信息量多，可满足四显示自动闭塞和列车速度控制系统信息量的需要。

(3)信号显示的应变时间不大于 2 s，能满足我国高速行车的要求。

(4)当闭塞分区的长度超过移频轨道电路的极限长度时，可采用分割方式延长移频轨道电路的作用距离。

(5)移频轨道电路只作一次调整，便于维修。

(6)以采用电子元件为主，耗电省，体积小，重量轻。在电子元件发生故障的情况，能满足“故障—安全”的要求。

(7)有较完善的过压防护措施，在雷电冲击下，能起到保护作用，保证设备不间断使用。

(8)移频自动闭塞信息能直接用于机车信号，因此在装设机车信号时区间无需增加地面设备。

第三节 ZPW-2000系列自动闭塞

ZPW-2000系列自动闭塞充分吸收UM71的技术优势，并实现了重大技术改进和创新。它克服了UM71在传输安全性和传输长度上存在的问题。在轨道电路传输安全上，解决了轨道电路全路断轨检查、调谐区死区长度、调谐单元断线检查、拍频干扰防护等技术难题，延长了轨道电路的传输长度。采用单片微机和数字信号处理技术，提高了抗干扰能力。ZPW-2000系列包括ZPW-2000A、ZPW-2000R、ZPW-2000H、ZPW-2000G，普遍使用的是ZPW-2000A。

一、ZPW-2000系列无绝缘轨道电路技术条件

1. 一般规定

(1)ZPW-2000系列无绝缘轨道电路，满足以机车信号为行车凭证的自动闭塞系统要求。适用于电气化牵引区段和非电气化牵引区段的区间及车站轨道电路区段，也可用于机械绝缘节轨道电路区段。电气化牵引区段工作环境：轨道回流≤1 000 A，不平衡系数≤10%。

(2)ZPW-2000系列无绝缘轨道电路采用调谐式电气绝缘节，沿钢轨按规定距离敷设补偿电容，进行传输补偿。

(3)ZPW-2000系列无绝缘轨道电路采用标准载频为：1 700 Hz、2 000 Hz、2 300 Hz、2 600 Hz。每个载频有-1、-2两种。载频中心频率见表3-1。

表3-1 载频中心频率

载频类型(Hz)	中心频率(Hz)	载频类型(Hz)	中心频率(Hz)
1 700(F_1)	1 701.4	2 300(F_1)	2 301.4
1 700(F_2)	1 698.7	2 300(F_2)	2 298.7
2 000(F_1)	2 001.4	2 600(F_1)	2 601.4
2 000(F_2)	1 998.7	2 600(F_2)	2 598.7

传输的低频调制信号频率为10.3+N×1.1 Hz，N=0～17，即从10.3～29 Hz，每隔1.1 Hz一个，呈等差数列，共18个：10.3 Hz、11.4 Hz、12.5 Hz、13.6 Hz、14.7 Hz、15.8 Hz、16.9 Hz、18 Hz、19.1 Hz、20.2 Hz、21.3 Hz、22.4 Hz、23.5 Hz、24.6 Hz、25.7 Hz、26.8 Hz、27.9 Hz、29 Hz。它们的信息码见表3-2。

表3-2 低频频率信息码

编号	频率(Hz)	信息码	说　明	说　明
F_{18}	10.3	L3	准许列车按规定速度运行，表示运行前方5个闭塞分区空闲	列车运行速度小于或等于200 km/h自动闭塞区段列车超速防护系统所用
F_{17}	11.4	L	准许列车按规定速度运行	
F_{16}	12.5	L2	准许列车按规定速度运行，表示运行前方4个闭塞分区空闲	列车运行速度小于或等于200 km/h自动闭塞区段列车超速防护系统所用
F_{15}	13.6	LU	准许列车按规定速度注意运行	

续上表

编号	频率(Hz)	信息码	说　明	说　明
F_{14}	14.7	U2	要求列车减速到规定的速度等级越过接近的地面信号机，并预告次一架地面信号机显示两个黄色灯光	
F_{13}	15.8	预留		
F_{12}	16.9	U	要求列车减速到规定的速度等级越过接近的地面信号机	
F_{11}	18	UU	要求列车限速运行，表示列车接近的地面信号机开放经道岔侧向位置进路	
F_{10}	19.1	UUS	要求列车限速运行，表示列车接近的地面信号机开放经18号及以上道岔侧向位置进路，并且次一架信号机开放经道岔直向或18号及以上道岔侧向位置进路；或表示列车接近设有分歧道岔线路所的地面信号机开放经18号及以上道岔侧向位置进路	
F_9	20.2	U2S	要求列车减速到规定的速度等级越过接近的地面信号机，并预告次一架地面信号机显示一个黄色闪光和一个黄色灯光	
F_8	21.3	L5	准许列车按规定速度运行，表示运行前方7个及以上闭塞分区空闲	200 km/h动车组在客运专线上运行所需
F_7	22.4	预留		
F_6	23.5	L4	准许列车按规定速度运行，表示运行前方6个闭塞分区空闲	200 km/h动车组在客运专线上运行所需
F_5	24.6	HB	表示列车接近的地面信号机开通引导进路	
F_4	25.7	SP		仅用于轨道电路占用检查
F_3	26.8	HU	要求及时采取停车措施	
F_2	27.9	JC		用于机车信号设备的载频锁频或切换
F_1	29	H	要求列车采取紧急停车措施	

(4)两相邻平行ZPW-2000系列无绝缘轨道电路采用相同载频时，必须具备可靠的邻线干扰防护能力。

(5)ZPW-2000系列无绝缘轨道电路必须满足双线双方向运行要求。

(6)ZPW-2000系列无绝缘轨道电路发送器输出电动势，波动±3%时，该轨道电路接收器必须实现一次调整。

(7)ZPW-2000系列无绝缘轨道电路必须工作可靠并符合“故障—安全”原则。出现故障后，不能造成地面信号和机车信号显示升级。

(8)ZPW-2000系列无绝缘轨道电路采用计算机技术，通过硬、软件措施实现轨道电路系统的安全性。

(9)ZPW-2000系列无绝缘轨道电路(单套设备)平均故障间隔时间(MTBF)$\geq 4.38\times10^4$ h/区段。

(10)ZPW-2000 系列无绝缘轨道电路计算机软件的安全性完善度等级应为 4 级。

(11)ZPW-2000 系列无绝缘轨道电路电子设备有关电源、外部接口及电磁兼容等环境条件和使用条件的设计应采用与安全性完善度等级相适应的设计方法。

(12)ZPW-2000 系列无绝缘轨道电路硬件和软件结构应实现模块化、标准化、系列化和软件工程化管理。

(13)ZPW-2000 系列无绝缘轨道电路应能向其他系统提供数据。

(14)ZPW-2000 系列无绝缘轨道电路与其他系统通信时,应采用统一、专用的安全通信协议。

(15)ZPW-2000 系列无绝缘轨道电路应具备自检和在线监测联网功能。

(16)ZPW-2000 系列无绝缘轨道电路同序列号设备必须具备互换性。

(17)ZPW-2000 系列无绝缘轨道电路必须具备实现数字化升级的条件。

2. 基本功能

(1)调整状态

在标准传输条件下(电缆长度 10 km),最低道床电阻不小于表 3-3 所列值,轨道电路必须满足一次调整,轨道电路接收器输入电压,不小于 240 mV,轨道电路设计长度为表 3-3 规定值,该设计长度已有 8%的余量。当实际道床电阻低于 0.4 Ω·km 时,可适当缩短轨道电路设计长度,特殊处理。

表 3-3 适用于轨道电路两端均采用电气绝缘节或一端为电气绝缘节、一端为机械绝缘节或两端均采用机械绝缘节的配置情况。

表 3-3 轨道电路设计长度(m)

载频(Hz)	道床电阻值(Ω·km)					
	1.5	1.2	1.0	0.8	0.6	0.4
1 700	1 900	1 750	1 500	1 050	850	600
2 000	1 900	1 750	1 500	1 050	800	550
2 300	1 800	1 650	1 500	1 050	800	550
2 600	1 800	1 650	1 460	1 050	800	550

(2)分路状态

①在最不利条件下,用 0.15 Ω 分路电阻在轨道电路任一处轨面分路时(电气绝缘节区域内除外),轨道电路接收器输入电压不大于 140 V。

②ZPW-2000 无绝缘轨道电路电气绝缘节区域内分路死区长度不大于 5 m。

③在最不利条件下,在轨道电路任一处轨面机车信号短路电流不小于表 3-4 规定值。

表 3-4 机车信号短路电流

载频(Hz)	1 700	2 000	2 300	2 600
机车信号短路电流(A)	0.5	0.5	0.5	0.45

④断轨检查。当 ZPW-2000 系列无绝缘轨道电路钢轨出现电气断离时,轨道电路接收器得到可靠占用检查。

3. 室外设备

(1)ZPW-2000系列无绝缘轨道电路设置钢轨补偿电容,沿钢轨按均匀间隔原则设置。根据轨道电路载频选用补偿电容值或采用一种补偿电容值,通过不同间距,实现对轨道电路各种载频信号的补偿。补偿电容容值不多于4种,补偿电容间距不小于50 m。

(2)ZPW-2000系列无绝缘轨道电路设置空芯线圈,根据轨道电路载频设置调谐单元,并采用专用引接线构成电气绝缘节。该电气绝缘节长度不大于30 m。电气绝缘节隔离系数不小于10。必要时,可设置第2级零阻抗器件,进一步防护轨道电路载频信号向其他区段的纵向串音。

(3)补偿电容、调谐单元、空芯线圈等器材的安装,应满足大型自动化养路机械设备施工要求。

(4)ZPW-2000系列无绝缘轨道电路宜采用铁路内屏蔽数字信号电缆,以实现多区段同频合缆敷设方式。也可采取轨道区段1个信号点1根电缆的敷设方式。在实际电缆长度基础上,增加电缆模拟盘补充长度,以补足规定长度。当电缆长度超过10 km,但不大于15 km时,进行特殊处理或设置中继站。

电缆芯线使用必须遵守以下原则:①相同频率的发送线对和接收线对不能使用同一根电缆;②相同频率的发送线对或接收线对不能使用同一四芯组。

4. ZPW-2000系列无绝缘轨道电路电子设备

(1)ZPW-2000系列无绝缘轨道电路接收器和发送器的可靠度指标:平均故障间隔时间(MTBF)$\geqslant 15\times10^4$ h。

(2)ZPW-2000系列无绝缘轨道电路接收器和发送器要求最高的安全性完善度等级,其安全度指标要求平均危险侧输出间隔时间$\geqslant 10^{11}$ h。

(3)ZPW-2000系列无绝缘轨道电路接收器和发送器应考虑热插拔设计。接插件应接触可靠,易于插拔,结构坚实,不发生机械变形,并应具有防错插措施。接插件插拔次数应保证在500次以上。

5. 供电及电源设备

ZPW-2000系列无绝缘轨道电路接收器和发送器采用24 V或48 V直流稳压电源、不间断供电。

6. 电磁兼容与雷电防护

(1)ZPW-2000系列无绝缘轨道电路雷电防护措施,应符合相关规定。

(2)ZPW-2000系列无绝缘轨道电路使用的内屏蔽数字信号电缆,在电缆始、终端,内、外屏蔽层必须良好连接,并可靠接地。当接地断线时,不能造成地面信号和机车信号显示升级。

(3)ZPW-2000系列无绝缘轨道电路信号楼内布线应采用电磁兼容和防雷设计,发送和接收线对必须单独使用屏蔽扭绞线对。

(4)地线设置。室外贯通地线和室内接地网接地电阻值不大于1 Ω或执行相关规定。对于重雷害地区,地线设置还应采取特殊措施。

二、ZPW-2000系列自动闭塞的特点

ZPW-2000系列自动闭塞具有以下特点:

(1)在解决调谐区断轨检查后,实现了对轨道电路全程断轨的检查,大幅度减少了调谐区死区长度(20 m减小到5 m以内),实现了对调谐单元的断线检查和对拍频信号干扰的防护,大大提高了传输的安全性。

(2)利用新开发的轨道电路计算软件实现了轨道电路参数的优化,大大提高了轨道电路的传输长度,将 1.0 Ω·km 道床电阻的轨道电路传输长度提高了 44%(从 900 m 提高到 1 300 m),将电气—机械绝缘节的轨道电路长度提高了 62.5%(从 800 m 提高到 1 300 m),改善了低道床电阻轨道电路工作的适应性。

(3)用 SPT 国产铁路数字信号电缆取代法国的 ZCO_3 型电缆,线径由 1.13 mm 降至 1.0 mm,减少了备用芯组,加大了传输距离(从 7.5 km 提高到 10 km),使系统的性能价格比大幅度提高,显著降低了工程造价。调谐区设备的 70 mm^2 铜引接线用钢包铜线取代,方便了维修。

(4)单片微机和数字信号处理芯片代替晶体管分立元件和小规模集成电路,提高了发送移频信号频率的精度和接收移频信号的抗干扰能力。

(5)系统中发送器采用"$n+1$"冗余,接收器采用成对双机并联运用,提高了系统可靠性,大幅度提高了单一电子设备故障不影响系统正常工作的"系统无故障工作时间"。

三、ZPW-2000A 型自动闭塞

1. ZPW-2000A 型自动闭塞系统构成

ZPW-2000A 型无绝缘移频自动闭塞系统有电气—电气绝缘节(JES—JES)结构和电气—机械绝缘节(JES—BA//SVA′)结构两种。两者电气性能相同。现以后者为例予以介绍,其系统构成如图 3-9 所示。

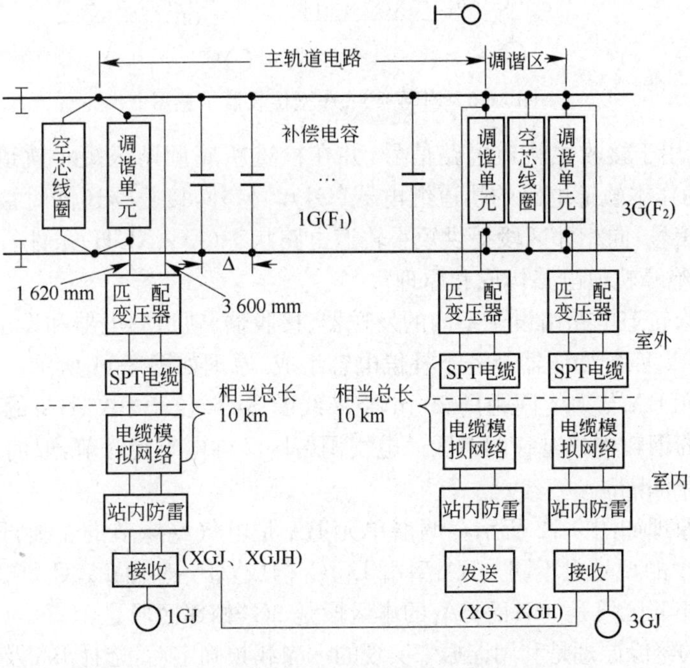

图 3-9 ZPW-2000A 型自动闭塞系统构成

发送器采用"$n+1$"冗余方式,接收器采用"0.5+0.5"冗余方式,以保证接收系统的高可靠运用。

ZPW-2000A 型无绝缘轨道电路将轨道电路分为主轨道电路和调谐区短小轨道电路两个部分，并将短小轨道电路视为列车运行前方主轨道电路的所属“延续段”。

发送器同时向线路两侧主轨道电路、小轨道电路发送信号。

接收器除接收本主轨道电路频率信号外，还同时接收相邻区段小轨道电路的频率信号。接收器采用数字信息处理技术(DSP)，将接收到的两种频率信号进行快速傅氏变换(FFT)，获得两种信号能量谱的分布。

上述“延续段”信号由运行前方相邻轨道电路接收器处理，并将处理结果形成小轨道电路轨道继电器执行条件(XG、XGH)送本轨道电路接收器，作为轨道继电器(GJ)励磁的必要检查条件(XGJ、XGJH)之一，如图 3-10 所示。

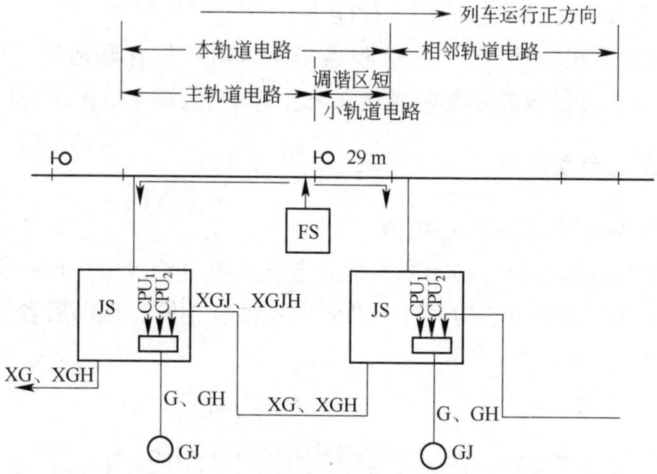

图 3-10 ZPW-2000A 型接收器示意图

这样，接收器用于接收主轨道电路信号，并在检查所属调谐区短小轨道电路状态(XGJ、XGJH)条件下，动作本轨道电路的轨道继电器(GJ)。另外，接收器还同时接收邻段所属调谐区短小轨道电路信号，向相邻区段提供短小轨道电路状态(XG、XGH)条件。

2. 谐振式无绝缘轨道电路构成和原理

谐振式无绝缘轨道电路由设于室内的发送器、接收器、轨道继电器和设于室外的调谐单元 BA、空芯线圈 SVA、匹配变压器及若干补偿电容组成，原理如图 3-11 所示。

两个调谐单元 BA_1 与 BA_2 间距离 29 m，空芯线圈 SVA 位于 BA_1、BA_2 的中间。BA_1、BA_2、SVA 及 29 m 长的钢轨构成电气调谐区。电气调谐区又称电气绝缘节，取消了机械绝缘节，实现了相邻轨道电路的隔离。

电气绝缘节原理如图 3-12 所示。调谐单元 BA 是电气绝缘节的主要部件。相邻轨道电路的载频不同，BA 的型号也不同。BA_1 型由 L_1、C_1 构成，BA_2 型由 L_2、C_2、C_3 构成。图中，BA_1 的本区段是 1G，相邻区段是 3G；而 BA_2 的本区段是 3G，相邻区段是 1G。

电气绝缘节的绝缘原理是利用谐振来实现的。当载频确定后，选择 BA_1 及 BA_2 的参数，使本区段的调谐单元对相邻区段的频率呈串联谐振，只有百分之几欧姆的阻抗(称为“0 阻抗”)，移频信号被短路；而对本区段的频率呈容抗，与 29 m 钢轨的电感和 SVA 的电感配合产生并联谐振，有 2～2.5 Ω 的阻抗(称为“极阻抗”)，移频信号被接收。这样，某种载频的移频信号只能限制在本区段传送，而不能向相邻区段传送，没有机械绝缘节就像有绝缘节一样，构成了电气隔离。

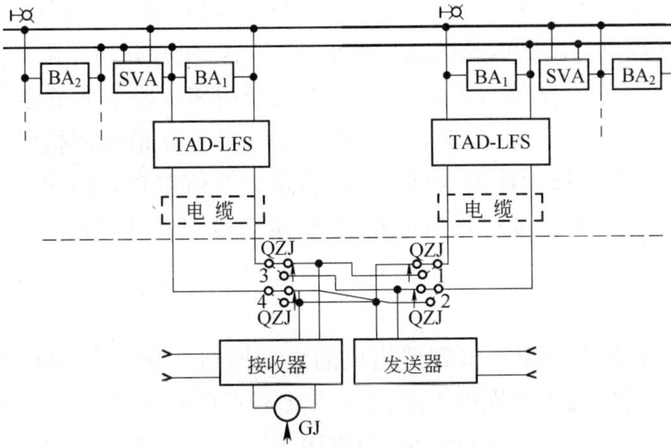

图 3-11　谐振式无绝缘轨道电路原理图

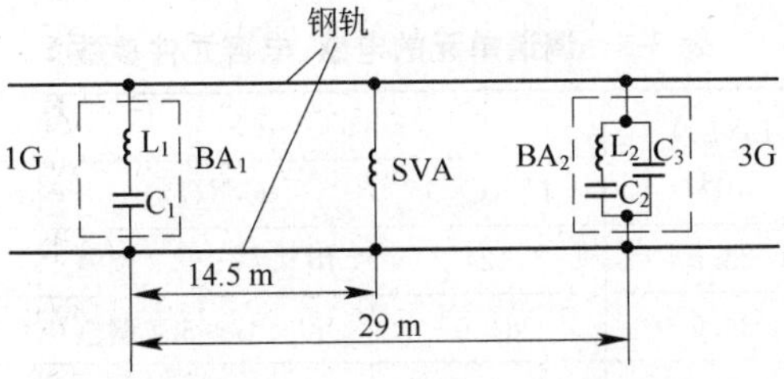

图 3-12　电气绝缘节原理图

在图 3-12 中，通过选择 BA_1 和 BA_2 的参数，使 BA_1 对相邻区段 3G 的移频信号呈串联谐振，使 3G 的移频信号在 BA_1 处被短路。对 3G 的移频信号，BA_1 不能接收，而且阻止其向左传送。同时，BA_1 对本区段 1G 的移频信号呈容性，与 29 m 长的钢轨和 SVA 的电感相配合，产生并联谐振，使 1G 的移频信号能向左传送或被接收。同理，BA_2 对相邻区段 1G 的移频信号并联谐振，1G 的移频信号在 BA_2 处被短路，不能接收，也不能向右传送；BA_2 在 29 m 长的钢轨和 SVA 的电感配合下，对本区段 3G 的移频信号产生并联谐振，能向右传送或被接收。

电气调谐区长 29 m，是轨道电路的“死区段”，在“死区段”内失去对车辆占用的检查。这个“死区段”对列车的正常运行没有妨碍，也不影响机车信号的连续显示。只是短于 29 m 的轨道车或最外轴距短于 29 m 的单机正好停在调谐区内才会造成失去检查的情况。因此，规定调谐区内禁止轻型车辆和小车停留。

3. 室外设备

室外设备包括电气绝缘节、电气—机械绝缘节、匹配变压器、补偿电容。

(1)电气绝缘节

电气绝缘节(调谐区)由调谐单元、空芯线圈及 29 m 钢轨组成，用于实现两轨道电路的电气隔离。电气绝缘节两端各设一个调谐单元 BA。电气绝缘节中间设置空芯线圈。

电气调谐区之所以确定为 29 m，是为了获得调谐单元与轨道电路的匹配连接。这与轨道电路的载频和频偏的选择、调谐单元元件参数的选择及钢轨材质参数等因素有关，成为谐振式无绝缘的"固有问题"。若调谐区长度选择较长，则 L_1 加大，线圈电阻随之加大，不利于对相邻区段的电气隔离。调谐区长度选择较小，对 F_1 言，使并联谐振阻抗降低，从而加大了 F_1 信号在调谐区的衰耗。C_2 选择较小，L_2 较大，不利于相邻区段信号的电气隔离；C_2 选择较大，L_2 较小，虽利于电气隔离，但是 L_2 减小，又使得对 F_2 的并联谐振阻抗降低，增大了信号的衰耗。另外，C_3 容量随着 C_2 增大而增大（C_3 较 C_2 容量大 3 倍左右），体积过大，增加了制造上的困难。故 C_2、L_2、C_3 三元件要兼顾轨道电路隔离、本区段信号衰耗及元件制造等因素，综合考虑确定。

①调谐单元

调谐单元 BA 是由电感线圈和电容器组成的二端网络。它有 F_1 型和 F_2 型。F_1 型，又称 BA_1 型，由 L_1、C_1 两个元件构成，分别用于上、下行频率较低的载频（1 700 Hz 和 2 000 Hz）。F_2 型，又称 BA_2 型，由 L_2、C_2、C_3 三个元件构成，分别用于上、下行线频率较高的载频（2 300 Hz 和 2 600 Hz）。

各种型号调谐单元的电感、电容元件参数不同，见表 3-5。

表 3-5 调谐单元的电感、电容元件参数

类型	频率(Hz)	$L_1(L_2)$ (μH)	$C_1(C_2)$(μF)		C_3(μF)	
			$C_1'(C_2')$	$C_1''(C_2'')$	C_3'	C_3''
F_1	1 700	33.5	124	用 0.47～6.8 调整		
	2 000	34.6	81.6	用 0.47～5.1 调整		
F_2	2 300	88	90.9	用 0.47～5.6 调整	127×2	用 0.47～12 调整
	2 600	90	60.4	用 0.47～3.9 调整	101×2	用 0.47～10 调整

调谐单元 BA 设于一个白色聚酯盒内，盒的尺寸为 355 mm×270 mm×88 mm，安装在轨道旁的基础上。为防止热胀冷缩造成元件参数漂移及外力损伤，BA 内部器件被塑胶密封。BA 通过带绝缘护套的多芯铜线与两根钢轨相连，多芯铜线至两侧钢轨长分别为 3 m 和 1.25 m。为了提高可靠性，通常采用两根铜线，一根焊在轨底上，另一根用塞钉连接在轨腰上。

②空芯线圈

空芯线圈 SVA 由直径 1.53 mm 的 19 股铜线绕成，无铁芯，带有中间抽头。单圈可通过 100 A 电流，全圈可通过 200 A 电流。

SVA 主要用来平衡两根钢轨间的不平衡牵引回流。SVA 对钢轨中的 50 Hz 牵引回流及其奇次谐波呈 10 mΩ 左右的电抗，可视为一条短路线，两根钢轨间存在的不平衡回流经 SVA 短路后，将不复存在。牵引回流得到不平衡的原理如图 3-13 所示，设 I_1、I_2、有 100 A 不平衡电流，由于空芯线圈的短路作用，则 $I_3=I_4=(I_1+I_2)/2=450$ A。这就对牵引回流起到平衡作用，减小了工频及其谐波对轨道电路的干扰。

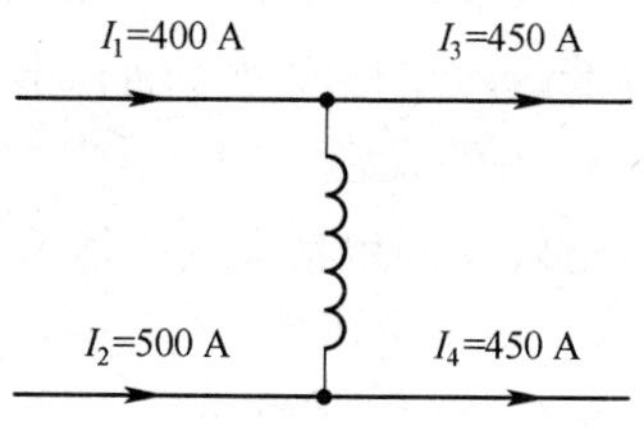

图 3-13 牵引回流得到平衡的原理图

由于空芯线圈没有铁芯，不存在较大电流下磁路饱和的问题，使平衡效果更好。

SVA 还有以下作用：

a. 参与和改善调谐区的工作

在电气调谐区内，SVA 的感抗值（在 1 700～2 600 Hz 范围内，为 0.35～0.54 Ω）与 29 m 长的钢轨的电感值一起参与对本区段频率呈并联谐振，而不是简单的分路电抗。由于 SVA 的存在，为谐振回路提供了一个合适的品质因数 Q 值，保证了调谐区的稳定工作。

b. 保证维修安全

在实际使用中，每隔一定距离，上、下行线路间的两个 SVA 中间抽头连在一起并接地，即进行等电位连接，如图 3-14 所示。这样，可平衡上、下行线路间的不平衡牵引回流，还可保证维修人员的安全。

c. 作扼流变压器用

在道岔弯股绝缘两侧各安装一个空芯线圈，将两线圈的中间抽头连接可作为扼流变压器使用，如图 3-15 所示。

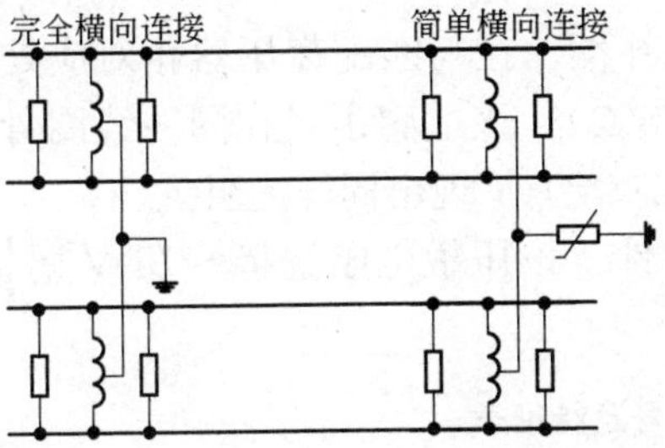

图 3-14　两 SVA 中间抽头进行等电位连接

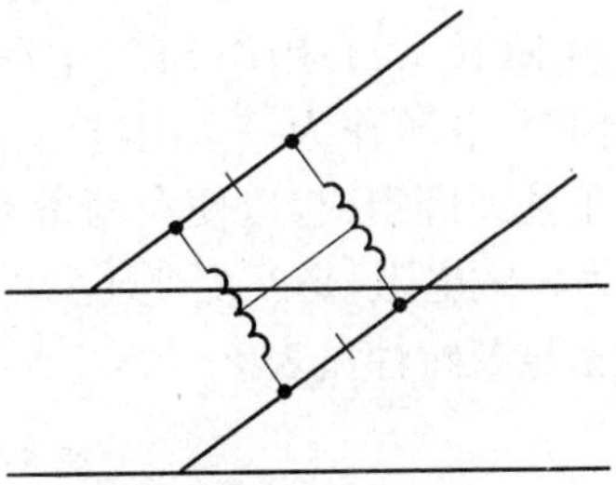

图 3-15　空芯线圈做扼流变压器的原理图

SVA 设在一个白色聚酯盒内，盒的尺寸同 BA，其参数为：电感值（33.5±1）μH，电阻值（18.5±5.5）mΩ，对 50 Hz 交流感抗为 10.5 mΩ。

SVA 通过螺栓固定在轨道旁的基础上，与钢轨的连接同 BA。

（2）机械绝缘节空芯线圈

在进、出站口处设有机械绝缘节，为取得与电气绝缘节同样的电气性能，空芯线圈参数也根据传输通道参数和载频频率设计，命名为 SVA′（分 1 700 Hz、2 000 Hz、2 300 Hz、2 700 Hz 四种）。

机械绝缘节空芯线圈技术指标见表 3-6。

表 3-6　机械绝缘节空芯线圈技术指标

序号	项　目	指标及范围		备　注
		R(mΩ)	L(mΩ)	
1	ZPW·XKJ-17	29.60±2.96	28.60±0.29	测试频率：1 700 Hz
2	ZPW·XKJ-20	33.58±3.36	28.44±0.29	测试频率：2 000 Hz
3	ZPW·XKJ-23	33.75±3.38	28.32±0.29	测试频率：2 300 Hz
4	ZPW·XKJ-26	35.70±3.57	28.25±0.29	测试频率：2 600 Hz

注：钢包铜引接线数值已减除。

(3)匹配变压器

匹配变压器按传输通道参数和载频频率进行设计，以实现轨道与SPT铁路数字信号电缆的匹配连接，获得最佳的传输效果，其电路如图3-16所示。V_1、V_2经调谐单元端子接至轨道，E_1、E_2经SPT电缆接至室内。

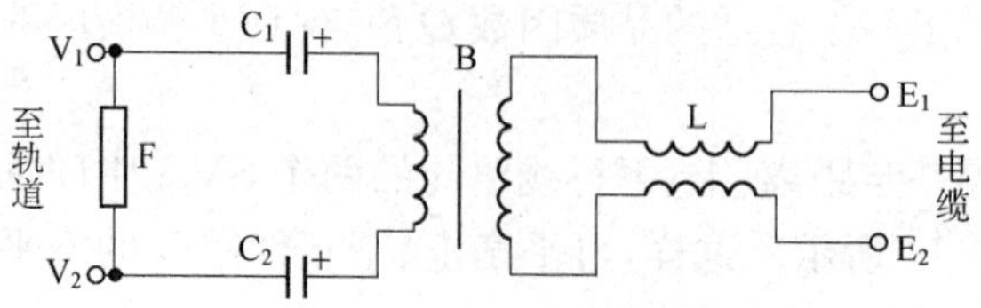

图3-16　匹配变压器电路图

考虑到1.0 Ω·km道床电阻，并兼顾低道床电阻的道床，匹配变压器B变比选为9∶1。

在变压器轨道侧电路串入两个4 700 μF/16 V电解电容器C_1、C_2，该两电容按相反极性串接，构成无极性联接，起到隔直及交连作用。

电感L(10 mH)用作SPT电缆表现出的容性的补偿。在与匹配变压器相对应处轨道被列车分路时，它可作为一个阻抗(1 700 Hz时为106.8 Ω)。该电感由设在同一线圈骨架两个槽上的单独线圈组成，以便在两条电缆芯线的每一条芯线上呈现出同样的阻抗。

F为压敏电阻，是匹配变压器的雷电横向防护元件。该压敏电阻选择～75 V防护等级，其典型型号及特性见表3-7。

表3-7　压敏电阻典型型号及特征表

特性 项目 \ 型号	V20-C/175	DEHNguard75	SLP-V75
标称放电电流 I_n	15 kA	10 kA	15 kA
最大连续工作电压 U_c	75 VAC	75 VAC	75 V AC
限制电压 U_1	≤400 V	≤450 V	≤400 V

(4)补偿电容器

补偿电容器据传输通道参数传输特性优选，并兼顾低道床电阻的道床的传输。

①补偿电容器的作用

a. 保证轨道电路传输距离

由于60 kg/m钢轨电感为1.3 μH/m，同时每米约有几个pF电容。对于1 700～2 300 Hz的移频信号，钢轨相当于一个感性负载，呈现较高的感抗值(1.4 mH/m)，使信号衰减较快，影响了轨道电路的传输长度。为了抵消钢轨的感性，保证轨道电路的传输距离和机车信号的可靠工作，采取分段加补偿电容的方法，减弱电感的影响。

b. 保证接收端信号有效信干比

由于轨道电路加补偿电容后趋于阻性，改善了轨道电路信号传输性能，加大了轨道入口端短路电流，减小了送/受电端钢轨电流比，从而保证了轨道电路入口端信干比，改善了接收器和机车信号的工作。

c. 实现了对断轨状态的检查。

d. 保证了钢轨同侧两端接地条件下，轨道电路分路及断轨检查性能。

因此，加装补偿电容是保证轨道电路有较高技术性能的有效和必要的措施。

②补偿电容器的补偿原理

补偿电容器补偿原理可理解为将每补偿段钢轨电感 L 与电容 C 视为串联谐振，如图 3-17 所示。这样，在补偿段入口端(A、B)取得一个趋于电阻性负载 R，在出口端(C、D)取得一个较高的输出电平。

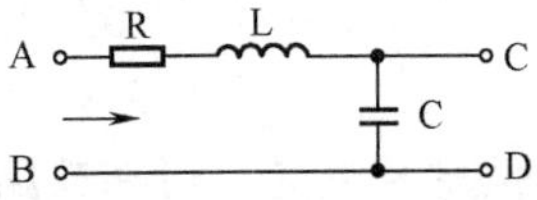

图 3-17 补偿电容器的补偿原理图

为了保证轨道电路调整、分路及机车信号同时满足一定要求时，补偿电容器容量应有一个优选范围。补偿电容器设置密度加大，有利于改善列车分路，减少轨道电路中列车分路电流的波动范围，有利于延长轨道电路传输长度，过密设置又增加了成本，带来维修的不便，要适当考虑。

③ 补偿电容器的设置方式

补偿电容的设置方式在区间宜采用“等间距法”。

先确定本区段轨道电路补偿长度 $L_{补}$($L_{补}$ 为无绝缘轨道电路两端调谐单元间的距离，即电气绝缘节中空芯线圈中心到另一电气绝缘节中空芯线圈中心的距离，或者从机械绝缘节到电气绝缘节中空芯线圈的距离，并非轨道电路长度)。

$L_{补}=L$(轨道电路长度)－29 m(电气绝缘节到电气绝缘节)或 $L_{补}=L$(轨道电路长度)－14.5 m(电气绝缘节到机械绝缘节)。

然后按根据优选设计确定的补偿电容总量 n 等分，其步长(等间距长度)$\Delta=L_{补}/n$。轨道电路两端按半步长($\Delta/2$)，中间按全步长(Δ)设置电容，如图 3-18 所示。安装允许误差 ±0.5 m。补偿电容的配置，其容量根据轨道电路频率的不同而不同，其数量按照轨道电路的长度来确定，以获得最佳传输效果。

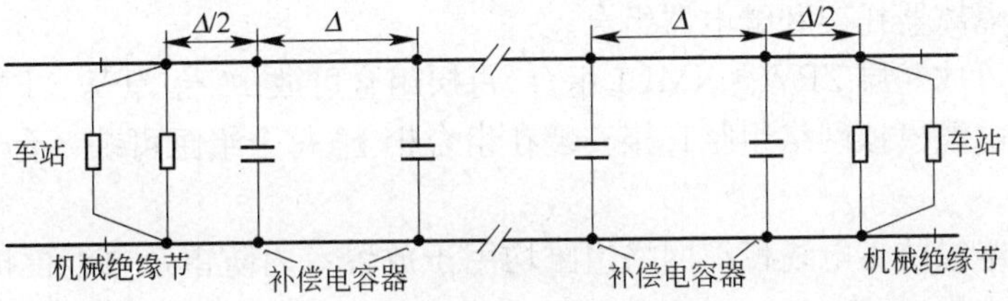

图 3-18 补偿电容的设置

电容容量：1 700 Hz 55(1±5%)μF(轨道电路长度 250～1 450 m)
40(1±5%)μF(轨道电路长度 1 451～1 500 m)
2 000 Hz 50(1±5%)μF(轨道电路长度 250～1 400 m)
33(1±5%)μF(轨道电路长度 1 401～1 500 m)
2 300 Hz 46(1±5%)μF(轨道电路长度 250～1 350 m)
30(1±5%)μF(轨道电路长度 1 351～1 500 m)
2 600 Hz 40(1±5%)μF(轨道电路长度 250～1 350 m)
28(1±5%)μF(轨道电路长度 1 351～1 500 m)

电容器采用电缆线焊接在电容器内部，轴向分两头引出，将电缆用环氧树脂灌封。电缆引线的连接方式有两种，一种是两端用锡焊接塞钉，塞钉镀锡；另一种是压接线鼻子，然后用专用销钉与钢轨连接。电容器的外壳材料为黑色 ABS 塑料。

综上，根据载频频率、最低道床电阻数值、轨道电路传输状态的要求，电容容量、数量、设置方法得当，将大大改善轨道电路的传输，加大轨道电路传输长度。

(5)电缆

传输电缆采用国产内屏蔽铁路信号数字电缆 SPT，ϕ1.0 mm，总长度按 10 km 考虑。

SPT 铁路信号数字电缆可实现 1 MHz(模拟信号)、2 Mbit/s(数字信号)及额定电压交流 750 V 或直流 1 100 V 及以下铁路信号系统中有关设备和控制装置之间的连接，传输系统控制信息及电能。可在铁路电气化和非电气化区段使用。

该电缆不适用于：自动闭塞系统轨道电路相同频率的发送线对和接收线对使用同一电缆，相同频率的发送线对或接收线对使用同一屏蔽四线组。

(6)BA、SVA、SVA′引接线

采用 3 600 mm、1 600 mm 钢包铜线，用于调谐单元、空芯线圈、机械绝缘节空芯线圈等设备与钢轨间的连接。

4. 室内设备

室内设备包括发送器、接收器、衰耗器和电缆模拟网络等。发送器、接收器、衰耗器安装在移频柜上；电缆模拟网络等安装在综合柜上。

(1)移频柜

区间移频柜供区间自动闭塞用，一个区间移频柜含 10 套 ZPW-2000A 自动闭塞设备。纵向 5 个组合，每个组合可装两个轨道电路区段的设备，包括发送器、接收器、衰耗器各两台，发送断路器、接收断路器、3 ×18 柱端子各两个。发送断路器为 10 A，接收断路器为 5 A。每个组合内接收器按对构成双机并用，具体布置如图 3-19 所示。

(2)综合柜

综合柜(网络接口柜)用来安装站防雷和电缆模拟网络、各种防雷组合单元(如灯丝防雷组合单元等)、站内隔离器托架和继电器组合。

综合柜最多可放 9 层 ZPW·XML1 组合，每层组合可放 10 台 ZPW·PML1 网络盘。

无绝缘防雷电缆模拟网络组匣直接安装在组合柜上，每个组匣可装 8 台 ZPW·PML1 网络盘。

综合柜与无绝缘防雷电缆模拟网络组匣均用于放置室内防雷及电缆模拟网络设备，运用中根据实际情况选用。

(3)发送器

发送器采用载频通用型，“$n+1$”冗余方式，故障时，通过 FBJ 接点转至“+1”FS 设备。

①发送器的作用

a. 用来产生高精度、高稳定性的移频信号。

b. 产生足够功率的输出信号，额定输出功率 70 W(400 Ω 负载)，最大输出功率 105 W。

c. 调整轨道电路，可根据轨道电路的具体情况，通过输出端子的不同连接，获得 10 种不同的发送电平。

d. 对移频信号进行自检测，故障时给出报警及“$N+1$”冗余运用的转换条件。

②发送器的基本原理

发送器的原理如图 3-20 所示。

同一载频编码条件、低频编码条件源，以反码形式分别送入两套微处理器 CPU_1、CPU_2 中，其中 CPU_1 控制“移频发生器”产生低频控制信号为 F_C 的移频键控信号 FSK。该移频信号分别送至 CPU_1、CPU_2 进行频率检测。检测结果符合规定后，即产生控制输出信号，经控制与门使移频信号送至滤波环节，实现方波—正弦波变换。功放输出的移频信号，送至两 CPU 进行功

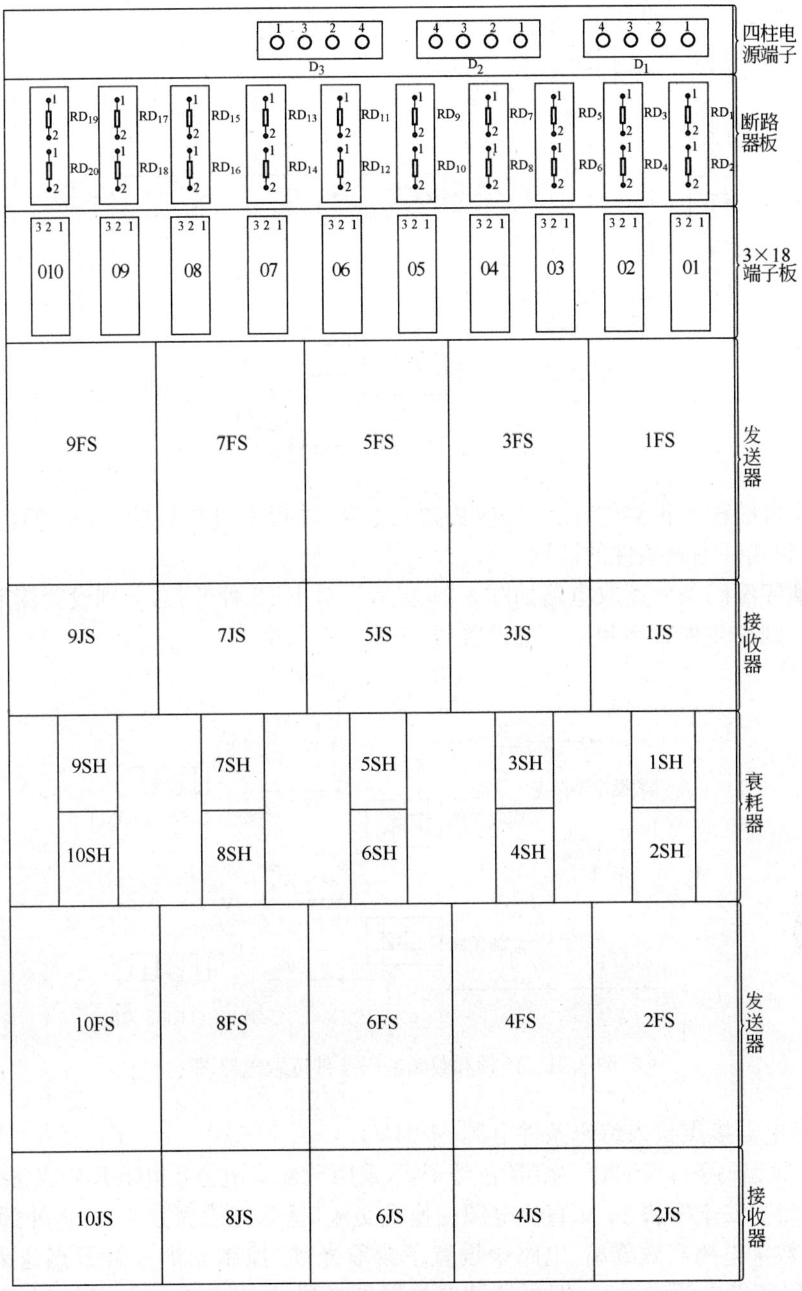

图 3-19　移频柜布置图(从配线侧看)

出电压检测。两 CPU 对 FSK 信号的低频、载频和幅度特征检测符合要求后，打开安全与门，使发送报警继电器 FBJ 励磁，并使经过功放的移频信号输出至轨道。当发送输出端短路时，经检测使控制与门有 10 s 的关闭(称“装死”或“休眠保护”)。

③发送器的主要环节

a. 微处理器和可编程逻辑器件

发送器采用双 CPU、双软件、双套检测电路、闭环检查；CPU 采用 80C196，其中 CPU_1 控制产生移频信号。CPU_1、CPU_2 还担负着移频输出信号的低频、载频及幅度特征的检测等功能。

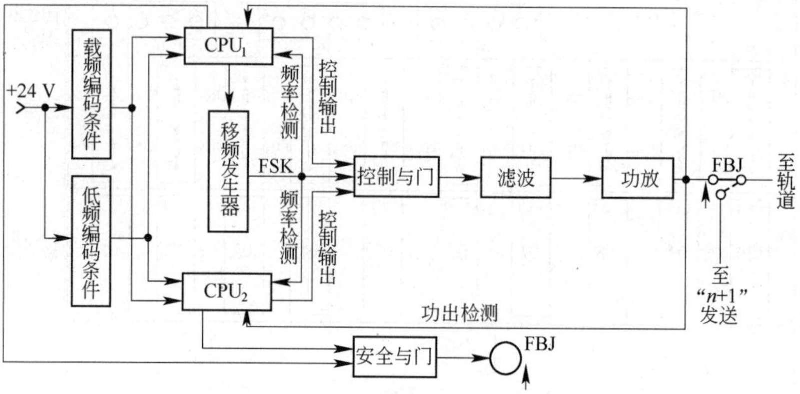

图 3-20　发送器的原理框图

FPGA 为可编程逻辑器件，由它构成移频发生器、并行 I/O 扩展接口、频率计数器等。

(a)低频和载频编码条件的读取

低频和载频编码条件读取电路如图 3-21 所示。对于 18 种低频，分别设置读取电路，共 18 个；对于载频，则按 4 种频率和 1、2 型设置，共 6 个。

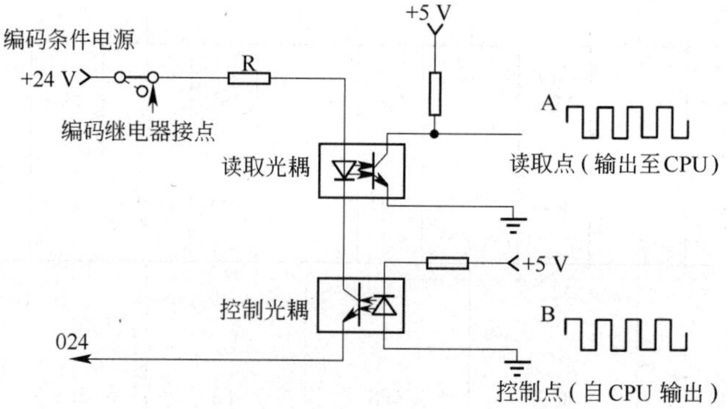

图 3-21　低频和载频编码条件读取电路图

由编码继电器接点接入编码条件电源(＋24V)。

低频和载频编码条件读取时，为消除配线干扰，采用＋24 V 电源及电阻 R 构成功率型电路。

考虑"故障—安全"，将 24 V 直流电源变换成交流，呈动态检测方式，并将外部编码控制电路与 CPU 等数字电路有效隔离，电路中设置了读取光耦、控制光耦。由 B 点送入方波信号，当＋24 V 编码条件电源沟通时，即可从读取光耦受光器 A 点获得与 B 点相位相同的方波信号，送至 CPU，实现编码条件的读取。

控制光耦与读取光耦的设置，实现了对电路元件故障的动态检查。任一光耦的发光源、受光器发生短线或击穿等故障时，读取光耦 A 点都得不到动态的交流信号。以此实现"故障—安全"。

另外，采用光电耦合器也实现了外部编码控制电路与 CPU 数字电路的隔离。

(b)移频信号的产生

低频、载频编码条件通过并行 I/O 接口分别送到两个 CPU 后，首先判断该条件是否有且仅有一路。满足条件后，CPU_1通过查表得到该编码条件所对应的上、下边频数值，控制移频发生器，产生相应 FSK 信号。并由 CPU_1 进行自检，由 CPU_2 进行互检，条件不满足，将由两个 CPU 构成故障报警。

为保证“故障—安全”，CPU_1、CPU_2 及用于移频发生器的可编程逻辑器件分别采用各自独立的时钟源。

经检测后，两 CPU 各产生一个控制信号，经过控制与门，将 FSK 信号送至方波—正弦波变换器。

b. 方波—正弦波变换器

该变换器是由可编程低通滤波器 260 集成芯片构成，适当选取其截止频率，对 1 700 Hz、2 600 Hz三次及以上谐波的有效衰减，获得良好的正弦波波形，这样移频信号的失真度小，幅度差小，以充分利用信号能量，达到最佳的信号传输效果。

c. 激励放大器

为满足“故障—安全”要求，激励放大器采用射极输出器。

为提高输入阻抗，提高射极输出器信号的直线性，减少波形失真，免除静态工作点的调整及电源电压对放大器工作状态的影响，激励放大器采用运算放大器，其电路如图 3-22 所示。

d. 功率放大器

从“故障—安全”及提高功出电压稳定性考虑，功率放大器采用共集电极乙类推挽放大器，其简化电路如图 3-23 所示。移频信号经过 B_5 输入至功率放大器，V_{30}、V_{18} 分别对输入信号的正、负半周进行放大。

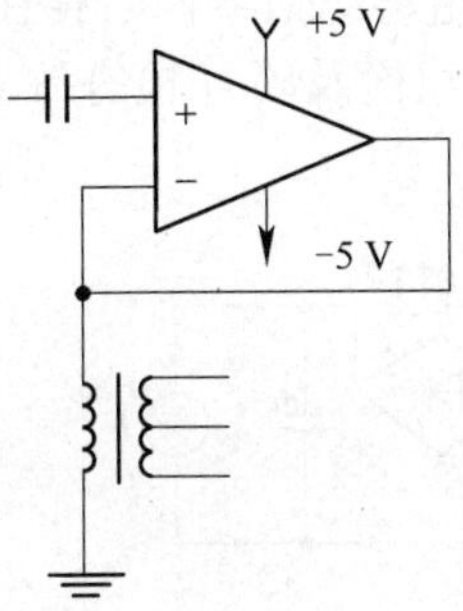

图 3-22 激励放大器电路图

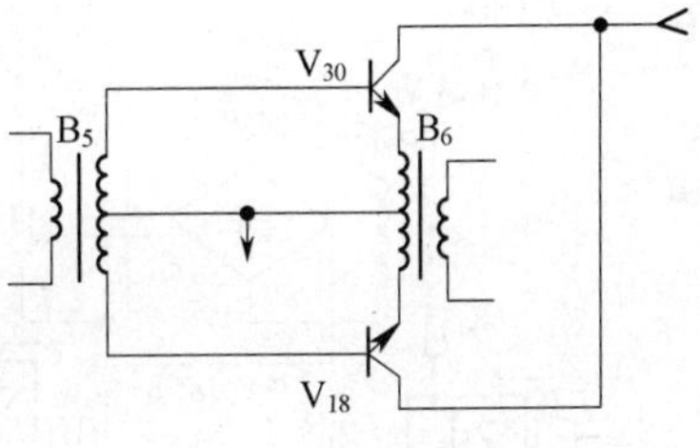

图 3-23 功率放大器简化电路图

功率放大器电路如图 3-24 所示。

在电路设计中，考虑了以下情况：

(a)鉴于输出功率较大，直接由 B_5 通过功率管推动 B_6 需要 B_5 有较大的输出功率，增加了前级电路负荷。为此，在构成功率放大器过程中，V_{30}（V_{18}）选用达林顿大功率三极管，并由 V_{25}、V_{29} 与 V_{30}（V_{20}、V_{19} 与 V_{18}）构成多级复合放大。这样，大大减轻了前级的负荷。

(b)二极管 V_{24}（V_{21}）用于 V_{25}（V_{20}）反向过压的保护。

(c)V_{26}（V_{17}）也构成过电流保护。当 V_{25}（V_{20}）的 Ic 过高时，V_{26}（V_{17}）将导通，构成对后级的“箝位”控制。

(d)V_{28}（V_{16}）用于 V_{30}（V_{18}）输入过流的保护。当过流时，通过 R_{54}、R_{51}（R_{43}、R_{79}）分压使 V_{28}（V_{16}）导通，使 V_{29}（V_{19}）截止。

为了解决 eb 死区所造成的交越失真，由 R_{55} 和二极管 V_{23}、V_{22} 给定的偏压，使得 V_{25}（V_{20}）的 eb 结处于放大状态。

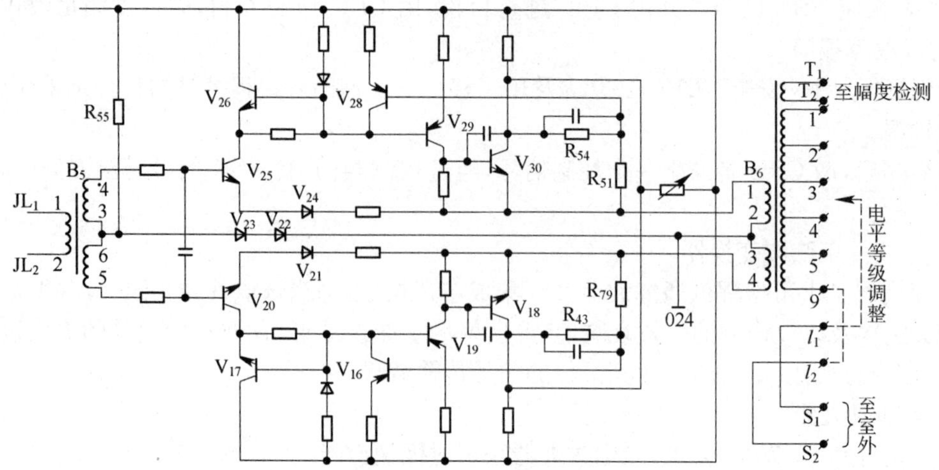

图 3-24 功率放大器电路图

e. 安全与门电路

数字电路中，为保证"故障—安全"，往往采用相互独立的两路非"故障—安全"数字电路，该电路由统一外控条件控制，每路数字电路对信息执行结果判断符合要求后，各自送出一组连续方波动态信号。另外专门设计一个有两个分立元件构成的具有"故障—安全"保证的安全与门，对两组连续方波动态信号进行检查。安全与门在确认两组动态信号同时存在条件下，方可驱动执行继电器。两数字电路间的联系为数字交换或自检、互检及闭环检查等。发送器安全与门电路如图 3-25 所示。

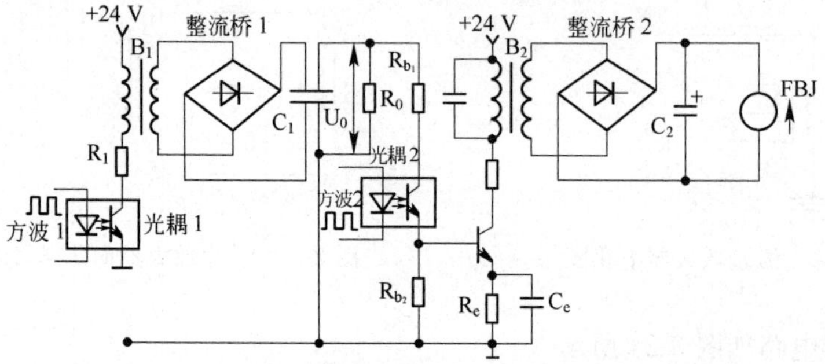

图 3-25 发送器安全与门电路图

发生故障时，一般表现为固定的高电平或低电平。为此，可把动态方波信号作为正常工作信号，两 CPU 正常工作时分别产生方波信号，通过安全与门，产生一个直流信号，驱动发送报警继电器 FBJ。如果没有任何一路方波信号，就不会产生直流信号，FBJ 落下，断开移频信号的输出，其原理如图 3-26 所示。

方波 1、方波 2 分别表示由 CPU_1、CPU_2 单独送出的方波动态信号。光耦 1、光耦 2 用于模拟电路与数字电路间的隔离。

变压器 B_1 将方波 1 信号变化读出，经整流桥 1 整流及电容 C_1 滤波，在负载 R_0 上产生一个独立的直流电源 U_0。该独立电源反映了方波 1 的存在，并作为执行电路开关三极管的基极偏置电源。

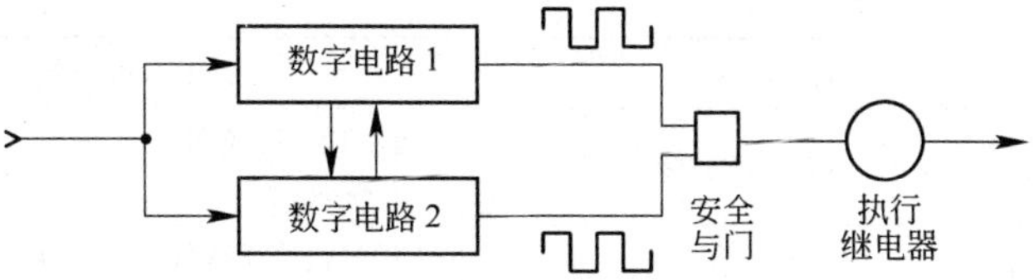

图 3-26 与门原理框图

方波 2 信号通过光耦 2 控制开关三极管偏置电路。

在方波 1、方波 2 同时存在的条件下，通过变压器 B_2，整流桥 2 整流及电容滤波使发送报警继电器 FBJ 励磁。

可以看出，FBJ 吸起反映方波 1、方波 2 的同时存在。R_1 用于限流。C_1 采用四端头，为检查电容断线，防止独立电源 U_0 出现较大的交流纹波。R_{b1} 为上偏置电阻，R_{b2} 为漏泄电阻，保证无方波 2 信号时，三极管的可靠关闭。R_e 为光耦 2 长期固定导通时的恒流保护，同时作为 FBJ 电压的调整。C_e 为交流旁路电容。采用 B_1、B_2 变压器耦合提取交流信号，为了保证电路的"故障—安全"。

f. 表示灯电路

发送器设有工作表示灯和故障表示灯

工作表示灯设在衰耗盘内，图 3-27 为其电路图。工作表示灯与 FBJ 线圈条件并联，R 用作限流，"N"为工作指示灯。光耦提供发送报警接点。发送工作正常时，工作表示灯亮，报警接点通。发送故障时，工作表示灯灭，报警接点切断车站移频报警继电器 YBJ 电路。

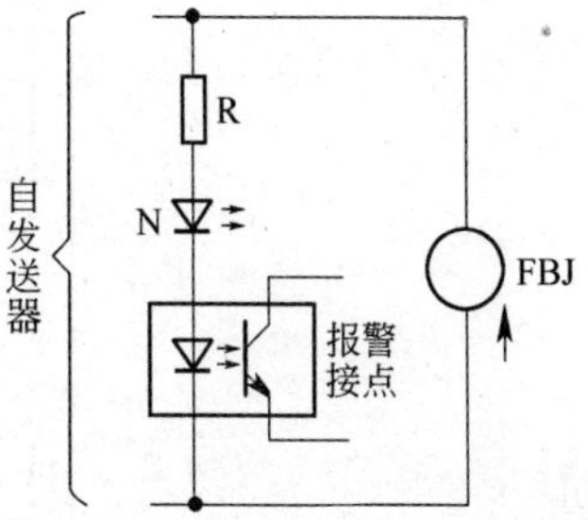

图 3-27 工作表示灯电路图

为便于检修所对复杂数字电路的维修，盒内针对每一套 CPU 设置了一个指导维修人员查找设备故障的故障表示灯，用其闪动状况，表示它可能出现的故障点，具体情况参见表 3-8。

表 3-8 发送器故障表示灯故障情况表

闪动次数(*N*)	含　义	可能的故障点
1	低频编码条件故障	低频编码条件线断线或混线 相应的光耦被击穿或断线 相应的稳压管二极管被烧断或击穿
2	功出电压检测故障	负载短路 功放电路故障 滤波电路故障 其他故障引起
3	低频频率检测故障	JT_3 或 JT_4 或 N_{16} 故障 J_1 断线
4	上边频检测故障	JT_3 或 JT_4 或 N_{16} 故障 J_1 断线

续上表

闪动次数(*N*)	含　义	可能的故障点
5	下边频检测故障	JT_3或JT_4或N_{16}故障 J_1断线
6	型号选择条件故障	型号选择条件线断线或混线 相应的光耦击穿或断线 相应的稳压管二极管被烧断或击穿
7	载频编码条件故障	载频编码条件线断线或混线 相应的光耦被击穿或断线

④发送器的插座板端子及外线连接

发送器插座板底视图如图 3-28 所示。

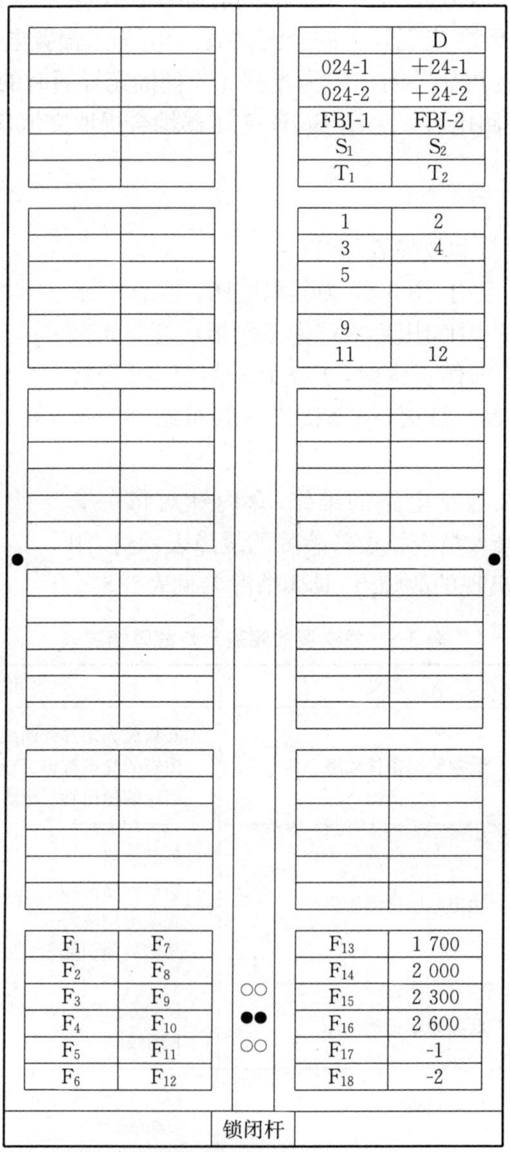

注:●为鉴别销位置。

图 3-28　发送器插座板底视图

插座板上的端子代号及说明见表 3-9。

表 3-9　发送器端子代号及说明

序号	代号	用　　途
1	D	地线
2	＋24-1	＋24V 电源外引入线
3	024-2	载频编码用＋24 V 电源(＋1FS 除外)
4	024-1	024 电源外引入线
5	024-2	备用
6	1700	1 700 Hz 载频
7	2000	2 000 Hz 载频
8	2300	2 300 Hz 载频
9	2600	2 600 Hz 载频
10	-1	1 型载频选择
11	-2	2 型载频选择
12	F_1～F_{18}	29～10.3 Hz 低频编码选择线
13	1～5、9、11、12	功放输出电平调整端子
14	S_1、S_2	功放输出端子
15	T_1、T_2	测试端子
16	FBJ-1　FBJ-2	外接 FBJ(发送报警继电器端子)

发送器外线连接如图 3-29 所示。

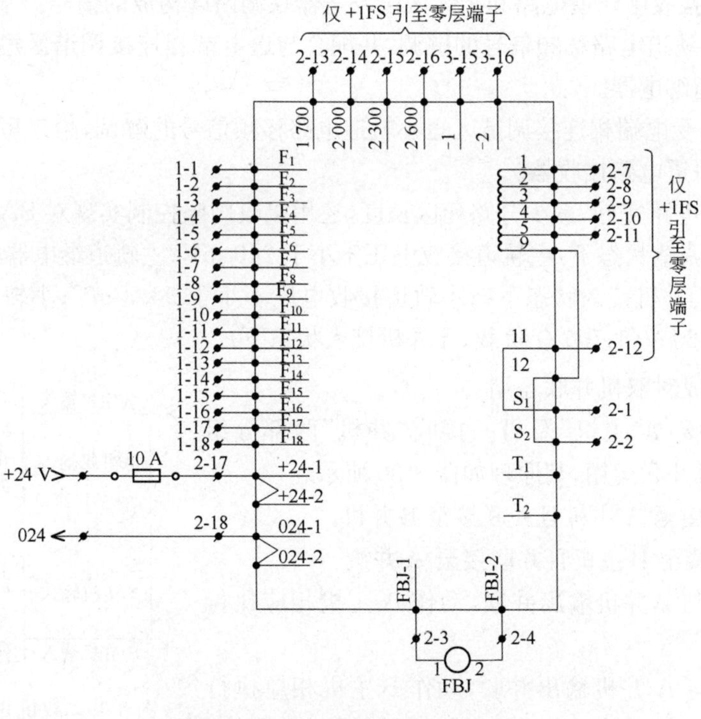

图 3-29　发送器外线连接示意图

发送器发送电平级电压见表 3-10。

表 3-10　发送器发送电平级电压

电平级	连接端子	电压	备　注
1	1-11　9-12	170	常用级,站内电码化固定用一级
2	2-11　9-12	156	常用级
3	3-11　9-12	135	常用级
4	4-11　9-12	110	常用级
5	5-11　9-12	77	常用级
6	1-11　4-12	62	
7	3-11　5-12	58	
8	2-11　4-12	46	
9	1-11　3-12	35	
10	4-11　5-12	33	

注:区间常用 1 ～ 5 电平级;站内电码化固定用 1 级。

(4)接收器

接收器为无选频方式,接收到对应本闭塞分区的载频的移频信号,不论何种低频信号调制,都使轨道继电器吸起,相当于一个电子继电器。接收器双机并联运用设计,与另一台接收器构成相互热机并联运用系统(或称“0.5+0.5”),以保证接收器的高可靠运用。

①接收器的作用

接收器用来接收主轨道电路和相邻区段发送器在调谐区构成的信号。

a. 用于对主轨道电路移频信号的解调,并配合与送电端相连接调谐区短小轨道电路的检查条件,动作轨道继电器。

b. 实现对与受电端相连接调谐区短小轨道电路移频信号的解调,给出短小轨道电路执行条件,送至相邻轨道电路接收器。

c. 检查轨道电路完好,减少分路死区长度,还用接收门限控制实现对 BA 断线的检查。

在轨道电路调整状态下:主轨道接收电压不小于 240 mV;主轨道继电器电压不小于 20 V(1 700 Ω 负载,无并机接入状态下);小轨道接收电压不小于 33.3 mV;小轨道继电器或执行条件电压不小于 20 V(1 700 Ω 负载,无并机接入状态下)。

②接收器的成对双机并联运用

接收器由本接收“主机”及另一接收“并机”两部分组成,构成成对双机并联运用,其原理如图 3-30 所示。

A 主机输入接至 A 主机且并联接至 B 并机。

B 主机输入接至 B 主机且并联接至 A 并机。

A 主机输出与 B 并机输出并联,动作 A 主机相应执行对象(A GJ)。

B 主机输出与 A 并机输出并联,动作 B 主机相应执行对象(B GJ)。

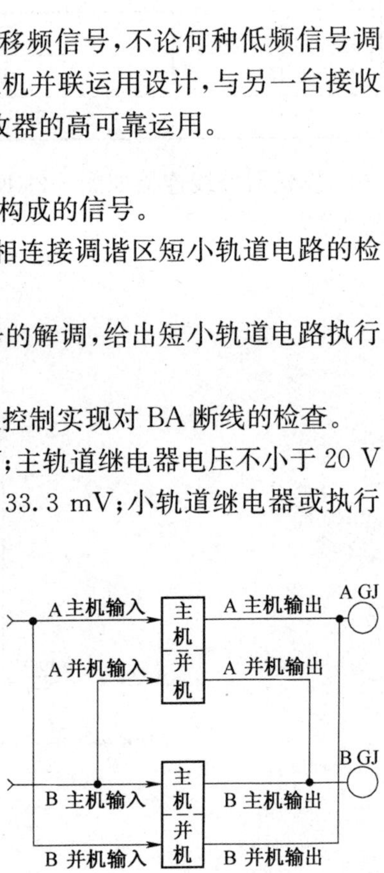

图 3-30　双机并联运用原理框图

③接收器的基本原理

接收器采用 DSP 进行解调，增加了调谐区轨道电路的输入、调整、采集、执行环节，其原理如图 3-31 所示。

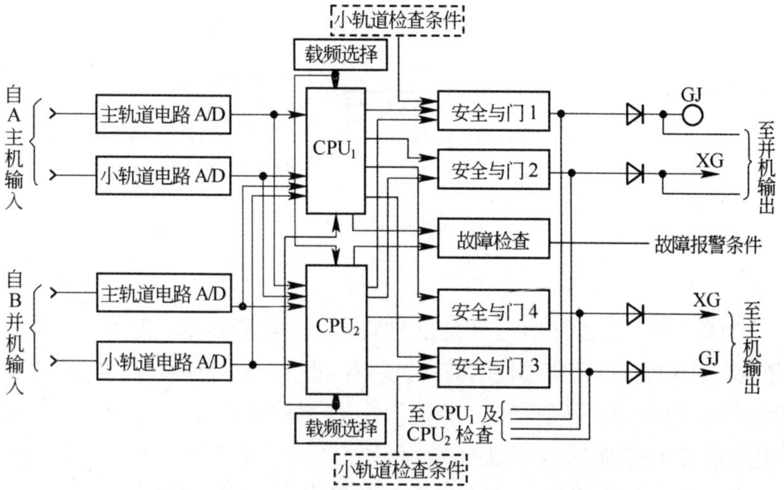

图 3-31 接收器原理框图

主轨道电路 A/D、小轨道电路 A/D 为模数转换器，将主机、并机输入的模拟信号转换成计算机能处理的数字信号。

CPU_1、CPU_2完成主机、并机载频判定、信号采样、信息判决和输出驱动等功能。

安全与门 1～安全与门 4 将两路 CPU 输出的动态信号变成驱动继电器(或执行条件)的直流输出。

载频选择电路根据要求，利用外部的接点，设定主机、并机载频信号，由 CPU 进行判决，确定接收器的接收频率。

接收器根据外部所确定载频条件，送至两 CPU，通过各自识别，并通信、比较确认一致，视为正常，不一致时，视为故障并报警。外部送进来的信号，分别经过主机、并机两路模数转换器转换成数字信号。两套 CPU 对外部四路信号进行单独的运算，判决处理。表明接收信号符合幅度、载频、低频要求时，就输出 3 kHz 的方波，驱动安全与门。安全与门收到两路方波后，就转换成直流电压带动继电器。如果双 CPU 的结果不一致，安全与门输出不能构成且同时报警。电路中增加了安全与门的反馈检查，如果 CPU 有动态输出，那么安全与门就应该有直流输出，否则就认为安全与门故障，接收器报警。如果接收器收到的信号电压过低，就认为是列车分路。

④接收器的主要环节

a. 载频读取电路

接收载频读取电路如图 3-32 所示，它与发送低频、载频读取电路类似，载频通过相应端子接通 24 V 电源确定，通过光电耦合器将静态的直流信号转换成动态的交流信号，由双 CPU 进行识别和处理，并实现外界电路与数字电路的隔离。

b. 微处理器电路

微处理器电路如图 3-33 所示，微处理器电路采用双 CPU、双软件。两套软件、硬件对信号单独处理，把结果相互校核，实现“故障—安全”。CPU 采用数字信号处理器 DSP

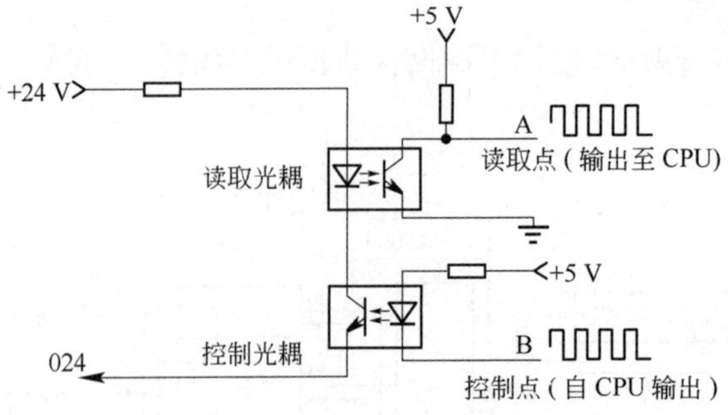

图 3-32　接收载频读取电路图

(TMS320C32 型)。

数字信号处理器 DSP 是数字信号处理的硬件部分,它把算术逻辑单元、乘法器、控制器和数据存储器(ROM、RAM、寄存器)集成在一个芯片,既具有一般 CPU 的运算和控制能力,又具有实现数字信号处理所需要的运算能力和速度,其每秒钟能完成 1 千万次加法或乘法运算,除运算 FFT(快速傅立叶变换)外,还能作数字滤波等数字信号处理。另外,它还具有普通微机的特性,能提供一整套完整的输入、输出、逻辑运算及其他控制功能指令。

数字信号处理常用数字滤波和 FFT 两种处理方法。

数字滤波不同于传统的模拟滤波,它实际上是一种运算或一种数字处理系统。将所需滤波的实际信号由模数转换按一定取样频率变成数字信号,输入数字信号处理器,按一定的算法进行运算,滤除各种干扰,提取所需要的信号,从而完成滤波功能。

FFT 即快速傅立叶变换算法,是在离散傅立叶变换(DFT)基础上出现的快速算法,用作频谱分析、解调等。

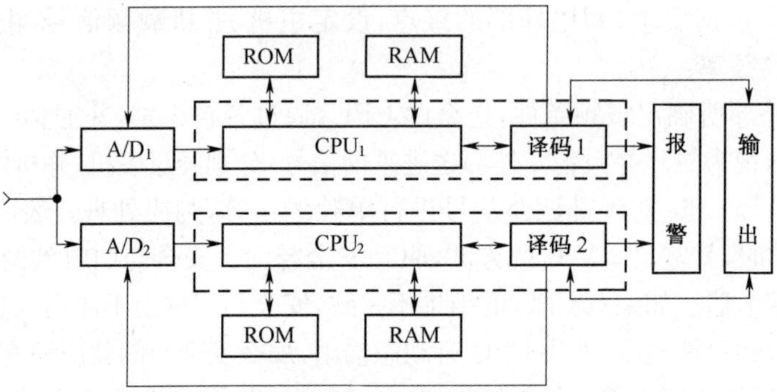

图 3-33　微处理器电路图

CPU 完成信号的采样、运算判决和控制功能。

数据存储器(RAM)用于存放采集的数据和运算的结果。

程序存储器(EPROM)是程序的载体,CPU 执行的指令和运算需要的常数存储在其中。

译码器完成 CPU 与 EPROM、RAM、A/D 及输入/输出接口(I/O)等之间的逻辑关系。

输出电路根据 CPU 对输入信号分析的结果,经过通信相互校核后,输出动作相应的继电器。

报警电路如图 3-34 所示，CPU 定时对 RAM、EPROM 和 CPU 中的存储器进行检查，也对载频电路和安全与门电路进行检查，根据检查的结果和双 CPU 进行通信相互校核的结果，决定给出相应告警条件。

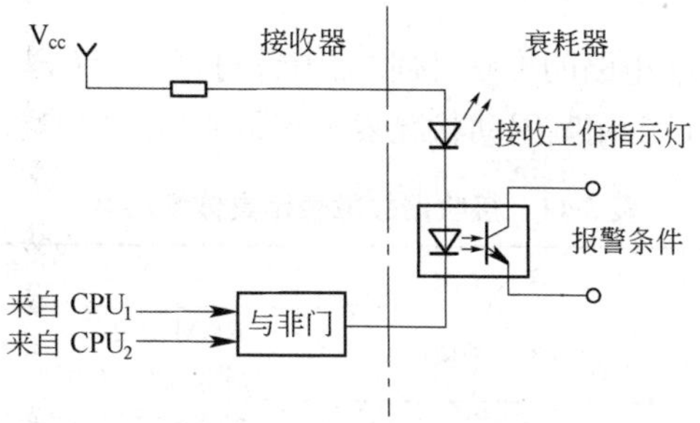

图 3-34　报警电路图

来自两个 CPU 的信号，经过一个与非门后，控制报警电路。如果正常，CPU 就输出一个高电平，与非门输出一个低电平，这时衰耗器接收工作表示灯点亮，光耦导通。给外部提供一个导通的条件，构成总移频报警电路。如果发现故障，CPU 就输出低电平，与非门输出高电平，工作表示灯灭，光耦断开，构成报警电路。

辅助电路主要有时钟电路、通信时钟电路等。时钟是 CPU 工作的动力。通信时钟电路是双 CPU 通信时的外部时钟，该时钟通过对 CPU 的输出频率分频后，再提供给 CPU 通信用。

上电复位及"看门狗"电路主要由微处理监督定时器和与非门组成。刚开机时，CPU 需要一个约几百毫秒的低电位使 CPU 能进行复位。正常工作后，为了保证程序按照设计的流程循环运行，在程序的运行过程中，定时给微处理监督定时器一个信号，使其保持高电平输出。如果程序的运行出了问题或接收器出现了"死机"，微处理监督定时器没有收到 CPU 的定时信号，就输出一个低电平，使 CPU 重新复位，重新开始执行。

c. 安全与门电路

安全与门电路有四个，分别带动主机轨道继电器、并机轨道继电器及提供主机小轨道继电器、并机小轨道继电器的执行条件，其电路原理与发送器安全与门电路类似，如图 3-35 所示。

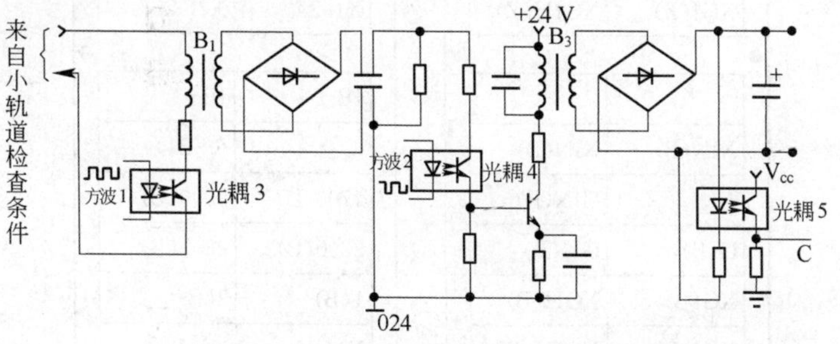

图 3-35　接收器安全与门电路图

光耦 5 用于对安全与门电路故障的检测。当方波 1、方波 2 存在，安全与门没有输出时，通过 C 点电位回送至 CPU 电路，构成报警。

d. 表示灯电路

表示灯包括工作表示灯和故障表示灯。

工作表示灯接在接收器报警电路中，安装在衰耗器上。接收器工作正常时，工作表示灯点亮；故障时，工作表示灯熄灭。

为便于检修所对复杂数字电路的维修，接收器内针对每一套 CPU 设置了一个指导维修人员查找设备故障的“故障表示灯”。用其闪动状况表示它可能出现故障点，具体情况见表 3-11。

表 3-11　接收器故障表示具体情况表

闪动次数(N)	含　义	可能的故障点
1	CPU 故障	RAM 故障 CPU 内部 RAM 故障
2	主机载频故障	载频输入条件没有或有两个及以上相应的光耦被击穿
3	备机载频故障	载频输入条件没有或有两个及以上相应的光耦被击穿
4	通信故障	CPU 故障或另一 CPU 故障
5	安全与门 1 故障	安全与 1 输出电路故障
6	安全与门 2 故障	安全与 2 输出电路故障
7	安全与门 3 故障	安全与 3 输出电路故障
8	安全与门 4 故障	安全与 4 输出电路故障
9	EPROM 故障	

⑤接收器插接板端子及外线连接

接收器插接板底视图如图 3-36 所示。

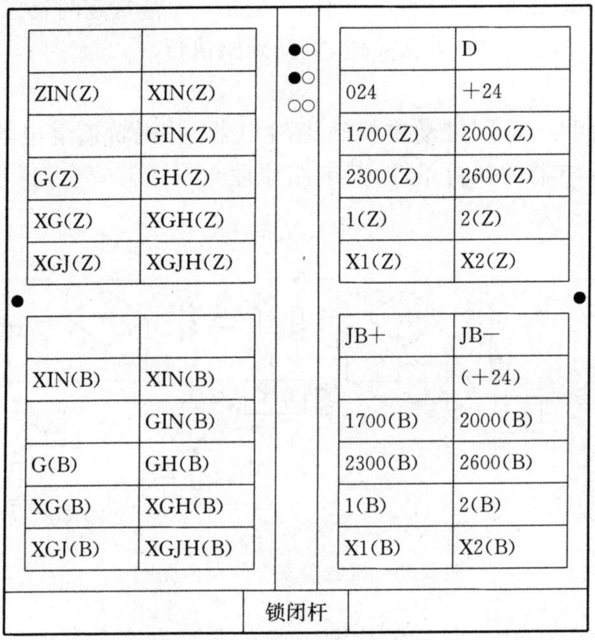

注：●为鉴别销位置。

图 3-36　接收器插接板底视图

插接板上端子代号及说明见表 3-12。

表 3-12　接收器端子代号及说明

序号	代号	用　　途
1	D	地线
2	+24	+24 V 电源
3	(+24)	+24 V 电源(由设备内给出,用于载频及类型选择)
4	024	024 V 电源
5	1700(Z)	主机 1 700 Hz 载频
6	2000(Z)	主机 2 000 Hz 载频
7	2300(Z)	主机 2 300 Hz 载频
8	2600(Z)	主机 2 600 Hz 载频
9	1(Z)	主机 1 型载频选择
10	2(Z)	主机 2 型载频选择
11	X1(Z)	主机小轨道 1 型载频选择
12	X2(Z)	主机小轨道 2 型载频选择
13	ZIN(Z)	主机轨道信号输入
14	XIN(Z)	主机邻区段小轨道信号输入
15	GIN(Z)	主机轨道信号输入共用回线
16	G(Z)	主机轨道继电器输出线
17	GH(Z)	主机轨道继电器回线
18	XG(Z)	主机小轨道继电器(或执行条件)输出线
19	XGH(Z)	主机小轨道继电器(或执行条件)回线
20	XGJ(Z)	主机小轨道检查输入
21	XGJH(Z)	主机小轨道检查回线
22	1700(B)	并机 1 700 Hz 载频
23	2000(B)	并机 2 000 Hz 载频
24	2300(B)	并机 2 300 Hz 载频
25	2600(B)	并机 2 600 Hz 载频
26	1(B)	并机小轨道 1 型载频选择
27	2(B)	并机小轨道 2 型载频选择
28	X1(B)	并机正向运行选择
29	X2(B)	并机反向运行选择
30	ZIN(B)	并机轨道信号输入
31	XIN(B)	并机邻区段小轨道信号输入
32	GIN(B)	并机轨道信号输入共用回线
33	G(B)	并机轨道继电器输出线
34	GH(B)	并机轨道继电器回线

续上表

序号	代号	用　途
35	XG(B)	并机小轨道继电器(或执行条件)输出线
36	XGH(B)	并机小轨道继电器(或执行条件)回线
37	XGJ(B)	并机小轨道检查输入
38	XGJH(B)	并机小轨道检查回线
39	JB+	接收故障报警条件"+"
40	JB-	接收故障报警条件"-"

接收器外线连接如图 3-37 所示。

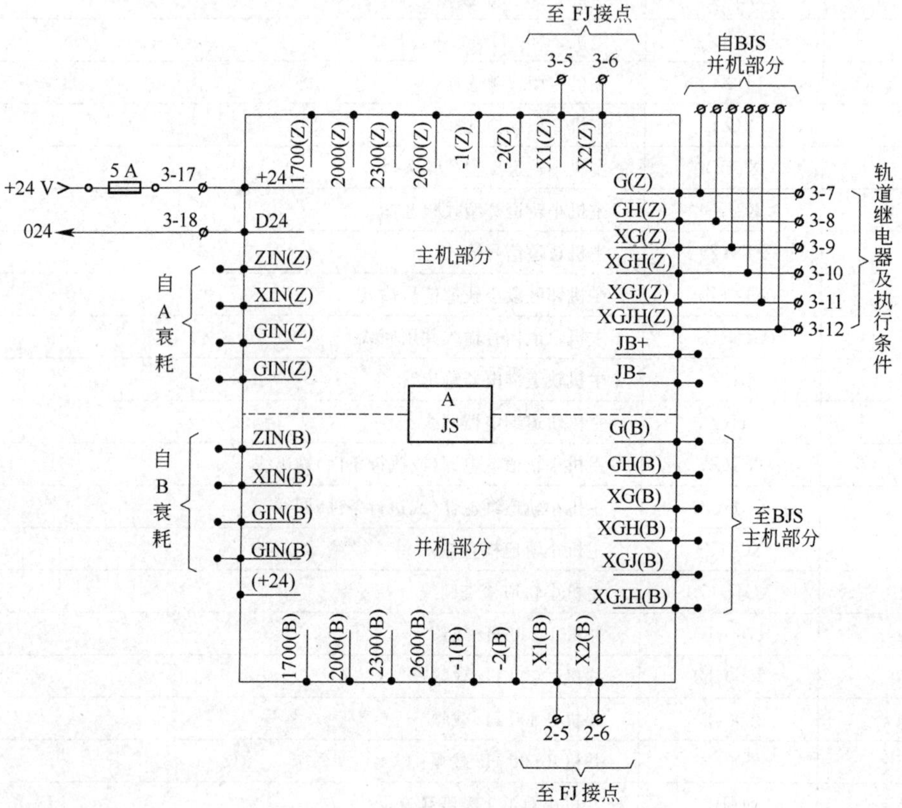

图 3-37　接收器外线连接示意图

(5)衰耗器

衰耗器在使用中有两种类型,ZPW·PS 型与 ZPW·PS_1 型。无论是 ZPW·PS 型还是 ZPW·PS_1 型,其作用、原理都基本一样。两者仅在测试塞孔引出方面有差异。

①衰耗器的作用

a. 用作对主轨道电路的接收端输入电平调整。

b. 对小轨道电路的调整(含正、反方向)。

c. 给出有关发送、接收用电源电压、发送功出电压。

d. 给出发送、接收故障报警和轨道占用指示灯等。

e. 提供监测条件。

②衰耗器的电路原理

衰耗器的电路包括轨道输入电路、小轨道电路输入电路和表示灯电路，ZPW·PS 型衰耗器电路如图 3-38 所示。

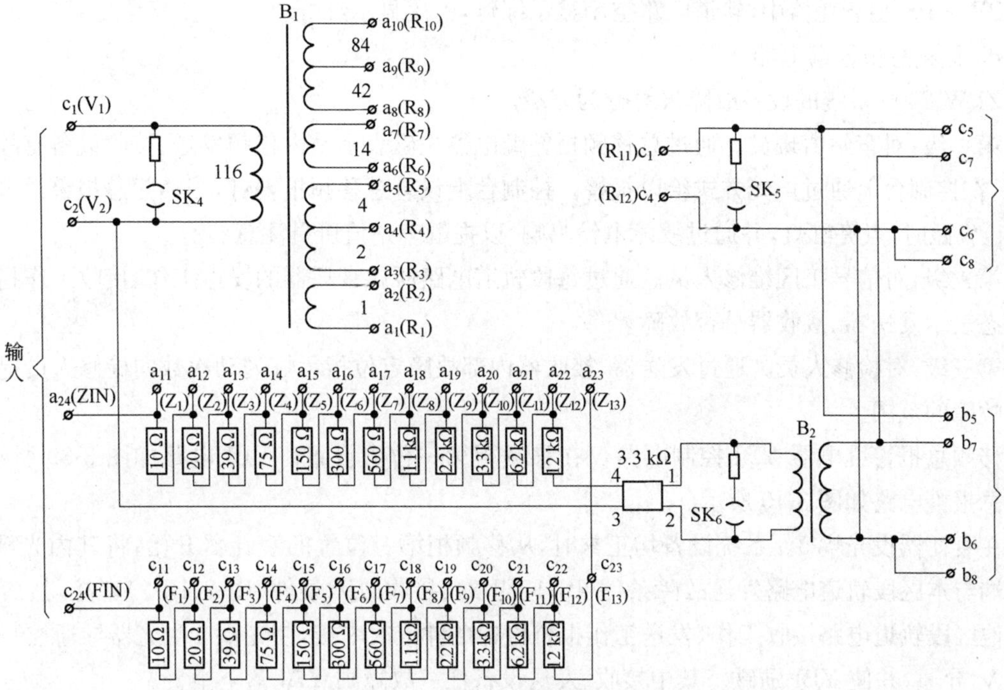

图 3-38　ZPW·PS 型衰耗器电路图

a. 轨道输入电路

主轨道信号自 C_1、C_2 输入变压器 B_1、B_1 变压器阻抗约为 36～55 Ω(1 700～2 600 Hz)，以稳定接收器输入阻抗。该阻抗选择较低，以利于抗干扰。

变压器 B_1 匝比为 116∶(1～146)。次级通过变压器抽头连接，可构成 1～146 共 146 级变化，按调整表调整接收电平。

b. 小轨道电路输入电路

根据方向电路变化，接收端将接至不同的两端短小轨道电路，故短小轨道电路的调整按正、反两方向进行。正方向调整用 a_{11}～a_{23} 端子，反方向调整用 c_{11}～c_{23} 端子，负载阻抗为 3.3 kΩ。

为提高 A/D 模数转换器的采样精度，短小轨道电路信号经过 1∶3 升压变压器 B_2 输出至接收器。

c. 表示灯电路

发送工作灯通过发送器 FBJ 条件构成，并通过光耦 1 接通发送报警条件(BJ-1、BJ-2)。正常时光耦 1 输入端的发光二极管导通，发送工作灯点亮。并通过光耦 1 输出端(BJ-1、BJ-2)控制移频总报警继电器 YBJ。故障时光耦 1 无输出，发送工作灯灭灯。

接收工作灯通过输入接收器 JB+、JB-条件构成，并通过光耦 2 接通接收报警条件（BJ-2、BJ-3）。正常时光耦 2 输入端的发光二极管导通，接收工作灯点亮。同时也通过光耦 2 输出端（BJ-3、BJ-2）控制移频总报警继电器 YBJ。故障时光耦 2 无输出，接收工作灯灭灯。

轨道占用灯通过输入接收器 G、GH 条件构成，轨道空闲时光耦 4 导通，其输出端发光二极管被短路，轨道占用灯灭灯。轨道占用时，通过光耦 4 的受光器关闭，使轨道占用灯点灯。在 ZPW · PS_1 型衰耗器中，轨道电路空闲显示绿灯，占用显示红灯。

d. 移频总报警继电器

ZPW-2000 系统的设备故障报警分为三级。

第一级：对车站值班员。通过总移频报警继电器失磁表示站内移频发送、接收设备有故障存在，在控制台上通过声光方式给以报警。控制台上设有总移频报警灯，当移频总报警继电器（YBJ）失磁时，点亮红灯，并通过故障电铃鸣响，以提醒车站值班员注意。

第二级：对信号工区维修人员。通过每段轨道电路所属衰耗器的发送工作、接收工作指示灯状态表示发送器、接收器是否故障。

第三级：对检修人员。通过发送器、接收器内部故障定位指示灯闪动次数向检修人员提示设备故障的范围。

移频总报警继电器 YBJ 控制电路仅在移频柜第一位置设置。YBJ 电路如图 3-39 所示，移频总报警电路如图 3-40 所示。

在衰耗器设光耦 5。系统设备均正常时，从移频柜第一位置的衰耗器开始，将其内光耦 5 输入端与本区段轨道电路发送故障条件（BJ-1、BJ-2）、接收故障条件（BJ-2、BJ-3）串接，然后再将其他区段轨道电路接收工作、发送工作报警检查条件依次串接，使光耦 5 受光器导通控制三极管 V_7 导通，并使 YBJ 励磁。其中接收、发送设备任一故障则 YBJ 落下报警。

“+1 发送”只有发送设备没有接收设备时，仅接入 BJ-1、BJ-2 条件。在车站接收设备总数为奇数，单独设置并机备用时，仅接入 BJ-2、BJ-3 条件。

电容 C_1 起到缓放作用，防止各报警条件瞬间中断，造成 YBJ 跳动。

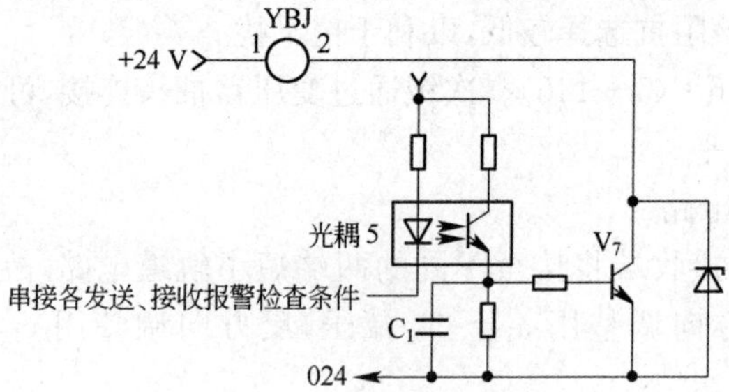

图 3-39　YBJ 电路图

③衰耗盘面板布置

衰耗盘面板布置如图 3-41 所示。衰耗盘面板上有表示灯和测试塞孔。

表示灯有发送工作灯（绿色）、接收工作灯（绿色）、轨道占用灯（红色）。

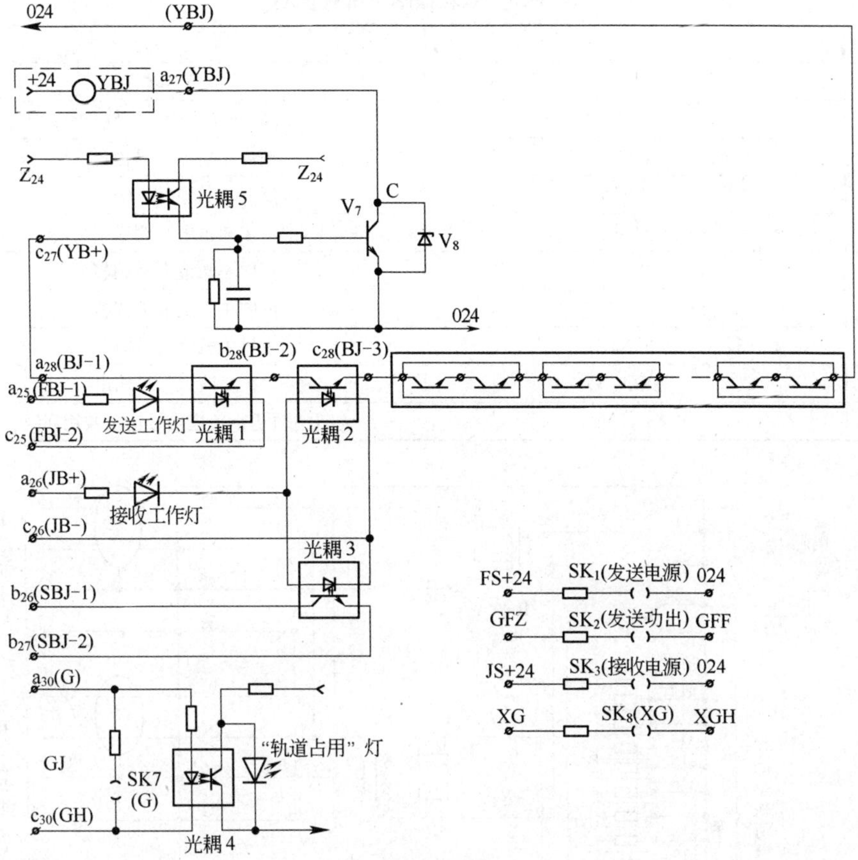

图 3-40　移频总报警电路图

测试塞孔有：

SK1"发送电源"，接 FS＋24 V、024 V。

SK2"发送功出"，接发送器功出。

SK3"接收电源"，接 JS＋24 V、024 V。

SK4"接收输入"，接输入端子。

SK5"主轨道输出"，经 B_1 变压器电平调整后输出至主轨道主机、并机。

SK6"小轨道输出"，经调整电阻调整后，通过 B_2 变压器送至小轨道主机、并机。

SK7"GJ"，主轨道 GJ 电压。

SK8"XG"，小轨道执行条件电压。

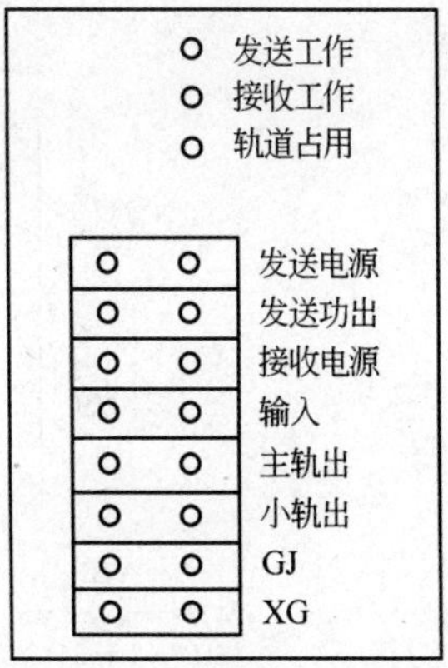

图 3-41　衰耗盘面板布置图

④衰耗器端子连接

衰耗器端子及用途说明见表 3-13。

衰耗器外线连接如图 3-42 所示。

(6)站防雷和电缆模拟网络

站防雷和电缆模拟网络包括站内防雷组合及电缆模拟网络，其原理如图 3-43 所示。

表 3-13 衰耗器端子用途说明

序号	端子号	用 途
1	c1 v1	轨道信号输入
2	c2 v2	轨道信号输入回线
3	a24 XZIN	正向小轨道信号输入
4	c24 XFIN	反向小轨道信号输入
5	a1～a10、c3、c4	主轨道电平调整
6	a11～a23	正向小轨道电平调整
7	c11～c23	反向小轨道电平调整
8	c5 ZIN(Z)	主机主轨道信号输出
9	c7 XIN(Z)	主机小轨道信号输出
10	c6、c8	主机主轨道小轨道信号输出共用回线

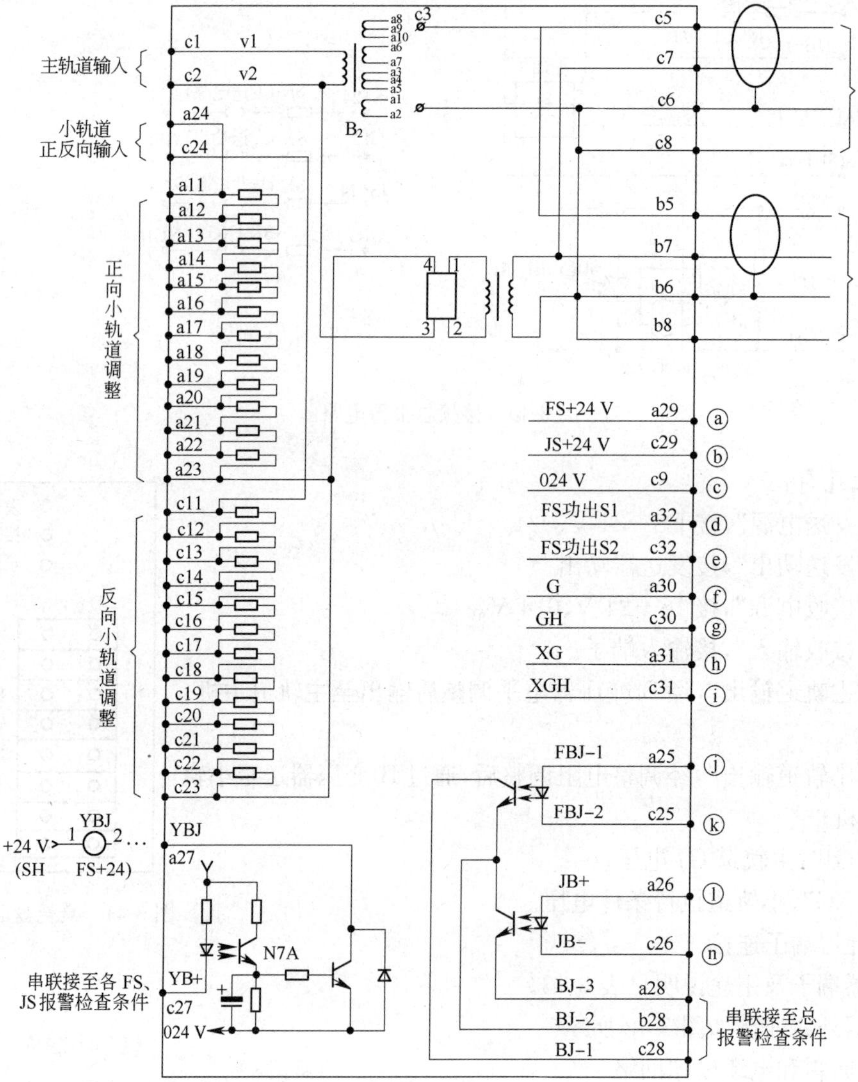

图 3-42 衰耗盘外线连接图

站防雷和电缆模拟网络组匣直接安装在组合柜上，每个组匣可装 8 台 ZPW·PML_1 网络盘。

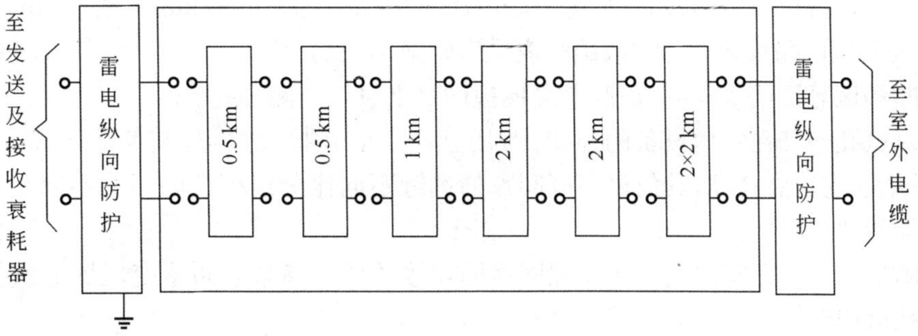

图 3-43 站防雷和电缆模拟网络原理框图

①电缆模拟网络

电缆模拟网络的作用是调整区间轨道电路传输的特性，可视为室外电缆的一个延续，补偿实际 SPT 数字信号电缆，使补偿电缆和实际电缆的总距离为 10 km，以便于轨道电路在不同列车运行方向电路时的调整，保证传输电路工作的稳定性。它直接接在室外电缆的入口处，送/受电端成对使用，设有横、纵向防雷组合防止电缆上感应的强电损坏室内设备，其电路原理如图 3-44 所示。

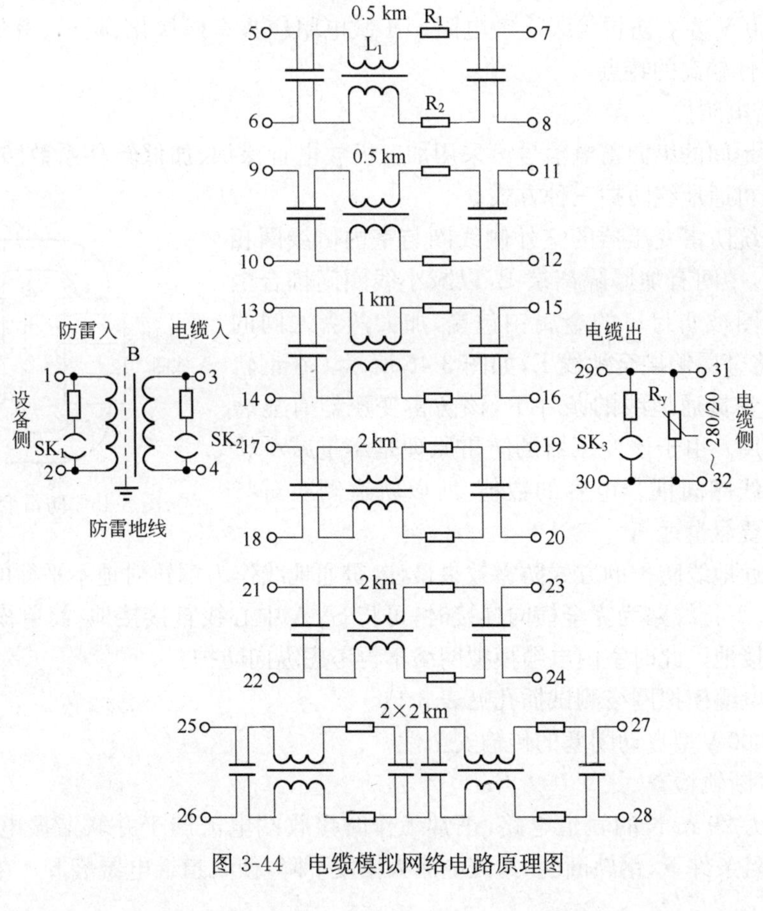

图 3-44 电缆模拟网络电路原理图

电缆模拟网络按 0.5 km、0.5 km、1 km、2 km、2 km、2×2 km 六节对称 π 型网络设计，以便串接构成 0～10 km 按 0.5 km 间隔任意设置补偿模拟电缆值。

模拟网络值按以下数值设置：R 为 23.5 Ω/km；L 为 0.75 mH/km；C 为 29 nF/ km。

R、L 按共模电路设计，考虑“故障—安全”，C 采用四端引线。

为判断和区分区间故障的范围，电缆模拟网络上设三个测试孔。

设备测试孔——在室内设备的连接侧，用于送端时连接发送器，其值等于发送器功出电压；用于受端时连接衰耗器，其值根据区间点的远近不同比分线柜的电压有不同程度的降低，等于衰耗器的轨入电压。

防雷测试孔——在室内设备与模拟网络的连接的低转移系数防雷变压器Ⅱ次侧，其值与“设备”测孔值相近。

电缆测试孔——在室外电缆的连接端，用于发送端时是经模拟网络的衰耗后送上分线柜的电压，用于接受端时为室外电缆送回室内的电压值，因此其值等同于分线柜的送/受端电缆端子的电压值。

②站防雷电路

站防雷电路对通过传输电缆引入室内雷电冲击进行防护，以保护模拟网络及室内发送、接收设备。采用横向与纵向雷电防护，纵向为低转移系数的防雷变压器，横向为带劣化显示的压敏电阻。

a. 横向雷电防护

采用～280 V 左右防护等级压敏电阻。压敏电阻应具有模块化、阻燃、有劣化指示、可带电插拔及可靠性较高的特点。

b. 纵向雷电防护

对于线对地间的纵向雷电信号可采用加三极放电管保护、加低转移系数防雷变压器防护和室外加站间贯通地线防护三种方式。

低转移系统防雷变压器的室外侧线圈与室内侧线圈相互“环抱”缠绕，中间有加厚隔离层 B，以减小线圈间耦合电容。室内侧线圈被非封口的金属铂包裹，加大两者之间的耦合电容，并将金属铂接至地线 E，如图 3-45 所示。在钢轨线路旁没有设置贯通地线的条件下，该防雷变压器有显著的纵向防雷作用。由于该变压器的防雷原理是尽量减小轨道侧与室内侧线圈间耦合电容的数值，所以轨道侧线对与室内侧线对间要尽量远离。

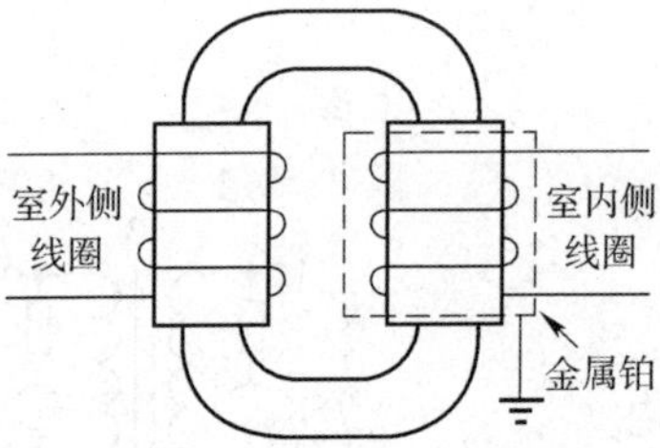

图 3-45　防雷变压器结构

加站间贯通地线防护的方式防雷效果最佳，贯通地线作为钢轨对地不平衡的良好泄流线。在双线区段上/下行线路为完全横向连接时，可将 SVA 中心线直接接地；简单横向连接时，可通过防雷元件接地。此时室内电缆模拟网络不再考虑纵向防护。

站防雷和电缆模拟网络测试插孔见表 3-14。

5. ZPW-2000A 型自动闭塞的传输安全性

(1)调谐区断轨检查

将调谐区为 29 m 长的轨道电路，正常工作时接收端电流属于并联谐振电流的一部分。在规定道床电阻条件下，钢轨断轨时，该电流大幅度下降，使轨道继电器落下。在 1 Ω · km 道床电阻条件下，若不设短轨道电路，29 m 内无断轨检查。在最不利条件下，断轨时接收残压仅为轨道继电器落下值的 1/508，有断轨检查保证。

表 3-14　站防雷和电缆模拟网络测试插孔

测试插孔	电压值	
	发　送	接　收
SK_1“设备”防雷变压器室内侧	与发送功出同	约数百毫伏
SK_2“防雷”防雷变压器室外侧	高于发送功出	高于 SK_1 电压值
SK_3 模拟电缆与电缆连接侧	经模拟网络衰减，低于功出电压	未经模拟网络衰减，高于 SK_2 电压值

(2)轨道电路全程断轨检查

主轨道电路在最不利条件下，具有断轨检查保证，并且有足够余量(断轨时接收器残压约为可靠落下值的 50% 以下)。主轨道电路在较长长度下具有断轨检查功能，补偿电容起到关键作用。不设补偿电容时，满足断轨检查的长度仅约 700 m。在钢轨同侧两端接地条件下，仍具有断轨检查及 0.15 Ω 分路检查的功能。

在解决了调谐区断轨检查后，实现了轨道电路的全程断轨检查。

(3)减小调谐区 0.15 Ω 分路“死区”长度

由于接收端阻抗较低，造成一段 0.15 Ω 分路“死区”。该“死区”长度与接收端工作电压值的设定有关。当工作值储备系数[(工作值－灵敏度)×100%]为 40%时，分路“死区”长度小于 5 m；当为 30%时，约 3 m。

在∞ Ω · km 条件下，若不设短轨道电路，29 m 内 0.15 Ω 分路“死区”长度为 21.5 m(距送电端 4 m，距受电端 3.5 m)。设短轨道电路时，分路“死区”长度为 5 m。

(4)调谐单元断线检查

利用调谐单元 BA 断线对本区段频率的信号绝缘节阻抗降低，对相邻频率的信号绝缘节阻抗升高的原理，用调谐区轨道电路工作门限值即可实现对 BA 断线的检查。送电端 BA 断线，接收端电压降低约 50%；受电端 BA 断线，接收端电压升高约 500%～700%，接收器设置接收门限对此进行检测。

(5)钢轨对地不平衡对传输安全的影响及防护

钢轨对地不平衡指轨道电路钢轨同侧两端接地或与其他金属物(送、受电端引接线、金属箱盒外壳、待更换钢轨等)相通形成“第三轨”的情况。

由于无绝缘轨道电路两运用钢轨有电容补偿，已近于呈阻性传输状态，“第三轨”的出现与两运用钢轨无补偿作用，对移频信号均呈感性，对轨道电路的传输、调整、分路、断轨检查、机车信号入口电流等均无显著影响。

6. ZPW-2000A 型无绝缘轨道电路传输长度

在相同条件下，UM71 为 0.8～1.1 km，而 ZPW-2000A 为 1.3～1.5 km，并且电气—电气绝缘节和电气—机械绝缘节具有同样的传输长度，见表 3-15。

四、自动闭塞电路

闭塞分区电路包括接收电路、发送编码电路和内方闭塞分区联系电路(接近区段为和车站联锁的联系电路)、通过信号机点灯电路(仅一离去区段无此电路)。

表 3-15 ZPW-2000A 型轨道电路传输长度

道床电阻 / 传输长度(m) / 载频	1.0 Ω·km	0.6 Ω·km	0.5 Ω·km	0.4 Ω·km	0.3 Ω·km
1 700 Hz	1 500	824	674	574	424
2 000 Hz	1 500	824	674	574	424
2 300 Hz	1 500	824	624	524	424
2 600 Hz	1 460	774	624	524	424

ZPW-2000 系列自动闭塞采用的是无选频方式，接收器没有低频选放电路，只要收到本闭塞分区的载频，不论何种低频，轨道继电器均吸起，即相当于一个电子继电器。因此，各闭塞分区电路的发码，均与其内方各闭塞分区的状态相联系；而各接近区段的发码，都与进站信号机的状态相联系。

1. 区间信号设备平面布置和运用

(1)区间信号设备平面布置

区间信号设备平面布置图如《自动闭塞图册(第二版)》Ⅰ-01 所示。在该图上除了标明通过信号机的编号和坐标外，还要标明每个闭塞分区的长度、载频、补偿电容的容量和数量等。

两车站管辖区按闭塞分区(轨道电路段)整体划分，分界点两侧的设备分别由两端的车站管辖，室内设备分别安装在所管辖的车站。当然，两站之间必然必须有联系，需设站间联系电路。

区间的室内信号设备包括区间移频柜、区间综合柜、区间组合柜、区间电源屏，它们与车站的室内信号设备同放在车站信号机械室内，如《自动闭塞图册(第二版)》Ⅰ-02 所示。

(2)闭塞分区编号

闭塞分区用防护该闭塞分区的通过信号机的编号来编号，如《自动闭塞图册(第二版)》Ⅰ-01中的 597 信号机防护的闭塞分区编为 597G。

如闭塞分区较长，需加设分割点，即由两段轨道电路组成。每段轨道电路各有其发送器和接收器，它们的载频顺序配置。如 611G 有分割点，则按运行正方向顺序编为 611BG 和 611AG。

闭塞分区还可按运行方向，分为 A、B、C、D 四部分，从站内向站外顺序编号，如图 3-46 所示。

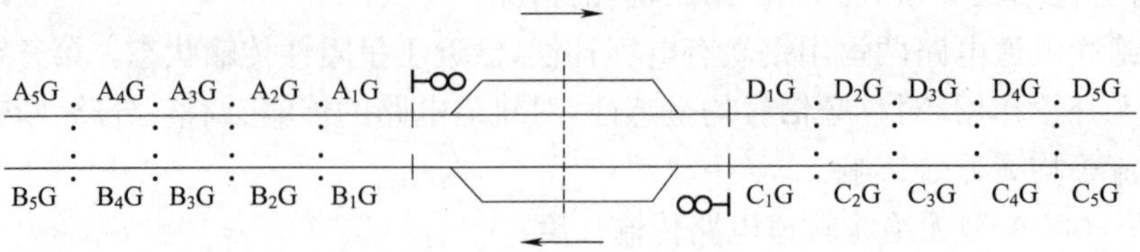

图 3-46 闭塞分局编号

(3)载频配置

下行区间：1 700 Hz、2 300 Hz(分 1、2 两型)，按……1700-1、2300-1、1700-2、2300-2、1700-1……顺序设置方式。上行：2 000 Hz、2 600 Hz(分 1、2 两型)按……2000-1、2600-1、2000-2、2600-2、2000-1……顺序设置方式。

区间起始和终止频率应与站内车站正线电码化频率设置统一考虑，接近区段应与接车进路不同，发车进路应与一离去区段不同。如下行正线接车进路段载频为 1700-1，三接近区段载频可选 2300-1 或 2300-2，一离去区段也可选 2300-1 或 2300-2。

载频配置如《自动闭塞图册（第二版）》Ⅰ-01 所示。

（4）区间移频柜设备运用

区间移频柜布置如《自动闭塞图册（第二版）》Ⅰ-08 所示。

①每个移频柜有 5 个纵向组合，每个纵向组合放置两个闭塞分区的轨道电路设备（发送器、接收器、衰耗器各两个）。

②每个纵向组合的两个接收器双机热机并联运用，每一接收器由本接收主机和本组合另一接收并机两部分构成。

③移频柜零层由 10 块 3×18 端子板、1 块断路器板、5 块电源端子板组成。

电源端子板 D_1 供 QY_1-1、QY_1-2 用；D_2 供 QY_1-3、QY_1-4 用；D_3 供 QY_1-5、QY_1-6 用，依此类推。

断路器板：C 端最远一个闭塞分区使用 RD_1、RD_2；D 端最远一个闭塞分区使用 RD_3、RD_4，依此类推。

3×18 端子板：C 端最远一个闭塞分区使用第一块；D 端最远一个闭塞分区使用第二块，依此类推。

（5）区间综合柜设备运用

区间综合柜布置如《自动闭塞图册（第二版）》Ⅰ-09 所示。

①1～4 层为点灯隔离变压器组匣，每个组匣可放置 6 架信号机的 BGY_2-80 型点灯隔离变压器。

②5～9 层为站防雷和电缆模拟网络组匣，每个组匣可放置 4 个闭塞分区的模拟网络单元（8 个 ZPW·ML）。

③零层 D_1～D_{28} 为 18 柱端子板，室外电缆由此引入，D_{29} 为防雷接地铜板条（FLE），D_{30} 为电缆接地铜板条（DLE）。

（6）区间组合柜设备运用

区间组合柜布置如《自动闭塞图册（第二版）》Ⅰ-10 所示。

①每个闭塞分区用 1 个组合，每个组合占用两层继电器组合的位置，最多安放 22 台继电器。

②组合类型及选用

区间组合有 L 型组合、LU 型组合、U 型组合和 1LQ 型组合，分别用于 L 信号点（LL 信号点）、LU 信号点、U 信号点和 1LQ 区段。

在两车站管辖区的分界处，根据情况采用 L(F)型、L(JF)型、LU(F)型、LU(JF)型、U(F)型、1LQA(JF)型、1LQB(JF)型组合。(F)型组合用于位于分界处运行前方的闭塞分区，它只需要相邻闭塞分区的 GJ 条件。(JF)型组合用于位于分界处非运行前方的闭塞分区，它只需要相邻闭塞分区的全部条件。1LQA(JF)型和 1LQB(JF)型组合的区别，在于后者又是邻站的 LU 信号点。另有 XG 和 DSBJ 组合，用来安放 XGJ 和 XGJ(邻)，以及灯丝报警主机。

L 型、L(F)型、L(JF)型、LU 型、U 型、1LQ 型、XG 和 DSBJ 组合的组成如《自动闭塞图册（第二版）》Ⅰ-10 所列。其他各种组合的组成见表 3-16。

表 3-16　区间组合继电器类型表

顺序	类型	0		01	02	03	04	05	06	07	08	09	10	11
1	L	R:RX20-25-51Ω C:CD-1000μF-50V	2	QGJ	DJ	2DJ	FBJ	FBJF	5GJ	1GJF	2GJF			
				JWXC-1700	JZXC-16F	JZXC-16F	JWXC-1700	JWXC-1700	JWXC-1700	JWXC-1700	JWXC-1700			
			1	QZJ	QZJF	QFJ	QFJF	GJ	GJF	1GJ	2GJ	3GJ	DJF	4GJ
				JWXC-1700	JWXC-1700	JWXC-1700	JWXC-1700	JWXC-1700	JWXC-1700	JWXC-1700	JWXC-1700	JWXC-1700	JWXC-H340	JWXC-1700
2	L(F)	R:RX20-25-51Ω C:CD-1000μF-50V	2	QGJ	DJ	2DJ	FBJ	FBJF	5GJ	1GJF	2GJF	GJF(邻站)	GJ(邻站)	
				JWXC-1700	JZXC-16F	JZXC-16F	JWXC-1700	JWXC-1700	JWXC-1700	JWXC-1700	JWXC-1700	JWXC-H340	JPXC-1000	
			1	QZJ	QZJF	QFJ	QFJF	GJ	GJF	1GJ	2GJ	3GJ	DJF	4GJ
				JWXC-1700	JWXC-1700	JWXC-1700	JWXC-1700	JWXC-1700	JWXC-1700	JWXC-1700	JWXC-1700	JWXC-1700	JWXC-H340	JWXC-1700
3	L(JF)	R:RX20-25-51Ω C:CD-1000μF-50V	2	QGJ	DJ	2DJ	FBJ	FBJF	1GJF	GJF(邻站)	DJF(邻站)	XGJ(邻站)	5GJ	4GJ(邻站)
				JWXC-1700	JZXC-16F	JZXC-16F	JWXC-1700	JWXC-1700	JWXC-1700	JWXC-H340	JWXC-H340	JWXC-1700	JPXC-1000	JWXC-1000
			1	QZJ	QZJF	QFJ	QFJF	GJ	GJF	1GJ	2GJ	3GJ	DJF	4GJ
				JWXC-1700	JWXC-1700	JWXC-1700	JWXC-1700	JWXC-1700	JWXC-1700	JWXC-1700	JPXC-1000	JPXC-1700	JWXC-H340	JWXC-H340
4	LU	R:RX20-25-51Ω C:CD-1000μF-50V	2	QGJ	DJ	2DJ	FBJ	FBJF	DJF	5GJ	1GJF		LXJ3F_1	ZXJ2F_1
				JWXC-1700	JZXC-16F	JZXC-16F	JWXC-1700	JWXC-1700	JWXC-H340	JWXC-1700	JWXC-1700		JWXC-1700	JWXC-1700
			1	QZJ	QZJF	QFJ	QFJF	GJ	GJF	1GJ	LXJ3F	ZXJ2F	LUXJ2F	4GJ
				JWXC-1700	JWXC-1700	JWXC-1700	JWXC-1700	JWXC-1700	JWXC-1700	JWXC-1700	JWXC-1700	JWXC-1700	JWXC-1700	JWXC-1700
5	LU(F)	R:RX20-25-51Ω C:CD-1000μF-50V	2	QGJ	DJ	2DJ	FBJ	FBJF	DJF	5GJ	1GJF	GJ(邻站)	LXJ3F_1	ZXJ2F_1
				JWXC-1700	JZXC-16F	JZXC-16F	JWXC-1700	JWXC-1700	JWXC-H340	JWXC-1700	JWXC-1700	JPXC-1000	JWXC-1700	JWXC-1700
			1	QZJ	QZJF	QFJ	QFJF	GJ	GJF	1GJ	LXJ3F	ZXJ2F	LUXJ2F	4GJ
				JWXC-1700	JWXC-1700	JWXC-1700	JWXC-1700	JWXC-1700	JWXC-1700	JWXC-1700	JWXC-1700	JWXC-1700	JWXC-1700	JWXC-1700

续上表

顺序	类型	0		01	02	03	04	05	06	07	08	09	10	11
6	LU(JF)	R:RX20-25-51Ω C:CD-1000μF-50V	2	QGJ	DJ	2DJ	FBJ	FBJF	DJF	5GJ	GJ(邻站)	DJF(邻站)	1GJF	XGJ
				JWXC-1700	JZXC-16F	JZXC-16F	JWXC-1700	JWXC-1700	JWXC-H340	JPXC-1000	JWXC-1700	JWXC-H340	JWXC-1700	JWXC-1700
			1	QZJ	QZJF	QFJ	QFJF	GJ	GJF	1GJ	LXJ3F	ZXJ2F	LUXJ2F	4GJ
				JWXC-1700	JWXC-1700	JWXC-1700	JWXC-1700	JWXC-1700	JWXC-1700	JWXC-1700	JWXC-H340	JPXC-1000	JPXC-1000	JWXC-H340
7	U(UF)	R:RX20-25-51Ω C:CD-1000μF-50V	2	QGJ	DJ	2DJ	FBJ	FBJF	TXJF	YXJF	(　)LXJ2F	$LXJ2F_1$	5GJ	$ZXJF_1$
				JWXC-1700	JZXC-16F	JZXC-16F	JWXC-1700	JWXC-1700	JWXC-1700	JWXC-1700	JWXC-1700	JWXC-1700	JWXC-1700	JWXC-1700
			1	QZJ	QZJF	QFJ	QFJF	GJ	GJF	LXJ2F	ZXJF	LUXJF	DJF	4GJ
				JWXC-1700	JWXC-1700	JWXC-1700	JWXC-1700	JWXC-1700	JWXC-1700	JWXC-1700	JWXC-1700	JWXC-1700	JWXC-H340	JWXC-1700
8	1LQA	R:RX20-25-51Ω C:CD-1000μF-50V	2	QGJ	LXJ2F	YXJF	FBJ	FBJF	ZXJF	TXJF	(　)LXJ2F	DJ(邻站)	GJ(邻站)	+1FBJ
				JWXC-1700	JWXC-1700	JWXC-1700	JWXC-1700	JWXC-1700	JWXC-1700	JWXC-1700	JWXC-1700	JPXC-1000	JPXC-1000	JWXC-1700
			1	QZJ	QZJF	QFJ	QFJF	GJ	GJF	1GJ	2GJ	3GJ	4GJ	5GJ
				JWXC-1700	JWXC-1700	JWXC-1700	JWXC-1700	JWXC-1700	JWXC-1700	JWXC-1700	JWXC-1700	JWXC-1700	JWXC-1700	JWXC-1700
9	1LQA (JF)	R:RX20-25-51Ω C:CD-1000μF-50V	2	QGJ	LXJ2F	YXJF	FBJ	FBJF	ZXJF	TXJF	(　)LXJ2F	XGJ(邻站)	XGJ	+1FBJ
				JWXC-1700	JWXC-1700	JWXC-1700	JWXC-1700	JWXC-1700	JWXC-1700	JWXC-1700	JWXC-1700	JPXC-1000	JPXC-1000	JWXC-1700
			1	QZJ	QZJF	QFJ	QFJF	GJ	GJF	1GJ	2GJ	3GJ	4GJ	5GJ
				JWXC-1700	JWXC-1700	JWXC-1700	JWXC-1700	JWXC-1700	JWXC-1700	JWXC-1700	JPXC-1000	JPXC-1000	JWXC-H340	JPXC-1000
10	1LQB (JF)	R:RX20-25-51Ω C:CD-1000μF-50V	2	QGJ	LXJ2F	YXJF	FBJ	FBJF	ZXJF	TXJF	(　)LXJ2F	ZXJ2F	+1FBJ	
				JWXC-1700	JWXC-1700	JWXC-1700	JWXC-1700	JWXC-1700	JWXC-1700	JWXC-1700	JWXC-1700	JWXC-1000	JWXC-1700	
			1	QZJ	QZJF	QFJ	QFJF	GJ	GJF	1GJ	LXJ3F	LUXJ2F	4GJ	5GJ
				JWXC-1700	JWXC-1700	JWXC-1700	JWXC-1700	JWXC-1700	JWXC-1700	JWXC-1700	JWXC-H340	JPXC-1000	JWXC-H340	JPXC-1000
11	XG DSBJ	R:RX20-25-51Ω C:CD-1000μF-50V	2	(1)XGJ(邻)	(1)XGJ	(2)XGJ(邻)	(2)XGJ	(3)XGJ(邻)	(3)XGJ	(4)XGJ(邻)	(4)XGJ	$LUXJF_1$	QDSBJ	
				JPXC-1000	JWXC-1700	JPXC-1000	JWXC-1700	JPXC-1000	JWXC-1700	JPXC-1000	JWXC-1700	JWXC-1700	JWXC-1700	
			1	DSBZ 灯丝报警										

2. 闭塞分区电路

ZPW-2000A 型自动闭塞的每个闭塞分区的设备包括发送器、衰耗器和接收器。其中发送器采用“n+1”冗余方式，接收器采用“0.5+0.5”双机并机运用。系统接线如《自动闭塞图册(第二版)》Ⅰ-7 所示。其中，两接收器间的配线已在工厂预配。

闭塞分区电路包括改变运行方向电路、接收电路、发送编码电路、通过信号机点灯电路(1LQ 区段不设)和内方闭塞分区联系电路等。各闭塞分区电路按其所处位置，有所不同。主要是接近区段的闭塞分区电路必须与进站信号机的状态相联系，它们的发送编码电路、通过信号机点灯电路和一般的闭塞分区有区别。1LQ 区段和 3JG 区段，它们与站内轨道相邻，小轨道电路的输入、输出条件不同于其他闭塞分区。

(1)改变运行方向电路

通过改变运行方向电路改变区间信号点的发送、接收方式，如图 3-47 所示。每段轨道电路通过方向继电器接点逐段对换发送、接收方向电缆的位置(或称改变发送、接收方向)。

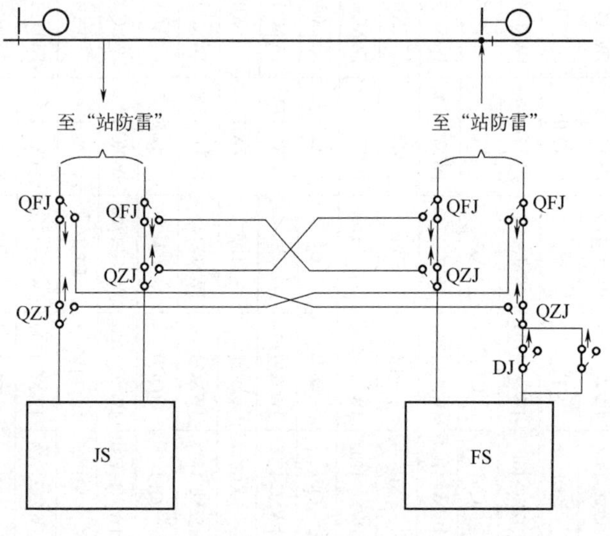

图 3-47　改变区间信号点的发送、接收方式示意图

四线制改变运行方向电路最终以方向继电器 FJ_2 表示运行方向。正方向运行时，FJ_2 处于定位；改变运行方向后为反方向运行时，FJ_2 处于反位。为反映运行方向，每一闭塞分区设区间正方向继电器 QZJ 和区间反方向继电器 QFJ 各一个，由 FJ_2 对它们进行控制，电路如图 3-48 所示。

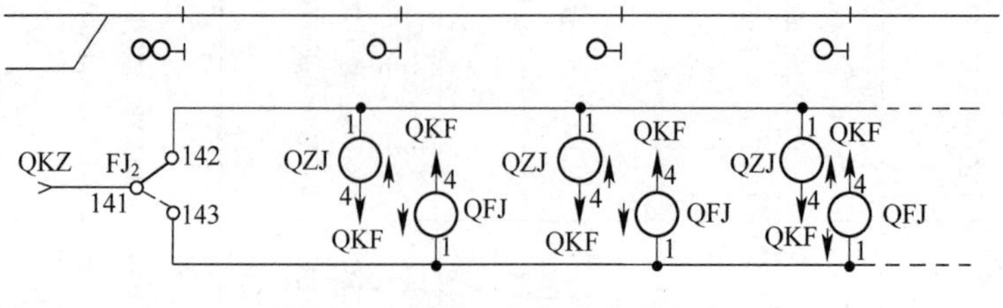

图 3-48　区间正方向继电器电路

(2)红灯转移

本闭塞分区有车且防护本闭塞分区的信号机红灯灭灯，其前一架信号机点红灯，此即为红灯转移。这在发送电路中用 GJ 和 DJF 前接点并联来实现。本闭塞分区有车时，GJ 落下，防护本闭塞分区的信号机点红灯，DJF 吸起，向其外方闭塞分区发 HU 码，其前一架信号机点黄灯。当本闭塞分区有车时，GJ 落下，此时若防护本闭塞分区的信号机红灯灭灯，DJF 落下，即不向其外方闭塞分区发码，该闭塞分区收不到任何码，其 GJ 落下，防护它的信号机点红灯。

(3)接收电路

两接收器采用"0.5＋0.5"并联冗余方式。每个闭塞分区的轨道电路由主轨道电路和小轨道电路两部分组成，主轨道信号由本轨道电路接收器处理，小轨道信号由相邻轨道电路接收器处理，并将处理结果送给本轨道电路接收器。两者均空闲构成整个轨道电路空闲，使得 QGJ 吸起。两者之一占用构成轨道电路，使得 QGJ 落下。

用 GJ 作为 QGJ 复示继电器，但 GJ 电路中有 RC 构成的缓吸电路，在 QGJ 由落下状态吸起时，C 串联在 GJ 电路中，由于 C 的充电使 GJ 缓吸，是为了防止电气化牵引电流干扰造成 QGJ 误动而使该闭塞分区闪红光带。

小轨道电路输出(XG、XGH)是送给相邻轨道电路接收器的条件。本闭塞分区小轨道电路输出送至相邻外方闭塞分区作为小轨道电路输入。

小轨道电路输入(XGJ、XGJH)是从相邻轨道电路接收器送来的条件。本闭塞分区小轨道电路输入来自相邻内方闭塞分区小轨道电路的输出。

用方向继电器接点区分列车运行方向，改变小轨道电路输入、输出条件。

对于 1LQ 闭塞分区，列车正方向运行时，其相邻外方闭塞分区为站内轨道电路，小轨道电路不再送出条件；列车反方向运行时，其相邻内方闭塞分区为站内轨道电路，没有向 1LQ 的小轨道电路输出，故 1LQ 小轨道输入直接接入＋24、024 电源。

对于 3JG 闭塞分区，列车正方向运行时，其相邻内方闭塞分区为站内轨道电路，没有向 3JG 的小轨道电路输出，3JG 小轨道电路输入直接接入＋24、024 电源；列车反方向运行时，其相邻外方闭塞分区为站内轨道，小轨道电路不再送输出条件。

本闭塞分区与相邻闭塞分区有站间联系时，本站和邻站均要用小轨道电路的输出条件(XG、XGH)构成小轨道继电器(XGJ)电路，利用 XGJ 接点经电缆把 XGJ 状态传到对方站，作为对方站小轨道电路输入条件。

(4)发送编码电路和通过信号机点灯电路

不同的信号点，其发送编码电路和通过信号机点灯电路有所不同。

①三接近区段的发送编码电路和通过信号机点灯电路

防护三接近区段的闭塞分区的通过信号机定位点黄灯，故三接近区段的闭塞分区电路又称 U 信号点。三接近区段即 L 信号点电路图如《自动闭塞图册(第二版)》Ⅰ-11(4)所示。

正方向运行时(区间正方向继电器 QZJ 吸起)，三接近区段由进站信号机的列车信号继电器 LXJ、正线继电器 ZXJ、绿黄信号继电器 LUXJ、通过信号继电器 TXJ、引导信号继电器 YXJ 及同方向的正线出站信号机的列车信号继电器 LXJ 的状态构成编码条件，为此，设它们的复示继电器 LXJ2F、ZXJF、LUXJF、TXJF、YXJF。由这些复示继电器的接点构成自动闭塞编码电路，编码情况见表 3-17。

表 3-17　三接近区段自动闭塞编码

进站信号机显示	进站 LXJ2F	YXJF	ZXJF	LUXJF	TXJF	出站 LXJ2F	发送信息码
红	↓	↓					HU
红白	↓	↑					HB
黄黄	↑		↓				UU
黄	↑		↑			↓	U
黄(及侧向发车)	↑		↑	↓		↑	U2
绿黄	↑		↑	↑	↓	↑	LU
绿	↑		↑	↑	↑	↑	L

如经 18 号及以上道岔侧向接车，则 UU 改为 UUS，U2 改为 U2S。预留提速至 200 km/h 条件，4GJ↑、5GJ↓，发 L2 码；4GJ↑、5GJ↑，发 L3 码(下同)。

三接近区段的通过信号机点灯电路中用 LXJ2F、ZXJF、LUXJF 接点来区分点黄灯、绿黄灯和绿灯。当本区段空闲 GJF↑的情况下，LXJ2F↓时点黄灯，LXJ2F↑、ZXJF↓时也点黄灯；LXJ2F↑、ZXJF↑、LUXJF↓时点绿黄灯，LXJ2F↑、ZXJF↑、LUXJF↑时也点绿黄灯。

②二接近区段的发送编码电路和通过信号机点灯电路

防护二接近区段的闭塞分区的通过信号机定位点绿黄灯，故二接近区段的闭塞分区电路又称 LU 信号点。二接近区段即 LU 信号点电路图如《自动闭塞图册(第二版)》Ⅰ-11(2)和Ⅰ-11(3)所示。

二接近区段仍由进站信号机的列车信号继电器 LXJ、正线继电器 ZXJ、绿黄信号继电器 LUXJ、通过信号继电器 TXJ 的状态构成编码条件，为此，设它们的复示继电器 LXJ3F、ZXJ2F、LUXJ2F。由这些复示继电器的接点构成自动闭塞编码电路，其中 1GJ 为二接近区段的轨道继电器，编码情况见表 3-18。

表 3-18　二接近区段自动闭塞编码

进站信号机显示	LXJ3F	ZXJ2F	LUXJ2F	1GJ	发送信息码
列车占用三接近区段				↓	HU
红	↓			↑	U
黄	↑	↑	↓	↑	LU
黄黄	↑	↓		↑	U2
绿黄	↑	↑	↑	↑	L
绿	↑	↑	↑	↑	L

二接近区段的通过信号机点灯电路中用 LXJ3F、ZXJ2F 接点来区分点黄灯、绿黄灯和绿灯。当本区段和三接近区段空闲，GJF↑和 1GJ↑的情况下，LXJ3F↓时点绿黄灯，LXJ3F↑、ZXJ2F↓时也点绿黄灯；LXJ2F↑、ZXJF↑时点绿灯。

③一接近区段的发送编码电路和通过信号机点灯电路

防护一接近区段的闭塞分区的通过信号机定位点绿灯，故一接近区段的闭塞分区电路又称 L 信号点。一接近区段信号点电路如《自动闭塞图册(第二版)》Ⅰ-11(1)所示。

一接近区段由 1GJ～5GJ 编码，其中 3GJ、4GJ 的状态仍与进站信号机的状态相联系。3GJ 是 LXJ3F 和 ZXJ2F 的复示继电器，4GJ 是 LUXJ2F 的复示继电器。编码情况见表 3-19。

表 3-19　一接近区段自动闭塞编码

进站信号机显示	3GJ	2GJ	1GJ	发送信息码
列车占用二接近区段			↓	HU
列车占用三接近区段		↓	↑	U
红	↓	↑	↑	LU
黄	↑	↑	↑	L
黄黄	↓	↑	↑	LU
绿黄	↑	↑	↑	L
绿	↑	↑	↑	L

一接近区段的通过信号机点灯电路由 1GJ、1GJ 来区分点黄灯、绿黄灯和绿灯。当本区段和二、三接近区段空闲，GJF↑和 1GJ↑、2GJ↑的情况下，点绿灯；当本区段和二接近区段空闲，GJF↑和 1GJ↑，三接近区段占用 2GJ↓的情况下，点绿黄灯；仅本区段接近区段空闲，GJF↑，二接近区段占用 2GJ↓的情况下，点黄灯。

④一般闭塞分区发送编码电路和通过信号机点灯电路

一般闭塞分区的通过信号机定位点绿灯，其闭塞分区电路又称 LL 信号点。一般的闭塞分区即 LL 信号点电路如《自动闭塞图册(第二版)》Ⅰ-11(6)所示。

一般闭塞分区由 1GJ～5GJ 编码，它们的状态与进站信号机的状态没有联系。

编码电路、通过信号机点灯电路均与一接近区段相同。

⑤反方向接近区段的发送编码电路

反方向按自动站间闭塞运行，设置一个特定低频信息，使机车信号显示白灯，只有接近区段才发送信息码。

反方向进站信号机的接近区段即一离去区段。一离去区段电路如《自动闭塞图册(第二版)》Ⅰ-11(5)所示。

正方向运行时(区间正方向继电器 QZJ 吸起)，和一般区段一样，由 1GJ、2GJ、3GJ 接点构成编码条件。反方向运行时(QZJ 落下)，由反方向进站信号机的列车信号继电器 LXJ、正线继电器 ZXJ、通过信号继电器 TXJ、引导信号继电器 YXJ 及同方向的正线出站信号机的列车信号继电器 LXJ 的状态构成编码条件，为此，设有它们的复示继电器 LXJ2F、ZXJF、TXJF、YXJF。由这些复示继电器的接点构成自动闭塞编码电路，编码情况见表 3-20。

表 3-20　反方向接近区段自动闭塞编码

进站信号机显示	进站 LXJ2F	YXJF	ZXJF	TXJF	出站 LXJ2F	发送信息码
红	↓	↓				HU
红白	↓	↑				HB

续上表

进站信号机显示	进站 LXJ2F	YXJF	ZXJF	TXJF	出站 LXJ2F	发送信息码
黄黄	↑		↓			UU
黄	↑		↑		↓	U
黄(及侧向发车)	↑		↑	↓	↑	U2
绿	↑		↑	↑	↑	L

若一离去区段不能满足列车制动距离的要求,则二离去区段也要发码,其编码条件同一离去区段。

⑥有分隔点的闭塞分区电路

《自动闭塞图册(第二版)》Ⅰ-11(2)和Ⅰ-11(3)即为有分隔点的闭塞分区电路。

构成有分隔点的闭塞分区的两段轨道电路的编码条件相同。在两段轨道电路都空闲和仅BG占用时,BG和AG都发码。当AG占用时,AG继续发码,而BG不发码,以防止后续列车冒进。这通过在BG的发码电路中串接AG的GJ前接点来实现。

AG和BG各设一个QGJ及GJ,由它们共同构成闭塞分区空闲和占用的条件。只要有一个GJ落下,该闭塞分区就显示红光带。

3. 站间联系电路

区间设备分设于两端车站,两站管辖区分界处两侧面的闭塞分区要互相利用对方的有关条件,故必须设站间联系电路。站间联系电路如《自动闭塞图册(第二版)》Ⅰ-12所示。一个车站有4套这样的站间联系电路。

《自动闭塞图册(第二版)》Ⅰ-12(2)中,正方向运行时,687G为699G的外方闭塞分区,需要699G的各种条件,而699G为687G的内方闭塞分区,只需要GJ、XGJ条件。

为节省外线,用每对外线构成两个继电器的电路,其中一个采用无极继电器,另一个采用偏极继电器。

通过外线TJ1、TJ1H构成本站4GJ(邻)和5GJ的电路。4GJ(邻)是邻站3GJ的复示继电器,5GJ是邻站4GJ的复示继电器。平时,邻站的3GJ、4GJ吸起,本站的4GJ(邻)和5GJ吸起。邻站的3GJ落下时,本站的4GJ(邻)和5GJ都吸起。邻站的3GJ吸起而4GJ落下时,电路中电流极性发生改变,本站的4GJ(邻)为无极继电器,仍然吸起,5GJ为偏极继电器,落下。用缓放型继电器4GJ作为4GJ(邻)的复示继电器,是防止在电流极性改变时4GJ(邻)动作不稳定而对自动闭塞电路产生影响。

通过外线TJ2、TJ2H构成本站DJ(邻)和2GJ的电路。DJ(邻)是邻站GJ、DJF的复示继电器,2GJ是邻站1GJ的复示继电器。

通过外线TJ3、TJ3H构成GJ(邻)和3GJ的电路。GJ(邻)是邻站GJF的复示继电器,3GJ是邻站2GJ的复示继电器。

它们的电路原理与上述相同。

通过外线TJ4、TJ4H构成本站XGJ(邻)电路。XGJ(邻)是邻站XGJ的复示继电器。

通过外线TJ5、TJ5H构成邻站XGJ(邻)和GJ(邻)的电路。XGJ(邻)是本站XGJ的复示继电器,GJ(邻)是本站GJ的复示继电器。缓放型继电器GJF(邻)是GJ(邻)的复示继电器。电路原理也与上述相同。

4. 发送"n＋1"电路

ZPW-2000A 型自动闭塞发送采用"n＋1"冗余方式。每个车站按上、下行分别设一个"＋1发送器"，上、下行的＋1FBJ 分别设在 S1LQ 和 X1LQ 组合中。

发送"n＋1"电路如《自动闭塞图册(第二版)》Ⅰ-13 所示。

发送器内设自动检测。设备正常时，其发送报警继电器 FBJ 吸起。当发送器发生故障时，FBJ 落下，自动转换至"＋1 发送器"。

发送故障转换包括：FBJ 第 1 组接点，转换低频控制条件；FBJ 第 2 组接点、第 3 组接点，转换载频选择条件功出条件；FBJ 第 5 组接点、第 6 组接点转换功出条件。

＋1FBJ 第 1 组前接点控制"＋1 发送器"的功出。

5. 区间设备报警电路

(1)移频总报警电路

移频总报警继电器电路如《计算机联锁图册(第二版)》Ⅰ-15 所示。

在 6502 电气集中车站，移频报警电路如图 3-49 所示。

由 YBJ 前接点接通移频发送报警继电器 YFBJ 电路。移频设备发生故障时，YBJ 落下使 YFBJ 落下。YFBJ 落下后，点亮控制台上的移频故障报警表示灯 YGBD(红色)，移频故障报警电铃 YGBDL 鸣响。按下"移频故障报警切断"按钮 YBA，电铃暂停鸣响。故障修复后，YFBJ 吸起，YGBD 熄灭，电铃再次鸣响。拉出 YGBA，电铃停止鸣响。

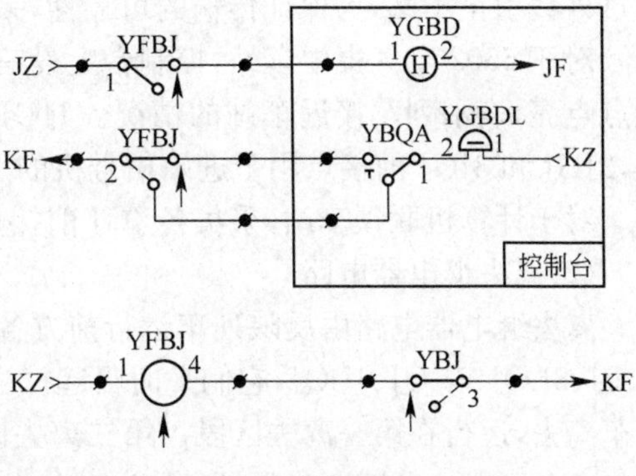

图 3-49 移频报警电路图

在计算机联锁车站，移频总报警继电器 YBJ 的前接点通过接口柜为计算机联锁采集，并在显示器上出现报警显示。

(2)区间主灯丝断丝报警电路

区间主灯丝断丝报警电路用来对区间通过信号机的主灯丝进行监督。区间主丝灯断丝报警电路如《自动闭塞图册(第二版)》Ⅰ-14 所示。将该上、下行方向的各通过信号机的灯丝转换继电器接点连接起来。各通过信号机的主灯丝完整时，灯丝断丝报警继电器 QDSJ 落下。当某一通过信号机的主灯丝断时，QDSJ 吸起予以报警。

在 6502 电气集中车站，区间主灯丝断丝报警电路如图 3-50 所示。QDSJ 吸起后，点亮控制台上的区间灯丝断丝表示灯 QDSD(红色)。区间灯丝断丝报警电铃 QDSDL 鸣响。按下控制台上的"区间灯丝断丝切断报警"按钮 QDSBA，电铃暂停止鸣响。更换通过信号机灯泡后，QDSJ 落下，QDSD 熄灭，QDSDL 再次鸣响。拉出 QDSBA，电铃停止鸣响。

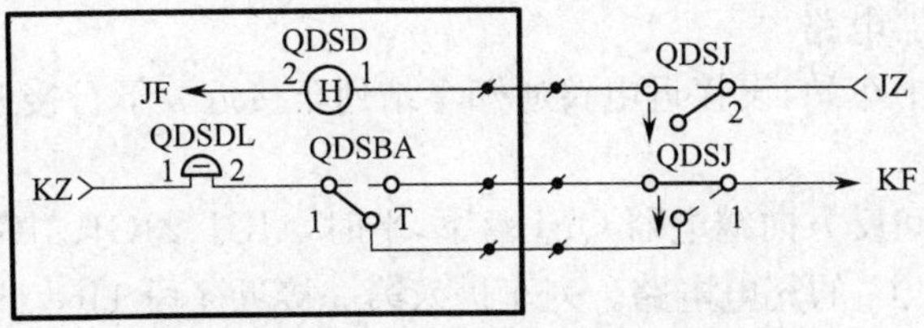

图 3-50 区间主灯丝断丝报警电路图

在计算机联锁车站，区间灯丝断丝报警继电器 QDSJ 的前接点通过接口柜为计算机联锁采集，并在显示器上出现报警显示。

6. 与车站联锁的结合电路

在自动闭塞区段，为使车站联锁与自动闭塞相结合，需设计结合电路。结合电路主要包括接近轨道继电器电路、离去继电器电路、车站联锁结合电路、自动闭塞结合电路。

(1)接近轨道继电器电路

对每一正方向接车方向设第一接近轨道继电器 1JGJ、第二接近轨道继电器 2JGJ 和第三接近轨道继电器 3JGJ，均由相应闭塞分区的 GJ 控制。该闭塞分区空闲时，接收器收到本闭塞分区的移频信号，GJ 吸起，使接近轨道继电器 JGJ 吸起。该闭塞分区被占用时，接收器收不到本闭塞分区的移频信号，GJ 落下，使接近轨道继电器 JGJ 落下。下行正方向接近轨道继电器电路如《计算机联锁图册》Ⅰ-16 所示。由各闭塞分区的轨道继电器前接点分别接通 X1JGJ、X2JGJ、X3JGJ 励磁电路。若某闭塞分区的设备设在相邻车站，则要将该闭塞分区的 GJ 条件通过外线引至本站，为保证传输的可靠性，采用接点双断。

对于 6502 电气集中车站，控制台上设三个接近表示灯，分别通过 1JGJ 和 2JGJ 及 3JGJ 后接点点亮，表示列车接近车站的情况。1JGJ 和 2JGJ 及 3JGJ 接点还用于接近电铃继电器电路，2JGJ 和 3JGJ 前接点用于进站信号机的 JYJ 电路。

对于计算机联锁车站，采集各 JGJ 前接点，在显示器上显示，并参与联锁运算。

(2)离去继电器电路

离去继电器电路由反映列车运行前方各闭塞分区的继电器条件构成，设四个离去继电器 1LQJ、2LQJ、3LQJ、4LQJ，它们平时吸起。当第一离去区段 1LQ 被占用，使 1 LQJ 落下，表示列车离去，运行在第一离去区段。第二离去区段 2LQ 被占用，使 2 LQJ 落下，表示列车运行在第二离去区段。第三离去区段 3LQ 被占用，使 3LQJ 落下，表示列车运行在第三离去区段。第四离去区段 4LQ 被占用，使 4QLJ 落下，表示列车运行在第四离去区段。因离去继电器接点使用较多，设 1 LQJ_1，2 LQJ_1、2 LQJ_2 和 2 LQJ_3、3LQJ_1、3 LQJ_2 和 3 LQJ_3。

离去轨道继电器电路如《计算机联锁图册》Ⅰ-16 所示，由一离去区段的 GJ、1GJ、2GJ、3GJ 前接点分别接通 1LQJ、2LQJ、3LQJ、4LQJ 励磁电路。

对于 6502 电气集中车站，1 LQJ、2LQJ、3 LQJ 的后接点分别点亮 1LQD、2LQD、3 LQD 表示灯。1 LQJ、2 LQJ 接点用于反方向接近电铃继电器电路；1LQJ 前接点用于 LXJ　11 线网路端部电路中；1LQJ 前接点用于反方向进站信号机的 JYJ 电路；2LQJ 前接点用于通过信号机 TXJ 电路；2LQJ、3LQJ 及其复示继电器 2LQJF、3LQJF 接点用于出站信号机点灯电路，1LQJ、2LQJF、3LQJF、4LQJ 接点用于站内轨道电路电码化电路。

对于计算机联锁车站，采集各 LQJ 前接点，在显示器上显示，并参与联锁运算，2LQJ、3LQJ 及其复示继电器 2LQJF、3LQJF 接点用于出站信号机点灯电路。

反方向运行时 X1LQJ 作为 S_FJGJ，S1LQJ 作为 X_FJGJ。

(3)接近电铃继电器电路

对于 6502 电气集中车站，设接近电铃通知车站列车接近。下行接近电铃继电器电路如图 3-51 所示。

正方向运行时，区间反方向继电器 QFJ 落下，平时，1JGJ、2JGJ、3JGJ 都吸起，通过它们的前接点分别接通 C_1、C_2、C_3的充电电路。列车进入第一接近区段 1JG，1JGJ 落下，C_1向电铃继电器 DLJ 放电，使之吸起，接近电铃 JDL 鸣响。列车进入第二接近区段 2JG，2JGJ 落下，C_2向

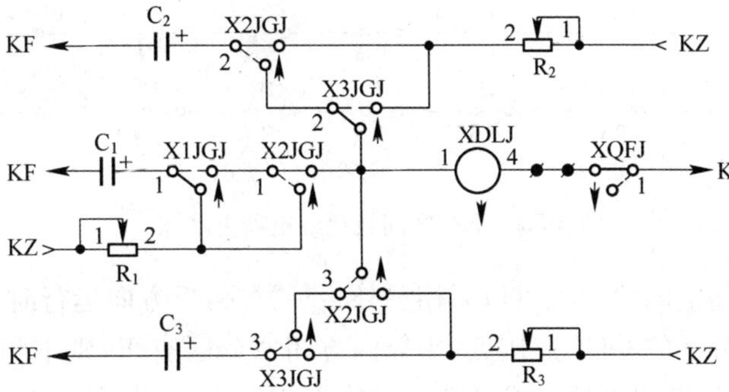

图 3-51　接近电铃继电器电路图

DLJ 放电，使之吸起，JDL 鸣响。列车进入第三接近区段 3JG，未出清第二接近区段 2JG，3JGJ 和 2JGJ 均落下，C_3 向 DLJ 放电，使之吸起，JDL 鸣响。但列车出清第二接近区段 2JG 后，DLJ 落下，JDL 停止鸣响。当前行列车运行在第二接近区段，后续列车进入第一接近区段，已仍能充电，待前行列车出清第二接近区段后，已向 DLJ 放电，JDL 仍能鸣响，通知续行列车的接近。

同样，在前行列车运行在第三接近区段，后续列车进入第二接近区段时，C_2 仍能充电，待前行列车驶离第三接近区段后，C_2 向 DLJ 放电，使 JDL 鸣响，通知续行列车的接近。

电位器 R_1、R_2、R_3 分别用来调节 C_1、C_2、C_3 的充放电时间。

反方向发车时，区间反方向继电器 QFJ 吸起，断开电铃继电器 DLJ 电路，即反方向发车时不使接近电铃鸣响。

为了满足反方向接车的需要，设有反方向电铃继电器 FDLJ 电路，下行反方向电铃继电器电路如图 3-52 所示。反方向运行时，QFJ 吸起，接通 FDLJ 励磁电路。列车未接近时，电容器 C_8 充电。当列车占用 1LQ(即反方向的 JG)区段时，1LQJF 落下，C_8 向 FDLJ 放电，FDLJ 吸起，FDL 鸣响，反映反方向运行列车接近车站。

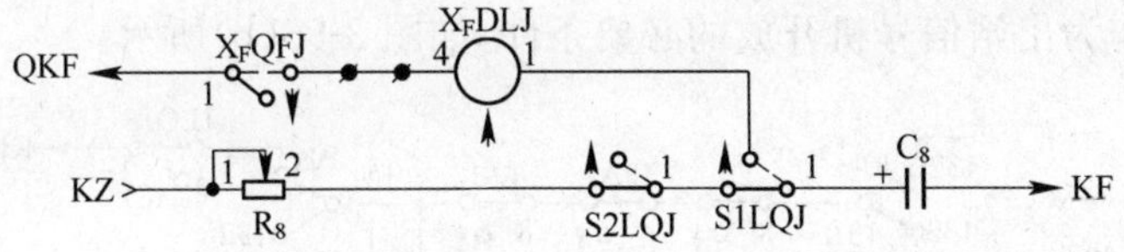

图 3-52　反方向接近电铃继电器电路图

(4)区间轨道继电器电路

对于 6502 电气集中车站，一个车站分别设 XQGJ 和 SQGJ。它们作为反方向运行时区间空闲的条件，用于反方向出站信号机的信号继电器 LXJ 电路的 11 线端部，这是出于反方向按站间闭塞的要求而设计的。XQGJ 检查上行反方向发车时整个区间的空闲，SQGJ 检查下行反方向发车时整个区间的空闲，它们分别串联整个区间各个闭塞分区的 GJ 前接点，只有所有闭塞分区都空闲，它们才吸起，相关方向的出站信号机才能开放，而且列车出发，出站信号机关闭后不能再开放，只有出清整个区间才能再次开放出站信号机，这就保证了整个区间同时只有一列列车运行。图 3-53 为下行区间轨道继电器电路。

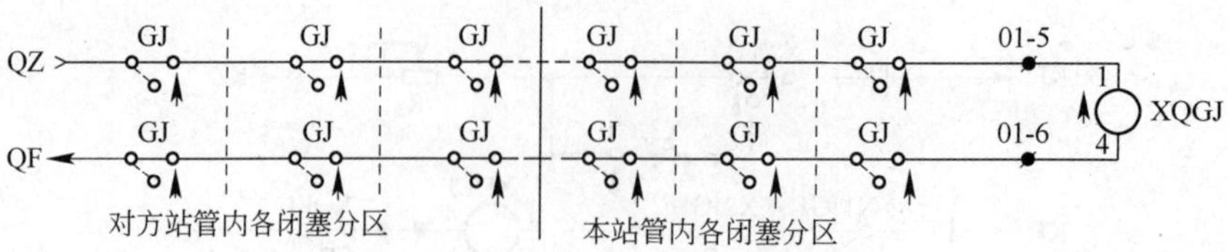

图 3-53　下行区间轨道继电器电路图

反方向运行时站间空闲检查也可以采用另外一种方法，反方向运行时，本闭塞分区发送电路检查相邻内方闭塞分区的 QGJ 前接点，相邻内方闭塞分区有车，则本闭塞分区收不到移频信号 QGJ 落下。此时反向出站信号机开放只须检查 3JG 空闲，即可确认站间空闲。

(5)与 6502 电气集中结合电路

自动闭塞与 6502 电气集中结合电路由接近轨道继电器和离去继电器接点构成。

①接近预告继电器电路

进站信号机的 JYJ 电路中，用 2JGJ、3JGJ 后接点，作为列车接近的证明条件，如图 3-54 所示。在有通过进路的正线出站信号机的 JYJ 电路中，用 3JGJ 后接点作为列车接近的证明条件，如图 3-55 所示。

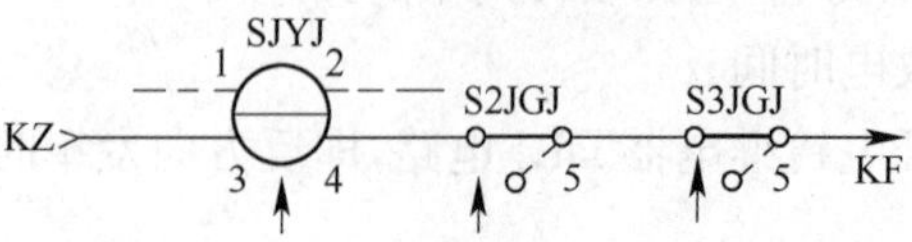

图 3-54　进站信号机 JYJ 电路图

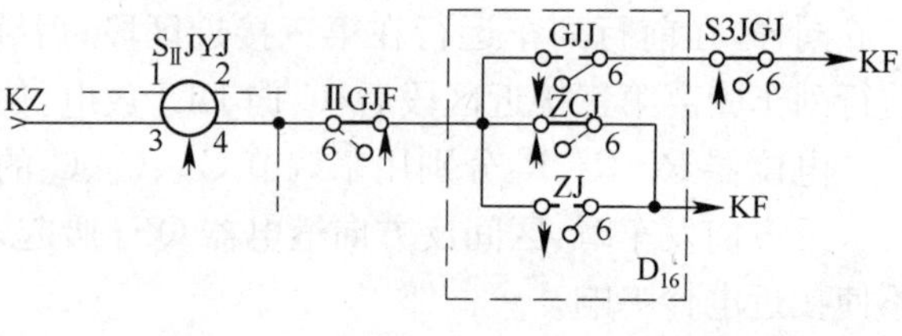

图 3-55　正线出站信号机 JYJ 电路图

②出站信号机的 LXJ 电路

在出站信号机的 LXJ 电路中，正方向发车，11 线端部用 1LQJ 前接点证明 1LQ 空闲，作为出站信号机开放的必要条件，如图 3-56(a)所示。反方向发车，11 线端部用 QGJ 前接点证明整个区间空闲，作为出站信号机开放的必要条件，如图 3-56(b)所示。

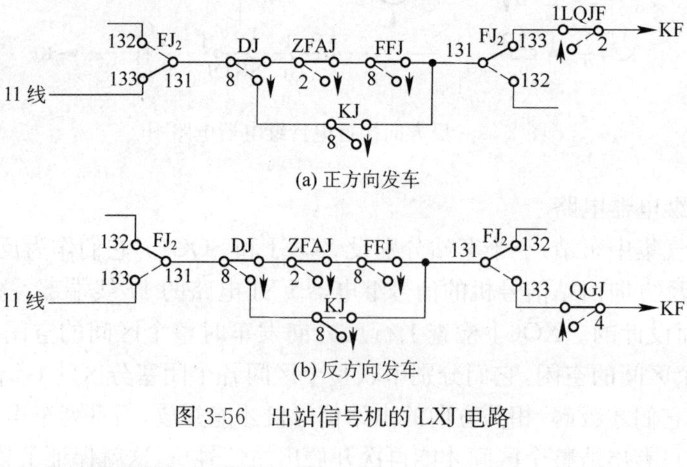

图 3-56　出站信号机的 LXJ 电路

③进站信号机区分允许信号继电器电路

对于进站信号机，在 TXJ 和 LUXJ 电路中，用同方向的 2LQJ 接点区分 2LQ 空闲与否，以确定 TXJ 是否吸起，来区分绿灯显示和绿黄灯显示，如图 3-57 所示。

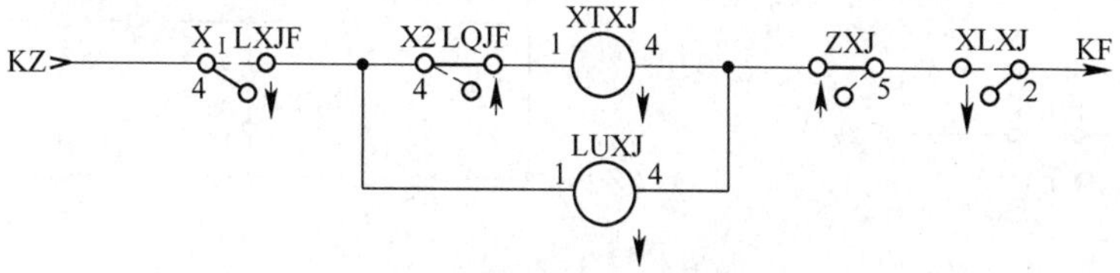

图 3-57　TXJ 和 LUXJ 电路图

④出站信号机点灯电路

在出站信号机点灯电路中，用 2LQJ 和 3LQJ 接点来区分黄灯显示、绿黄灯显示和绿灯显示，如图 3-58 所示。

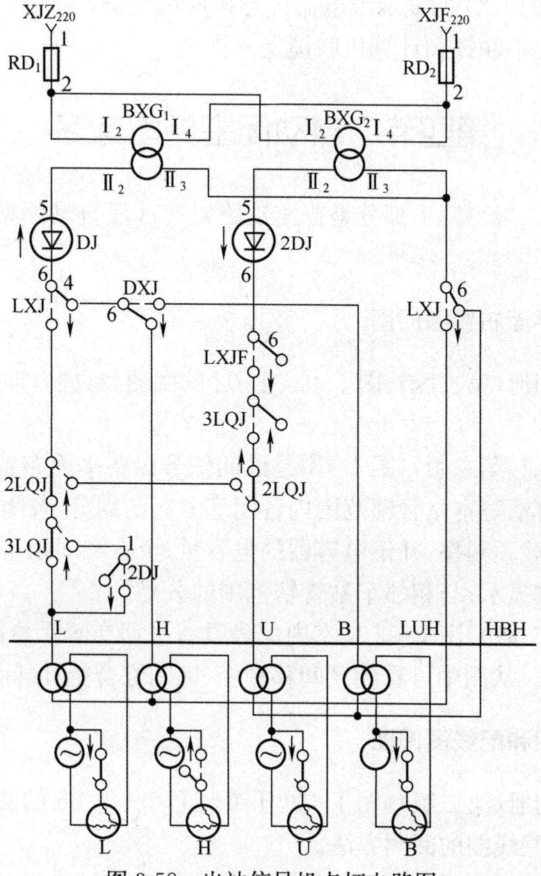

图 3-58　出站信号机点灯电路图

⑤解锁电路

如发车口内方第一个区段为道岔区段，则发车进路上该道岔区段的第三点检查条件是 1LQJ 接点，如图 3-59 所示。

⑥跳信号报警电路

在准备报警继电器电路中，用 3JGJ 前接点证明列车未占用接近区段，作为跳信号报警的准备条件之一，如图 3-60 所示。

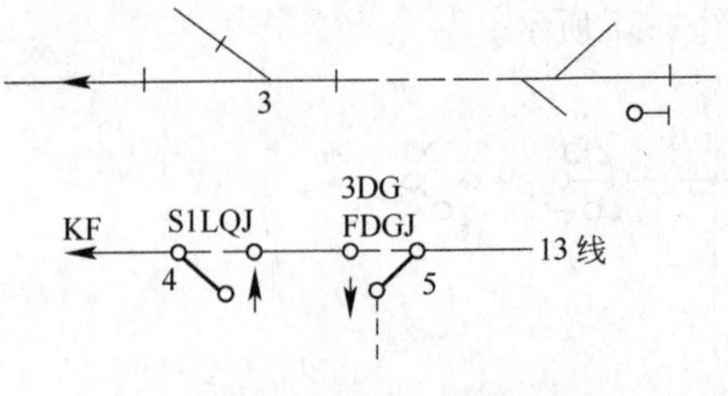

图 3-59 发车口内方解锁电路图

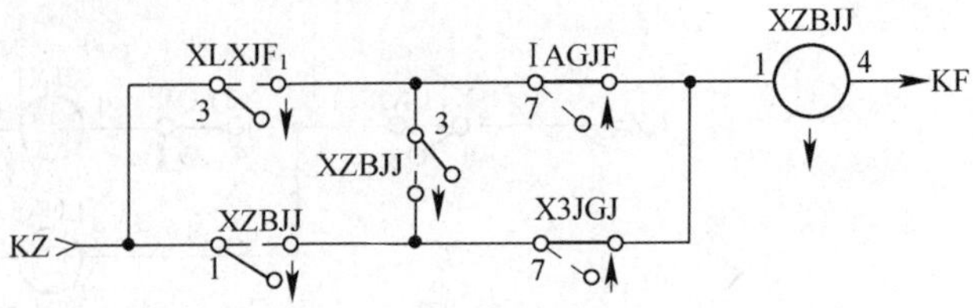

图 3-60 跳信号报警电路

对于计算机联锁,除了进站信号机点灯电路中,用 2LQJ 和 3LQJ 接点来区分黄灯显示、绿黄灯显示和绿灯显示外,接近轨道继电器和离去继电器接点通过采集电路输入系统。

(6)自动闭塞结合电路

接近区段的闭塞分区电路由进站信号机的 LXJ、ZXJ、LUXJ、TXJ、YXJ 的复示继电器及同方向正线出站信号机的 LXJ 的复示继电器接点构成编码条件接点,见前述。

这对于 6502 电气集中联锁和计算机联锁是一样的。

第四节 自动闭塞阅图练习

《自动闭塞图册(第二版)》第Ⅰ部分是普速铁路提速区段自动闭塞电路图,通过对该图的阅图练习来进行。

一、区间信号设备平面布置图阅图

通过对《自动闭塞图册(第二版)》图Ⅰ-01、Ⅰ-02 的阅图,掌握自动闭塞室外和室内设备布置图的阅图方法。

提示:《自动闭塞图册(第二版)》图Ⅰ-01 是区间信号设备平面布置图,表示自动闭塞室外设备的布置,通过该图可清楚本站管辖范围内各闭塞分区的划分;各闭塞分区内轨道电路的组成;各轨道电路的长度,载频频率,补偿电容器的电容量、个数和间距;各电气绝缘节的坐标;各通过信号机的编号、定位显示;与相邻车站管辖范围的分界。

《自动闭塞图册(第二版)》图Ⅰ-02 是室内信号设备平面布置示意图,这和《计算机联锁图册》图Ⅰ-02 是同一张图。从图中可看到区间移频柜、区间综合柜、区间组合柜的布置位置。

二、区间电缆径路图和配线图阅图

通过对《自动闭塞图册(第二版)》图Ⅰ-03、Ⅰ-04、Ⅰ-05、Ⅰ-06 的阅图,掌握自动闭塞干线和支线电缆的径路图和配线图的阅图方法。

提示:《自动闭塞图册(第二版)》图Ⅰ-03 是区间干线电缆径路图,从图中可清楚地看到区间有三根干线电缆,分别是上行电缆、下行电缆和站联电缆。图中表明了每根干线电缆的分向电缆盒的编号和型号,每段电缆的长度、芯数、备用芯数和各种用途芯线的数量。

《自动闭塞图册(第二版)》图Ⅰ-04 是区间干线电缆配线图,有五张图,分别是 X、X_F、S、S_F 方向干线电缆和站联电缆的配线图。区间电缆配线图的表示方法与车站电缆配线图的表示方法相同。图中方框内表示分向电缆盒的端子号及其上所连接的电缆芯线名称和编号,方框间为所连接的电缆,可看到其各芯线两端所连接的电缆盒端子号。

《自动闭塞图册(第二版)》图Ⅰ-05 是区间支线电缆径路图,这是定型图,即对于每个区间都是相同的。图中表明了在各种情况下(单置点、并置点、分割点、进站口),从干线电缆的分向电缆盒到通过信号机、轨道电路发送端和接收端的电缆连接,各支线电缆的长度、芯数、备用芯数(为什么并置点有的电缆不表明长度?)。

《自动闭塞图册(第二版)》图Ⅰ-06 是区间支线电缆配线图,这也是定型图,即对于每个区间都是相同的。区间支线电缆配线图的表示方法与区间干线电缆配线图的表示方法相同。

三、区间设备柜布置图阅图

通过对《自动闭塞图册(第二版)》图Ⅰ-08、Ⅰ-09、Ⅰ-10 的阅图,掌握区间移频柜、区间综合柜、区间组合柜布置图的阅图方法。

提示:图Ⅰ-08 是区间移频柜布置图,图中按顺序安装各轨道电路区段(不是闭塞分区,为什么?)的移频设备,并表示出载频频率。请注意安装顺序和移频设备冗余方式。

图Ⅰ-09 是区间综合柜布置图,图中按顺序安装各轨道电路区段(不是闭塞分区,为什么?)的电缆模拟网络和各区间信号机的点灯隔离变压器。请注意安装顺序。

图Ⅰ-10 是区间组合柜布置图,图中左部按顺序安装各轨道电路区段(不是闭塞分区,为什么?)的继电器组合,并表示出组合类型。图中右部为区间组合的继电器类型表,列出各种区间组合内部的继电器位置、名称和型号。

四、闭塞分区电路图阅图

通过对《自动闭塞图册(第二版)》图Ⅰ-11 的阅图,掌握闭塞分区电路图的阅图方法。

提示:《自动闭塞图册(第二版)》图Ⅰ-11 有七张图,是下行方向管辖范围内各闭塞分区的电路图,每个轨道电路区段一张。上行方向管辖范围内各闭塞分区的电路图与此相同,为节省篇幅,图册中未包括。这七张图中有 L 信号点、LU 信号点、U 信号点及 1LQ 区段等不同情况的闭塞分区电路图,涵盖了各种不同的情况。

闭塞分区电路图的大部分是发送器和接收器的连接,从图中可很清楚地看到发送器采用“$n+1$”方式,接收器为双机并用。发送器和接收器通过 QZJ 和 QFJ 接点交换连接至钢轨的位置。对于发送器,重要的是低频编码电路;对于接收器,则是驱动 QGJ。

闭塞分区电路图的左下部是通过信号机点灯电路(1LQ 和 AG 没有该电路)。

闭塞分区电路图的左上部是与内方闭塞分区有关继电器的联系电路。对于三接近区段则是与进站信号机、出站信号机有关继电器的联系电路。运行前方是分界点的闭塞分区没有该联系电路,有关条件是通过站间联系电路提供的。

闭塞分区电路图的右下部是复示继电器电路。

五、站间联系电路图阅图

通过对图《自动闭塞图册(第二版)》Ⅰ-12 的阅图,掌握站间联系电路图的阅图方法。

提示:《自动闭塞图册(第二版)》图有两张图,是下行方向管辖范围两端的站间联系电路图。上行方向管辖范围内两端的站间联系电路图与此相同,为节省篇幅,图册中未包括。

站间联系电路实际上是两站间的复示继电器电路,其中顺着运行正方向的联系较少,而逆着运行正方向的联系较多(为什么?)。

六、发送"$n+1$"电路图阅图

通过对《自动闭塞图册(第二版)》图Ⅰ-13的阅图,掌握发送"$n+1$"电路图的阅图方法。

提示:《自动闭塞图册(第二版)》图Ⅰ-13的左部是区间"$n+1$"电路的原理图,表明了各种信号点的低频编码、载频选择、电平调整和功放输出的电路原理。图Ⅰ-13的右部是区间"$n+1$"电路的配线表,具体表明了各轨道电路区段与+1FS发送器的端子连接。

七、区间通过信号机主灯丝断丝报警电路图阅图

通过对《自动闭塞图册(第二版)》图Ⅰ-14的阅图,掌握区间通过信号机主灯丝断丝报警电路图的阅图方法。

提示:图Ⅰ-14的下部是区间通过信号机主灯丝断丝报警电路原理图,分别将上、下行各通过信号机的DZJ前接点引至室内,有DZJ吸起时动作QDSJ,进行报警,并在PB-3F灯丝断丝定位显示器上显示。

图Ⅰ-14的上部是PB-3F灯丝断丝定位显示器、XQDSJ、SQDSJ的配线表和组合侧面端子配线表。

八、区间信号采集电路图阅图

通过对《自动闭塞图册(第二版)》图Ⅰ-22的阅图,掌握区间信号采集电路的阅图方法。

提示:《自动闭塞图册(第二版)》图Ⅰ-22的左部是区间信号采集电路原理图,包括本站和邻站有关条件的采集。图Ⅰ-22的右部是区间信号采集电路的配线表,具体表明了各轨道电路区段的组合类型、组合位置、组合侧面端子与计算机联锁接口柜端子。

九、和计算机联锁结合电路阅图

通过对《计算机联锁图册》图Ⅰ-16的阅图,掌握计算机联锁和自动闭塞结合电路的阅图方法。

提示:《计算机联锁图册》图Ⅰ-16的左部和右部分别为下行和上行方向的结合电路,两部分电路的结构是相同的,都是由各闭塞分区的GJ前接点接通相关JGJ电路,由1LQG的GJ、1GJ～3GJ前接点接通相关LQJ电路。所需2LQJ、3LQJ接点较多,故设多个。方框内的各LQJ是站内电码化电路的。

十、点灯隔离变压器侧面配线表阅图

通过对《自动闭塞图册》图Ⅰ-15的阅图,掌握点灯隔离变压器侧面配线表的阅图方法。

提示:图Ⅰ-15中有四块端子板,分别与上、下通过信号机电路相连接。表中列出了各点灯隔离变压器侧面端子号与有关通过信号机组合侧面端子号,以及点灯隔离变压器侧面端子号与电源屏的端子号。

十一、区间电源屏及室内电源配线图阅图

通过对《自动闭塞图册图(第二版)》图Ⅰ-16、图Ⅰ-17的阅图,掌握区间电源屏及室内电源配线图的阅图方法。

提示：图Ⅰ-16 是区间电源电缆配线及柜间电源端子环线图。图的左部是区间电源屏及室内电源原理图，图中表示了区间电源屏与配电箱、区间移频柜、区间综合柜、区间组合柜的联系。图的右部是配线表，表示了各种电源在区间电源屏、区间移频柜、区间综合柜、区间组合柜的配线联系。

图Ⅰ-17 是区间移频柜零层电源端子配线表，表示了 24 V 电源从来区间电源屏引出至区间移频柜各零层电源端子的配线联系。

十二、区间设备柜配线表阅图

通过对《自动闭塞图册（第二版）》图Ⅰ-18～图Ⅰ-21 的阅图，掌握区间移频柜、区间综合柜、区间组合柜零层端子配线表和区间组合柜侧面端子配线表的阅图方法。

提示：图Ⅰ-18 是区间移频柜零层端子配线表，除了区间移频柜各零层端子之间有少量配线联系外，主要是与区间组合柜侧面端子的配线联系。

图Ⅰ-19 是区间综合柜零层端子配线表，视不同的用途，其配线联系有区别。对于区间移频发送和接收，是室外电缆通过区间综合柜零层端子连接本柜组匣侧面端子；对于信号点灯、站间联系、改方电路和断丝报警，则是室外电缆通过区间综合柜零层端子连接组合柜侧面端子。

图Ⅰ-20 是区间组合柜零层端子配线表，表示的是各种电源通过区间组合柜零层电源端子板、断路器连接到 D_{10} 端子板的配线联系。

图Ⅰ-21 是区间组合柜侧面端子配线表，表示了区间组合柜侧面端子与区间移频柜零层端子、区间综合柜零层端子、接口柜端子、区间组合柜侧面端子之间的配线联系。

各种配线表的表示方法相同，即在本端子上标出所连接的端子号，这与计算机联锁等的配线表表示方法是一致的。

第五节　自动闭塞设备维护

一、自动闭塞设备的维护

ZPW-2000 系列自动闭塞设备分室内、室外两部分，其检程周期分为日常维修和集中检修两种方式，轨道电路的测试包含在日常维护和集中检修过程中。ZPW-2000 系列自动闭塞的维修工作内容、周期见表 3-21。

表 3-21　ZPW-2000 系列自动闭塞的维修工作内容、周期

设备名称	修程	工作内容	周期
轨道电路	日常维护	1. 检查调谐区 BA、BP 及平衡线圈的钢包铜引接线完好	每月不少于 1 次
		2. 检查补偿电容及卡具完好	
		3. 检查防护盒外观及加锁完好	
		4. 检查钢轨接续线完好，补齐缺损的接续线	
		5. 检查轨道电路有无受外界干扰	

续上表

设备名称	修程	工作内容	周期
轨道电路	集中检修	1. 检查钢包铜引接线的安装及固定是否符合要求，不良整治	每年1次
		2. 检查塞钉头上的固定螺帽是否松动，冷压铜端头与轨面间接触电阻是否超标，冷压铜端头根部是否有裂纹，不良的整治或更换	
		3. 防护盒开盖检查、内部清扫、端子螺丝紧固、不良设备整修。电缆固定牢固	
		4. 检查补偿电容的安装和固定是否符合要求，不良整治。补偿电容线断股是否超标	
		5. 检查钢轨接续线是否符合要求，不良更换或整修	
		6. 分路残压测试	
		7. 轨道电路送/受电端调谐区设备电气特性在线测试并记录	
		8. 补偿电容阻抗在线测试并记录	
		9. 绝缘轨距杆漏电流阻抗测试	
		10. 防护盒防水整修	
		11. 对防护盒上字迹不清的名称及电容防护罩上字迹不清的编号用白色调和漆重新刷写	
		12. 各箱盒地线测试，不良的整治	
		13. 防护盒界限测量	
		14. 线路道床检查	
		15. 设备基础桩油漆、扶正；硬面化修补	2年1次
室内设备	日常维护	1. 器材无过热现象。日常测试	每班1次，无人值班站每月2次
		2. 观察维护机告警、预警信息	
		3. 检查站内防雷元件、区间防雷元件劣化窗显示绿色	
	集中检修	1. 轨出1(主接入)电压，轨出2(调接入)电压分析	每月1次
		2. 发送器电气参数在线测试并记录	
		3. 接收器轨道继电器电压测试	每年1次
		4. 电缆模拟单元电气参数在线测试并记录	
		5. 衰耗器电气参数在线测试并记录	
		6. 电缆绝缘测试	
		7. 检查贯通地线，不良的整修	
		8. 其他内容同“信号机械室组合柜”的要求	

信号机、电缆线路的维护内容、周期同集中联锁信号机、电缆线路。

注意：轨道电路原则上不得因气候条件进行二次调整，不得已时，需经电务段同意、授权。二次调整时，应明确注明原因(如：轨枕绝缘特性不良；线路石砟碰轨底；轨枕板面泥土淤积受潮连电；制动铁屑受潮连电……)。

二、ZPW-2000移频轨道电路调整

ZPW-2000移频轨道电路调整分为两部分，即主轨道电路调整与小轨道电路调整。

(1)主轨道电路调整

主轨道电路调整主要考虑各闭塞分区在载频及长度一定时该区段的发送电平、接收电平大小,以及如何跨接封连相应端子,使接/发设备工作在所要求的电平量值范围内。

调整时根据各区段的载频 f_0 与长度 L,首先在“轨道电路调整表”中查出相应的接收电平与发送电平级数,然后根据各自的电平级数在“接收电平调整表”中查出衰耗变压器 B_1 Ⅱ次侧不同抽头端子与主/并机相连的对应端子;在“发送电平调整表”中查出发送器功放输出端子跨接的对应关系。如何跨接封连的具体实施则在衰耗器的 96 芯插座上进行,按表中的对应关系将相关端子用跨线方式连接即可。

在“轨道电路调整表”中不仅可查找接、发电平级数,还可查找对应区段应设的补偿电容的数量,以便根据该数量计算出设置补偿电容的步长,补偿电容的步长即为安装补偿电容时的间距。

(2)小轨道电路调整

小轨道电路调整,目的在于当小轨道接收输入端有一定的输入信号时,为使接收器小轨道输出的“小轨道执行条件电压”满足一定要求,需在衰耗器内选择适当的衰耗电阻接入,不同幅度的接收输入电压,应接入不同的衰耗电阻,才能使接收器小轨道输出满足要求的小轨道电路执行条件电压。即在 1 700 Ω 负载,无并机接入状态下不小于 20 V。

小轨道电路调整时,首先用专用选频表(CD96-3)在衰耗器面板输入塞孔上测出小轨道电路的输入信号,然后按照“小轨道电路调整表”在衰耗器的 96 芯插座上跨线即可。

小轨道电路调整有正、反向运行两种情况。为此在衰耗器内分别设有两套衰耗调整电阻,供正向运行或反向运行时的小轨道电路调整之用。

三、电气特性测试

(1)主轨道输出电压测试

每周一次。在衰耗器“轨出 1”测试孔测试其电压值一般不得低于 336 mV,雨天要加大测试频次。在“轨出 2”测孔测试小轨道输出电压值为 AC 100～130 mV。

(2)发送器的功出电压测试

每月一次。在发送器“功出”测试孔测试其电压值应与“轨道电路调整表”给出的范围相一致。

(3)其他各项测试

每年一次。

在发送器电源测试孔测试发送器工作电压,在接收器电源测孔测试接收器工作电压,应为 DC(24.5±0.5)V。

在衰耗器测孔测试主轨道继电器、并机轨道继电器、轨道继电器、主机小轨道继电器、并机小轨道继电器及小轨继电器电压,均不得小于 20 V。

在模拟网络盘“电缆”“防雷”“设备”三个测试孔分别测试各区段的电压。

在最不利条件下用 0.15 Ω 分路线在轨道电路任一处轨面(小轨区段除外)分路,测试衰耗器“轨出 1”测孔的分路残压,应≤140 mV。

反向小轨道电压的测试利用天窗点将区间运行方向改变为反向后进行测试，其测试方法和标准同正向小轨道电压的测试。

四、故障处理程序

ZPW-2000A 型自动闭塞电路故障处理程序如图 3-61 所示。

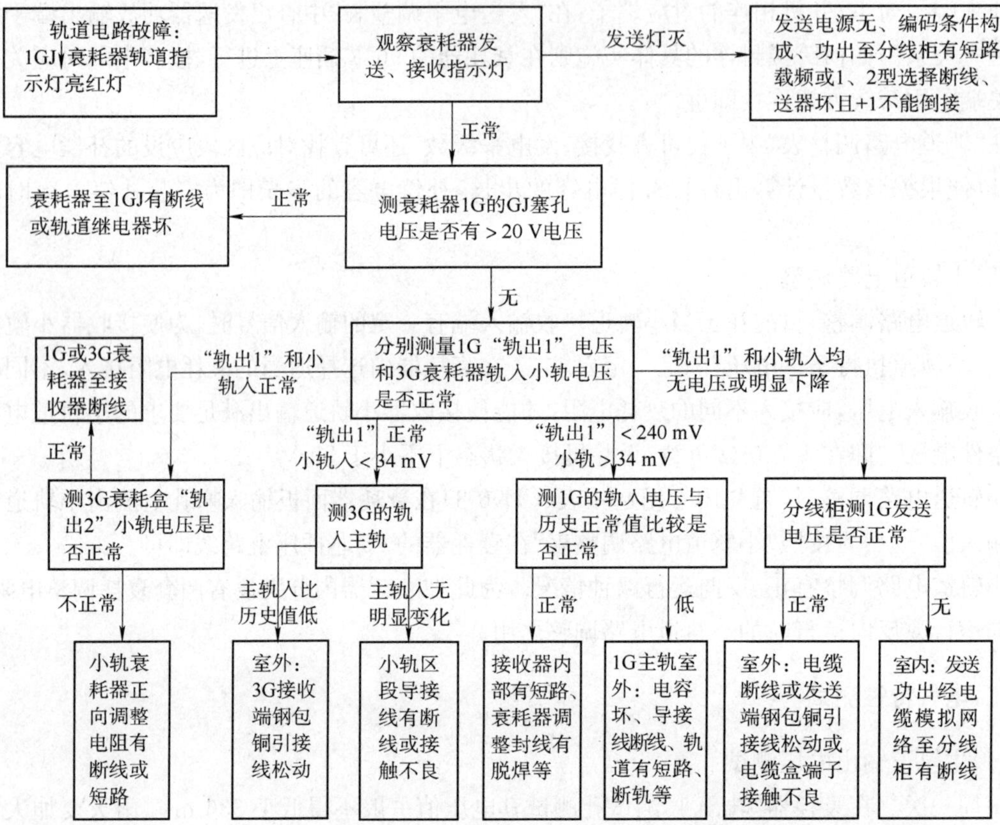

图 3-61　ZPW-2000A 型自动闭塞电路故障处理程序图

说明：

1. 由于发送盒为两个，即主发送和＋1 发送，接收器为双机并用，一般不考虑发送器和接收器坏。
2. 本故障处理流程图只考虑一个轨道电路故障。
3. 若相邻两区段同时故障，一般为室外接收端引接线松、铜端头断、电缆断线或有短路。

ZPW-2000 自动闭塞电路故障的分析、判断、处理思路和车站联锁电路是相似的，可以在分线柜或电缆模拟网络进行室内/外故障的界定。在分线柜发送端和接收端测量发送和接收电平是否与调整表相近是一种有效的手段。接收端能测到的电压值与调整表的调整值相近，说明轨道电路故障在室内接收端，当接收端测不到电压或电压值很低，则可测试发送端的电平是否正常，发送电平正常则故障在室外，否则故障点在室内发送端。需要注意的是：在发送、接收回路中产生短路故障时，轨道电路的送/受电压都可能很低，此时分步将分线柜送/受电端子线头断开，测试空载电压来进一步分析和判断。

五、故障案例处理与分析

1. 钢包铜引接线故障

(1)塞钉及引接线接触不良

【例 1】

A 站 C_4G 红光带，原因为 C_4G 塞钉松动。

塞钉松动的故障在工程开通的初期最为普遍。主要原因是，施工中对塞孔的重要性认识不足，钻孔陈旧、钻头不利、钻孔不圆，造成塞孔安装后接触不紧密、塞孔进水锈蚀、塞钉面接触不良，而 ZPW-2000A 采用的是电流型电路，对塞孔的接触要求很严，反应十分灵敏，当接触电压超过 5 mV 时，就有可能造成区段红光带故障。

现场施工和维护工作中宜采用法国 DUBUIS 电气化铁路轨道连接系统，该系统由汽油引擎的 DP3TH 专用轨道钻孔机，配备 ϕ13.5 mm 一次成型空芯钻头、钻绞刀及倒角器，在钻孔的同时对钻面进行清理，去除钻孔边的毛刺，可确保钻孔的圆整光洁，塞孔孔径误差由原来的 3～5 mm 提高到 0～0.2 mm。钻孔完成后立即将塞钉装上，并用专用扭力工具调定到 18 kN 进行安装和紧固，防止钻孔裸露过夜，造成钻面进水锈蚀接触不良。经过处理后塞钉接触电阻由最大的 6 Ω 降到 0.5 Ω 左右，塞钉头接触压降由 0～18 mV 降低到 0～2 mV，避免因塞钉接触不良造成轨道电路红光带故障。

【例 2】

B 站 A_{11}G 红光带，原因为钢包铜引接线被偷。

发送端钢包铜引接线缺损，移频信号未发送至钢轨，影响本区段的主轨接收和邻区段的 XG 接收，仅本区段出现红光带。而接收端塞钉接触不良，不仅影响本区段的主轨接收，同时影响小轨接收，使本区段和邻区段同时出现红光带。

钢包铜引接线在上道初期被偷盗现象严重。在日常维修过程中，钢包铜引接线加装一根普通的钢丝绳与钢包铜引接线并联使用，可有效提高接触可靠性，对防止钢包铜引接线被盗也起到一定的保护作用。另外，加强与铁路公安联防的打击力度，加大对铁路周边居民和废品收购部门的宣传，对事件多发地段进行立案侦查，使钢包铜被盗事件得到有效遏制。

【例 3】

C 站 9514G 红光带，原因为钢包铜引接线穿孔螺栓折断。

信号工区在测试过程中发现 9514G 轨入下降至 117 mV，邻区段 9528G 轨出 2 下降至 26 mV，经检查 9514G 接收端钢包铜引接线螺栓折断，但螺栓尚未完全脱落。钢包铜引接线螺栓折断主要原因是引接线采用双套化冗余接续线后未重新钻孔，将双引接线用一个穿孔塞钉固定，致使塞钉穿孔螺栓受力加重，出现金属疲劳而造成折断，解决的方法是对冗余接续线重新钻孔分开固定。

【例 4】

D 站 A_1G 红光带，原因为钢包铜接线头鸭嘴铜套折断。

钢包铜引接线与塞孔接触的铜头与线缆的连接是采用冷压接技术压接而成的，钢头在轨腰部连接时要应保持一定的平顺角度，不可硬性折伤成直角，使钢头产生金属疲劳而折断。另外，A_1G 在进站口机械绝缘节处，此处的空芯线圈与调谐单元在同一地点引接上钢轨，若全部加装钢丝绳双线引接，则造成有 8 根引线连接至钢轨，不仅对安装不便，而且钻孔过多，对钢轨也有损伤。一个简便的方法就是将两处的钢包铜引接线在防护盒上并联(图 3-62)后引至钢轨,实现互为备用冗余。

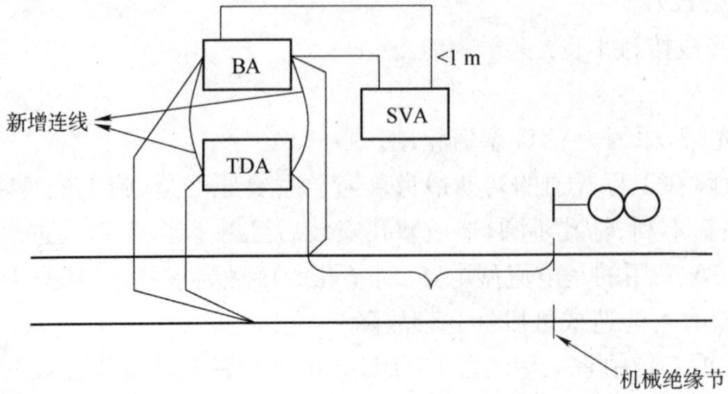

图 3-62　钢包铜引接线连接图

【例 5】

E 站 0540G 红光带,原因为邻近闭塞分区 0526G 钢包铜接线头铜套接触不良。

0526G 受端钢包铜接触不良,此时该闭塞分区的主轨由于发送电平较高,影响不大,而邻近闭塞分区的小轨接收变化较大,电压下降到 60 mV,XG 电压为 0 V,使得 0540 闭塞分区 XGJ 不能吸起,出现红光带。因此,查找故障时不仅要测量主轨电平,而且必须清楚 XGJ 与邻近闭塞分区 XG 的关系,才能较快判断故障点。日常维修中应注意钢包铜的铜套部位,压接应可靠,防止松脱。

【例 6】

F 站 100091 信号机红绿灯跳动,原因为邻近闭塞分区接收端塞钉接触不良。

由于该站设计中采集板信息位已满,控制台上仅设计了一、二、三接近和离去光带,其余区段光带未在控制台复示,故障现象表现为控制台的信号复示器红、绿灯来回跳闪。经查找发现 A_4G 衰耗器的 GJ 在跳动,测试主轨电源正常,再测试 XGJ 电压时有时无,邻近闭塞分区的 XG 电压时有时无,经检查发现室外接近区段接收端塞钉接触不良。ZPW-2000A 区间信号机点灯电路中只检查轨道条件,受轨道条件控制直接开放。而站内塞钉接触不良造成区段红光带故障时,信号跳红灯将不闪绿灯。这是区间点和站内信号机的不同之处。

【例 7】

G 站 A_2G 红光带,原因为钢轨接续线接触不良。

钢轨接续线接触不良造成红光带的故障在轨面电压测试中是逐渐变化的,一般不会产生电压突降的情况,故障点不明显,查找比较困难。日常维护工作中应加强对轨道电路钢轨接续线的检查,异型接头、废弃胶接绝缘的连接线是检查重点,推行钢轨接续线双套化是一种有效的方法。

(2)维修不良

【例 1】

H 站 166G 红光带,原因为维修经验不足,塞钉紧固过头滑丝。

信号工区对塞孔头的维修必须立足于多测多检少动,钢包铜引接线的塞孔用穿钉连接,用扭力钳紧固,外部加装防松螺帽,在施工过程中应用专用扭力钳按 18 kN 力一次成型,日常维修中只需检查防松螺帽的外形是否异常,不得用普通活动扳手等非专用工具进行紧固。这起故障的原因是由于维修经验不足，用活动扳手对防松螺帽进行紧固造成螺帽滑丝，而后信号工区又用红油漆进行刻画防松标记，由于油漆过多，顺着丝扣渗入钢包铜电缆压接头的接触面造成的接触不良。由于故障点较隐蔽，一次故障发生时，经列车震动后自动恢复，信号工区检查防松标记未发现问题，造成了故障的重复发生。

【例 2】

I 站 0715G 红光带，原因为钢包铜引接线被列车带断。

钢包铜引接线线径较粗，硬度较强，如固定不良，靠近钢轨处易形成 Ω 形凸起，在列车通过时容易被车辆车行部钩住挂断，室外固定时应将钢轨引线接至小枕木处的多余量尽量向箱盒侧整理，在地面处的引线摆放平整，卡固牢靠。

2. 补偿电容故障

(1)补偿电容缺损、短路

【例 1】

J 站 C_3G 红光带，原因为两个补偿电容被盗。

区间补偿电容损坏或遗失的故障较多。故障位置不一造成的故障表现各不相同，一般一个电容损坏或丢失个别中间电容不会出现红光带，但受电端电压发生变化，会对机车信号发码产生影响，损失两个以上电容时，主轨电压会明显降低出现红光带。电容损坏部位越靠近送电端，对邻近区段的小轨电压影响越大，进而影响本区段的 GJ 工作，如 C_3G 送电端第一个电容容量下降为 0 μF 时，其接收器的轨出 2 电压较正常值上升了 27 mV。

目前广泛采用电容枕嵌入式安装电容，对防止电容被盗有较好的效果。对电容枕式安装的补偿电容维修的重点是注意检查电容引线塞钉的接触情况。

电容在线测试分析一般用 CD-96A 表测量引线的电流和轨面电压并进行换算。当电容换算测量值与标称值比较变化较大(＞5％)时，应进行更换。

轨道检查车装有区间电容测试仪，利用过电容时对轨面波形峰值变化曲线判断电容的好坏是一种快速便捷的措施。

【例 2】

K 站 S3JG 红光带，原因为补偿电容短路。

区间补偿电容短路造成区间故障的现象较少发生，发生短路时受电端的接收电压变化不大，但根据短路点的处所不同，送电端回路中电流也不同，短路点离送电端越近，电流较大，据此可加快对区间短路点的故障判断。

(2)天气影响

【例 1】

L 站 A_1G 等红光带，原因为大雨造成道床漏泄。

ZPW-2000A 轨道电路增设了很多的补偿电容，下雨过程中，若补偿电容的有机塑料盒内进水，将大大增加轨道电路短路的概率，另外，补偿电容引接处相当于给轨道电路增加了分路点，补偿电容越多，分路点越多，对雨天轨道电路的工作越不利，因此在工程设计中应充分考虑这一因素，将长大(或排水不畅的整体道床、隧道)轨道区段进行分割，缩小单一轨道电路的长度，减少补偿电容数量，有利于使轨道电路晴雨天的工作状态比较接近。另外，对易于积水的区间应督促工务部门进行清筛，适当调低发送端电平，增大工作电流，受电主轨的接收变压器的变比适当调高，有利于提高轨道电路的传输稳定性。

【例 2】

M 站 S_{IV} 信号不能开放，原因为ⅣG 轨道继电器不能可靠吸起。

ZPW-2000A 叠加 JZXC-480 轨道电路时，ZPW-2000A 的补偿电容雨天对轨道电路的分路作用尤其明显。一般晴天调整状态下轨道电路调整为 15 V 左右，一下雨就能迅速降低到 8～9 V 的临界值。ⅣG 的长度为 1 160 m，日常调整为 14.8 V，下雨时降为 8.1 V，造成轨道继电器处于前/后接点不接触的状态，轨道电路既不出现红光带，信号也不能开放。因此对 ZPW-2000A 叠加轨道电路而言，后者的调整不能以简单地套用《普速铁路信号维护规则》10.5～18 V 的标准，而应参照轨道电路的调整曲线表，以 0.06 Ω 标准分路线分路时残压＜2.7 V 为前提，适当调高轨道电路的工作参数。ⅣG 日常工作时调整为 19.4 V，测试分路残压为 0.3 V。在雨天调整状态轨道电压可确保 12 V 以上，使轨道电路工作有了保证。此调整方法对长大轨道电路区段十分有用。

3. 灯丝继电器故障

【例 1】

N 站 1091 信号机红灯、绿灯乱闪；1192 无车点红灯，3LQ 红光带。原因：信号机点灯回路电流调整不当。

区间通过信号机采用 JZXC-15A 型灯丝继电器来监督区间点灯电路的工作，其工作电流必须≥140 mA，才保证可靠吸起。而通过信号机距离信号楼一般比较远，工作电流较大则在电缆回路上会产生较大的压降。此时必须处理好两个问题：一是工作电流调整过大在灯泡断丝时因空载电流过大易造成灯丝监督继电器不落下；二是灯端电压过低则造成信号显示距离不足。

经试验，只要信号隔离变压器的输出电压大于 290 V 时，就能满足电缆长度为 18 km 时，信号机点一个灯灯丝电压为 12 V 的要求。

为了克服信号点灯电缆对灯丝电压的影响，通常采用提高信号隔离变压器Ⅱ次侧电压的方法。当信号机发生灭灯故障时，信号隔离变压器的Ⅱ次侧电压几乎全部加到信号变压器 BX_1-34 的Ⅰ次侧线圈，使信号变压器发生非线性饱和，空载电流急剧增加，其后果是室外灯泡双断丝而灭灯时室内的 DJ 也不能落下，区间不出现红光带，造成故障区段得不到防护。因此，在区间信号变压器要考虑其Ⅰ次侧线圈输入电压为 300 V 时不能产生非线性饱和，以确保空载电流在电压变化时符合相关标准。

四显示自动闭塞还有绿黄的双灯位显示，其电压调整要兼顾点两个灯与点一个灯的情况。因为两者为同一电缆芯线回路，在绿黄显示时，负载加重引起信号隔离变压器输出电压下降，同时通过电缆线路的电流增加，电缆线路压降也显著增加，造成灯丝电压降低。在信号隔离变压器输出电压满足点一个灯丝电压 12 V 的前提下，信号变压器Ⅱ次侧电压应从 13 V 低挡开始选取。因为选低挡信号变压器Ⅰ、Ⅱ次侧电压变比大，Ⅰ次电流小，电缆压降小，灯丝电压较高。

另外，信号灯丝继电器的选型也很重要，JZXC-15A 型灯丝继电器故障率较高，甚至出现过继电器前、后接点不接触的现象，宜选用性能更为可靠的 JZXC-16F 灯丝继电器。

【例 2】

P 站 9913 信号机灭灯，原因为 DJ 前接点接触不良。

P 站为 TYJL-Ⅱ型计算机联锁车站，采集信息位使用 DJ 第 1 组前接点，该接点不通时采集信号没有输入，信息位灭灯，此时区间灯丝监督与轨道发码光带条件是通过计算机联锁软件来实现的，控制台相应的显示为信号机灭灯，轨道区段红光带。而 DJ 用于区间发送通道检查的接点组接触良好，此时现场信号机显示正常，造成室内、外显示不一致。

4. 电源故障

(1)整流电源容量不够

【例】

Q 站区间红光带，原因为 ZG-42/0.1 硅整流熔丝熔断。

既有站场改造过程中，为方便导通试验对区间电路，一般单独设立硅整流电源作为区间控制电路电源 QKZ、QKF 使用，以便实现与既有电路的有效隔离。开通后必须将该电源环入区间电源屏相应的控制电源，确保电源容量和使用稳定。本站开通时未对环路电源进行处理，硅整流器一直作为在用电源使用，由于整流器容量不够，温升增高，造成熔丝断路和电源故障。

(2)断路器跳闸

【例】

R 站 D_3G 红光带，原因为邻站站联小轨电源断路器脱扣。

对于两个车站的管辖区分界处，由于轨道电路的送电端设在本站，而小轨的接收端设在邻站，为确保 XG 条件可靠传递，避免长缆传输低电压造成的线路衰耗，一般不采用站联电缆将接收器的 XG 电压直接传递的方式，而是将 XG 的电缆条件动作站联小轨继电器(ZLXGJ)，然后将该继电器条件复示到邻站，用该条件作为轨道继电器工作的 XGJ 条件，如图 3-63 所示。

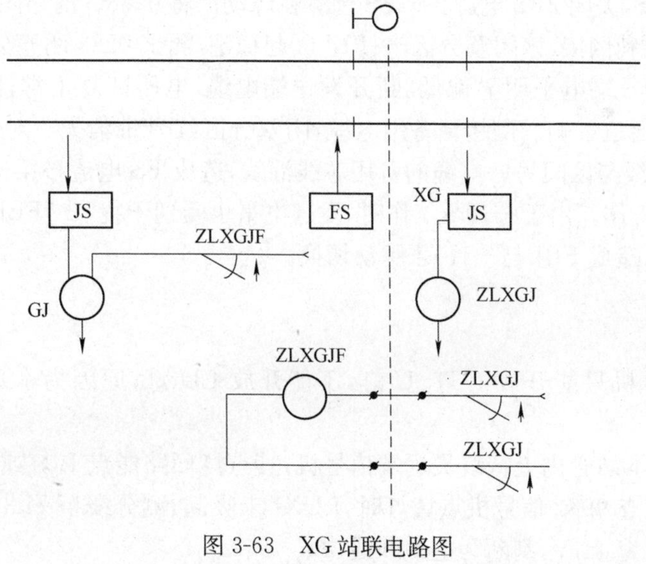

图 3-63　XG 站联电路图

当管辖区分界处出现红光带时，应先测量主轨电压和观察 ZLXGJF 是否吸起，若 ZLXG 落下，则应检查站联电缆及邻站接收的 XG 输出、站联 XG 电缆等。

(3)智能电源屏故障

【例】

S 站区间红光带，原因为智能电源屏遭雷击故障。

智能电源屏在使用中暴露防雷性能差等弱点，S 站三改四工程中采 PDZ-Q10 型区间电源屏，雷击打坏了区间站联的电源模块(QZ、QF 电源)，由于输出端未采取有效隔离，使得输出端造成短路，+1的模块不能实现故障切换，导致上、下行方面区间站联电源全部断电，出现红光带。

5. 电缆故障

(1)JS芯线未成对使用

【例】

T站C_{11}G闪红光带，原因为电源线电缆芯线未成对使用。

T站区间遭雷击，区间接线盒被打坏，电源线间绝缘不良，故障抢修时临时倒用C_{11}JS、C_{21}GFS电缆。抢修之后，车站值班员反映C_{11}G经常在无车状况下闪红光带。对C_{11}JS进行测试发现接收端的电压波动比较大，复查C_{11}JS电源为非对绞电缆，线间电容很大，更换为屏蔽四芯组的对绞芯线后，JS电平和频率趋于稳定，故障现象消失。

由于ZPW-2000A轨道电路选用的频段较高，因此在远距离传输中对线间电容耦合反应敏感。在日常维修和抢修施工中必须严格按芯线成对使用的要求进行，对禁止同缆使用的接收端、发送端也必须严格按要求分设。

(2)电缆混线

【例】

U站0288G闭塞分区闪红光带，原因为电缆混线。

检查0288G送电端的FBJ与+1FBJ都在脉动互切，将+1FS电源关闭，主发送FBJ仍然在脉动。恢复+1FS，关闭ZFS电源，+1FS仍然在脉动。将0288G前一闭塞分区发送器电源关闭，此时+1FS顺利倒接，该闭塞分区+1FBJ吸起稳定，测试0288闭塞分区FS的功出电压正常，而分线柜的FS端电平明显偏低，断开发送端电缆，电压恢复正常，因此判定该故障为0288G闭塞分区的通道影响。倒接至备用电缆，闭塞分区红光带消失。对倒接下的电缆进行测试，发现FS的回线与区间另一电缆的备用芯线混线，造成FS电流被第三支路旁路，使FBJ落下切换到+1FS工作。由于+1FS工作时，发送电平也受到干扰，+1FBJ落下，此时0288 G发送器又切入工作，造成FBJ与+1FBJ脉动切换。

(3)电缆断线

【例】

V站9996信号机只能开放L灯、U灯，不能开放LU灯，原因为本站至邻站站联电缆断线。

9996信号机为本站管内上行线最远端信号机，其点灯回路能点L灯或U灯，说明信号点灯回路没有问题，检查9982信号机点黄灯时，LUXJ未吸起，测分线柜ZL3、ZL4电缆无电，而邻站ZL3、ZL4电压为44 V，判断为电缆断线。

处理电缆个别芯线断线的有效方法是倒用备用芯线，在日常维护工作中要将对绞芯线和普通芯线各全程贯通一对芯线在分线柜上端子，并加挂铭牌备用，该备用芯线需与使用电缆一样加强日常的测试和维护。

对区间电缆径路必须加强防护，补齐径路标桩，防止施工造成电缆大面积断线是关键。

6. 器材故障

(1)接收器故障

【例】

W站移频报警，原因为接收器故障。

ZPW-2000A 发送器采用“$n+1$”冗余，接收器采用“0.5+0.5”的备用方式，器材不良造成的信号故障大为减少，日常检修中应加强发送器、发送器工作指示灯报的检查。信号工区发现移频报警，检查室内设备发现接收器工作指示灯灭灯，更换后移频报警停止。

(2)衰耗器故障

【例】

X 站 9314 区段 GJ(Z)无输出，原因为衰耗器 B_{17} 端子断线。

这是一例日常测试中发现的故障，由于接收器采用“0.5+0.5”的备用方式，衰耗器的测试塞孔对应的有 GJ(Z)、GJH(Z)和 GJ(B)、GJH(B)两路测试孔，其引出线对应端子为 $B_{16}\sim B_{19}$，当主机测试孔输出线(B_{16}、B_{17})故障时，GJ(Z)测试无电压，而并机测试孔输出线(B_{18}、B_{19})故障时，GJ(B)测试无电压。但这一故障仅影响数据测试，对轨道电路的正常工作没有影响。

(3)匹配变压器故障

【例】

Y 站 B_1G 红光带，原因为匹配变压器被雷击坏。

故障发生时，接收端室内接收电平由正常值的 684 mV 下降为 315 mV，幅度下降达 55%，轨道电路不能可靠工作。因雷害故障部位比较难以判断，因此将分线柜接收端断开，测电缆线电压明显下降，判断故障点在室外，沿着受电端向送电端查，发现匹配变压器变比不对(正常为 1∶9)，更换后恢复正常。

室外贯通地线是非常重要的防雷设施，贯通地线被盗缺损平时不易发现，而雷害发生时易使设备遭受雷击而损坏，日常维护中一般采用贯通电缆连接贯通地线测试环路电阻来判断地线的好坏。

(4)电缆模拟网络故障

【例】

Z 站 0752G 红光带，原因为送电端电缆模拟网络故障。

为判断和区分区间故障的范围，送/受电端的电缆模拟网络上设“设备”“防雷”“电缆”三个测试孔。电缆模拟网络的性能可以通过上述三个测孔值直接分析即可判断。

7. 配线错误

(1)+1 发送器载频选型错误

【例】

a 站 A_2G 红光带，原因为主机发送器故障，而+1 发送器不能倒接。

ZPW-2000A 区间上/下行线各设一个+1 发送器，实现发送器的故障倒机。故障倒机时，要倒接低频、载频(含 1、2 型选型)、发送功出(含电平)等三部分。本例中，ZFS 故障时，倒接到+1 发送器工作，由于+1FS 的载频 2300 选用的是-2 型频率(ZFS 的载频为 2300-1 型载频)，相邻闭塞分区的接收器接收到 2300-2 型频率，其 XG 不能吸起，使得本闭塞分区缺少 XGJ 条件而出现红光带。

因此，在进行区间设备联锁试验时，必须严格校对各对应闭塞分区的 ZFS 与+1FS 的载频、低频选型及发送电平等级一致。

(2)XG 电源配线错误

【例】

b 站区间红光带，原因 XG 不工作。

此故障是由于主发送器电源因故脱扣引起的，当 ZFS 故障倒到＋1FS 工作时，由于该闭塞分区的 XG 电源由 ZFS 的零层断路器下端引出，断路器脱扣后小轨失去工作电源，此时＋1FS即便切换工作，轨道电路也不能正常工作，可见小轨道电路的工作电源必须从断路器的上端引出。ZPW-2000A 的机柜配线图内对小轨的工作电源没有明确的配线设计，施工单位引入电源时未考虑故障的因素，造成故障的发生，因此在电路设计中必须对小轨的工作电源进一步规范。

(3)结合电路配线错误

【例】

c 站反向发车进路不解锁，原因为站内与区间结合电路 13 线解锁电路配线错误。

该故障多发生在区间自动闭塞与站内联锁设备分步开通的车站中，由于自动闭塞未开通时，站间按半自动闭塞运行，因此单线的进站口外方的解锁 13 线条件为 JGJ 后接点；改为自动闭塞后，正向发车口的条件应改为 1LQJ 后接点，若发车口网络 13 线未进行修改，在解锁过程中得不到相应条件，造成发车进路不能解锁。

8. 钢轨影响

(1)护轮轨影响

【例 1】

d 站 0540G 红光带，原因为大桥扣件短路造成。

有护轮轨的大桥在施工中应按照 ZPW-2000A 的要求将相应的护轮轨（不超过 200 m）进行切割和加装绝缘节，如图 3-64 所示。这样，一方面有利于防止基本轨上传输的信息通过护轮轨感应构成回路使基本轨占用得不到检查，另一方面避免护轮轨扣件短路时造成轨道红光带。

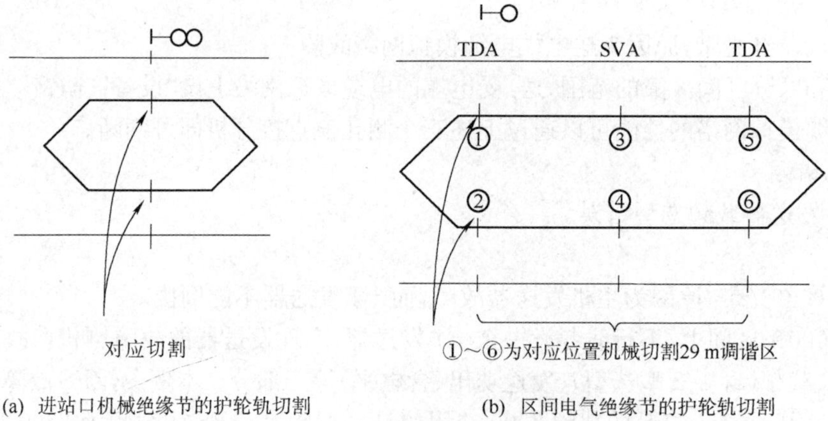

(a) 进站口机械绝缘节的护轮轨切割　　(b) 区间电气绝缘节的护轮轨切割

图 3-64　绝缘节的护轮轨切割

【例 2】

e 站进站内方无岔区段 Ⅰ AG 红光带，原因是护轮轨扣件短路。

用万用表室内分线柜测试 Ⅰ AG 的电压为 14 V，而轨道继电器电压仅为 7 V 左右，利用 CD-96 移频表测量分线柜 Ⅰ AG 受电端端子上发现其中含有 ZPW-2000A 的谐波成分。进一步查找发现，Ⅰ AG 与下行接近区段 A_1G 相邻近，处于大桥上，由于护轮轨扣件的短路，使 A_1G

高频信息进入了ⅠAG电路中，加上相邻区段的极性正好是相反的，造成轨道继电器的电压下降。因此，对护轮轨的扣件绝缘要加强检查，在做护轮轨切割施工时，按3-63的原则将轨轮轨的切割点与信号点的绝缘节对齐可有效防止相邻区段干扰。

(2)钢轨断裂

【例】

f站，A_{32}G红光带时有时无，原因为大桥伸缩轨断裂。

f站至g站区间红光带时有时无，故障难以捕捉。一次，A_{32}G红光带持续了1 min多，此时楼内测试发现主轨未接收到电压，通知室外人员注意检查轨面，当测试到10111～10105区间内大桥伸缩轨时，发现钢轨自轨底向轨面产生了严重裂纹，从而有效地防止一起可能发生的重大事故隐患。

9. 其他

【例1】

h站—i站区间信号机灭灯，原因为错误办理改变运行方向。

车站值班员对计算机联锁控制台操作不熟悉，在办理正方向接车进路时在按压始端按钮未起作用的情况下，按压了“终端”按钮，而后发现始端按钮未闪光，又重按始端按钮，造成接车进路变为反方向发车进路，改变运行方向电路错误改变运行方向，区间通过信号机因运行方向的改变而熄灭。主要原因是电路设计中改变运行方向电路中未加入“允许改方”按钮(YGFA)。

为防止错办造成改变运行方向，在电路设计中应考虑在四线制方向电路中的接车口加入非自复式的“允许改方”按钮(YGFA)进行改变运行方向电路控制，在办理改变运行方向时必须先按压“允许改方”按钮方可进行改方作业，“允许改方”按钮改方完毕应立即拉出，并加封完整，日常检修中应检查该按钮处于定位断开位置。

【例2】

j站—k站反向区间红光带，原因为衰耗器反向XG调整不当。

反向XG平时得不到检查，只有在进行反向运行时才使用，因此反向XG调整不当将为区间反向运行埋下隐患，在日常维护过程中必须按检修周期改变运行方向对XG进行测试调整。

【例3】

l站反向大区间内有区段红光带时出站信号机能开放，原因为反向区间空闲检查不完整。

区间反向运行时应检查区间所有闭塞分区的GJ前接点，将它们串联起来构成检查整个区间空闲的QGJ电路。当反向区间出现红光带时，不允许开放出站信号机。

反向运行时站间空闲检查也可以采用另外一种方法。反向运行时，本闭塞分区发送电路检查相邻内方闭塞分区的QGJ前接点，相邻内方闭塞分区有车，则本闭塞分区QGJ落下。此时反向出站信号机开放只须检查3JG空闲，即可确定站间空闲。

而本例故障中，反向区间空闲检查不完整，此时反向发车的第一个离去区段3JGJ前接点只表示本闭塞分区空闲，不具备检查整个区间的功能，造成区间有红光带时出站信号机能开放。

复习思考题

1. 简述自动闭塞系统的技术特征、设备组成、基本原理和技术经济效益。
2. 单向自动闭塞和双向自动闭塞有何异同?
3. 三显示自动闭塞和四显示自动闭塞有何异同?
4. 什么是移频信号? 什么是移频自动闭塞? 移频自动闭塞的信息特征是什么?
5. 什么叫中心载频、上边频、下边频、低频调制信号和频偏?
6. ZPW-2000A 型自动闭塞有哪些特点?
7. 简述 ZPW-2000 A 型自动闭塞的构成。
8. 简述谐振式无绝缘轨道电路的构成和工作原理。
9. 调谐单元有何作用? 如何实现两相邻轨道电路的电气绝缘?
10. 为什么要采用空芯线圈? 有何作用? 机械绝缘节和电气绝缘节的空芯线圈能否通用?
11. 匹配变压器有何作用? 能不用吗?
12. 补偿电容器有何作用? 如何设置?
13. ZPW-2000A 型自动闭塞的室内设备包括哪些?
14. 发送器有何作用? 由哪些主要环节组成? 简述其工作原理。
15. 如何读取低频和载频编码条件?
16. 移频信号是如何产生的?
17. 为什么要采用安全与门电路? 简述其电路原理。
18. 发送器的载频如何选择? 功出输出电平如何调整?
19. 接收器有何作用? 由哪些主要环节组成? 简述其工作原理。
20. 接收器是如何实现成对双机并联运用的?
21. 接收器是如何解调移频信号的?
22. 接收器的载频如何选择? 小轨道电路的条件是如何处理的?
23. 衰耗器起什么作用? 如何接线?
24. 衰耗器上有哪些表示灯? 各表示什么意义?
25. ZPW-2000A 型自动闭塞如何进行故障报警?
26. 电缆模拟网络有何作用? 举例说明如何进行电缆补偿?
27. ZPW-2000A 型自动闭塞如何进行防雷?
28. 闭塞分区的载频如何配置?
29. 简述区间移频柜、区间综合柜的运用。
30. 信号点电路是如何改变运行方向的?
31. 何为红灯转移? 如何实现?
32. 自动闭塞的接收如何构成? 其中的小轨道电路是如何处理的?
33. 简述三接近区段发送编码电路和通过信号机点灯电路的原理。
34. 简述二接近区段发送编码电路和通过信号机点灯电路的原理。
35. 简述一接近区段发送编码电路和通过信号机点灯电路的原理。

36. 简述一般闭塞分区发送编码电路和通过信号机点灯电路的原理。
37. 何谓 U 信号点、LU 信号点、L 信号点、LL 信号点？它们的电路有哪些主要区别？
38. 简述 1LQ 区段的发送编码电路的原理。
39. 有分隔点的闭塞分区电路有何特点？
40. 简述站间联系电路的原理。
41. 发送电路如何实现“$n+1$”？
42. 简述移频总报警电路、区间主灯丝断丝报警电路的原理。
43. 自动闭塞如何与继电集中联锁相结合？与计算机联锁如何结合？
44. ZPW-2000 系列自动闭塞如何进行维护？
45. ZPW-2000 系列自动闭塞有哪些常见故障？如何处理？

第四章 自动闭塞改变运行方向电路

第一节 改变运行方向电路及其办理

一、自动闭塞改变运行方向

对于单线自动闭塞和双线双向自动闭塞，因区间线路上既要运行上行列车，又要运行下行列车，所以除了需要防护列车尾部外，还必须防护列车的头部。

在单线自动闭塞区段，为了对列车头部进行防护，就要求两个方向的通过信号机之间和区间两端的车站联锁设备之间发生一定的联锁关系，只允许列车按所建立的运行方向以通过信号机的显示运行。如准许上行方向的列车运行时，下行方向的通过信号机和出站信号机均不能开放，反之亦然。在单线自动闭塞区段，我国目前采用平时规定运行方向的方式，即平时规定方向的通过信号机开放，而反方向的通过信号机灭灯，反方向的出站信号机也不能开放。只有在区间空闲时，经办理一定手续，改变了运行方向后，反方向的出站信号机和通过信号机才能开放，此时规定运行方向的通过信号机和出站信号机不能开放。

在双线双向自动闭塞区段，反方向不设通过信号机，构成自动站间闭塞。反方向运行时，通过改变运行方向，转换区间的发送和接收设备，并使规定方向的通过信号机灭灯。

改变运行方向这一任务是由改变运行方向电路完成的。

二、改变运行方向电路的作用

改变运行方向电路的作用是，确定列车在区间的运行方向，即确定区间两端的接车站和发车站；转换区间的发送和接收设备；控制区间通过信号机的点灯电路。

三、改变运行方向电路的发展

改变运行方向电路最初为二线制，后改进为四线制，随后又出现新的二线制。无论哪种改变运行方向电路都是由继电电路构成的。

最初使用的二线制改变运行方向电路，由于传输信道内同时要完成控制和监督两个作用，故障率高，影响正常使用和运输效率。而四线制改变运行方向电路将改变区间运行方向的控制电路和监督区间是否空闲的监督电路分别使用一条互相独立的二线电路，克服了上述缺点，提高了安全程度、可靠性和效率。为减少外线，经改进设计了新的二线制电路。然而，新的二线制电路仍然存在较多问题，所以目前采用的大多是四线制改变运行方向电路。

为与计算机联锁相结合，各生产研发单位研究了各自的改变运行方向电路，均为四线制，其原理是相同的，只是具体电路有差别。

在高速铁路，实现了闭塞列控一体化，改变运行方向由列控中心完成，就不需要改变运行方向电路了。

四、改变运行方向的办理

1. 为改变运行方向所设的按钮和表示灯

为改变运行方向，控制台上对应每一接车方向，设一组改变运行方向用的按钮和表示灯。对于双线双向自动闭塞，每一咽喉设一个“允许改方”按钮和表示灯，如图 4-1 所示。

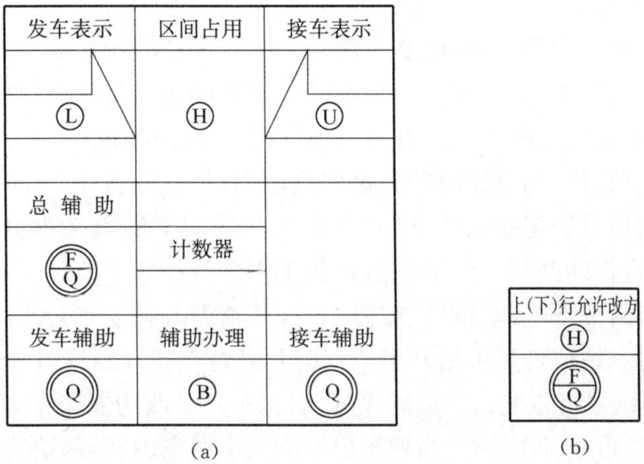

图 4-1　“允许改方”按钮和表示灯

“允许改方”按钮的作用是为了防止车站误办造成错误改变运行方向，为二位非自复式，带铅封按钮。只有登记、破封按下本咽喉的“允许改方”按钮 YGFA，该咽喉才能办理改变运行方向。此时，允许改变运行方向表示灯 YGFD 点亮红灯。

接车方向表示灯 JD，黄色，点亮表示本站该方向为接车站；发车方向表示灯 FD，绿色，点亮表示本站该方向为发车站。监督区间表示灯 JQD，红色，点亮表示对方站已建立发车进路或列车正在区间运行。辅助办理表示灯 FZD，白色，点亮表示正在辅助办理改变运行方向。总辅助办理按钮 ZFA，非自复式，带铅封。接车辅助办理按钮 JFA 和发车辅助办理按钮 FFA，均为二位自复式带铅封按钮，辅助办理改变运行方向时用。计数器用来记录辅助办理改变运行方向的次数。

在计算机联锁车站，为改变运行方向所设的按钮和表示灯都设在显示器上。

2. 改变运行方向的办理

改变运行方向有正常办理和辅助办理两种方式。

(1)正常办理

正常办理是改变运行方向电路处于正常状态时的办理方法。设甲站处于接车站状态，其接车方向表示灯 JD 黄灯亮；乙站处于发车站状态，其发车方向表示灯 FD 绿灯亮且区间空闲，区间占用表示灯 JQD 灭灯。现甲站欲发车，在 JQD 灭灯的情况下，先登记破封按下本咽喉的“允许改方”按钮 YFGA，允许改变运行方向表示灯 YGFD 红灯点亮。此时即可正常办理改变运行方向，甲站值班员只要办理一条发车进路就可使改变运行方向电路自动改变运行方向。

甲站改为发车站，其 JD 灭，FD 亮。乙站改为接车站，其 FD 灭，JD 亮。当甲站出站信号机开放后或列车在区间运行时，两站的 JQD 同时点亮。列车完全驶入乙站，区间恢复空闲后，甲站又未办理发车进路时，JQD 灭灯。

乙站从接车站改为发车站，办理手续同上。

(2)辅助办理

辅助办理是当办理改变运行方向的过程中出现故障时，使方向电路恢复正常的一种办理方式。当监督区间电路发生故障或因故出现“双接”时，两站 JQD 同时点亮，这时就必须用辅助方式才能改变运行方向。

①监督区间电路发生故障，方向电路正常时

若监督区间继电器因故落下，使控制台上的监督区间表示灯 JQD 亮红灯，此时区间虽空闲，但通过正常办理手续无法改变运行方向，只能借助于辅助办理。

两站值班员确认监督区间电路故障且区间空闲后，均破封按下“总辅助”按钮 ZFA，由欲改成发车站的车站值班员登记破封按下“发车辅助”按钮 FFA，其辅助办理表示灯 FZD 亮白灯，表示本站正在进行辅助办理。但本站值班员仍需继续按压 FFA。与此同时或稍晚，原发车站值班员也登记破封按下“接车辅助”按钮 JFA，其辅助办理表示灯 FZD 亮白灯，表示本站开始辅助办理。此时本站值班员可松开 JFA，其 JD 黄灯点亮，FD 绿灯灭灯。

此后原接车站 FD 绿灯点亮，JD 黄灯灭灯，表示本站已改为发车站，辅助办理改变运行方向已完成，车站值班员可松开 FFA。当列车出发进入区间空闲后，两站才能拉出 ZFA，然后加封，FZD 灭灯。这样，可防止当区间有车时，因一方单按接车辅助按钮后出现的误动。

若办理辅助改方未能成功改方需再次办理时，两次办理的时间间隔不得少于 13 s，以免错误动作。

②因故出现“双接”，两站均为发车状态时

当改变运行方向电路的电源瞬时停电或方向电路瞬时故障，不能正常改变运行方向，使两站均处于接车状态(即“双接”)时，其中任一站要求改变运行方向，均需用辅助办理来实现。

两站值班员应确认区间空闲、设备故障，经双方商定，如乙站改为发车站，则乙站先登记破封按下 FFA，然后甲站再登记破封按下 JFA。甲站值班员看到 FZD 亮白灯时，方可松开 JFA，表明改变运行方向已完毕，发车权已属乙站，乙站即可开放出站信号机。

计算机联锁车站的辅助改变运行方向和电气集中的操作基本是相同的，只是发车站的“发车辅助”按钮一直按下对鼠标操作来说无法实现，改为鼠标单击“发车辅助”按钮后显示 10 s 的倒计时时，在倒计时时间内只要重复单击“发车辅助”按钮，就视为“发车辅助”按钮一直处于按下状态来实现辅助改变运行方向。

第二节　改变运行方向电路工作原理

一、电路组成

对应于车站的每一接车方向设一套改变运行方向电路，相邻两站间该方向的改变运行方向电路由 4 根外线联系组成改变运行方向电路。对于单线区段，一般车站每端需设一套改变运行方向电路。对于双线双向运行区段，一般车站每端需设两套改变运行方向电路。每一端的改变运行方向电路由 15 个继电器组成，分为两个组合，称改变运行方向主组合 FZ 和辅助组合 FF。组合内继电器排列及类型见表 4-1。

表 4-1 改变运行方向组合内继电器排列及类型

	1	2	3	4	5	6	7	8	9	10
FZ	FJ_1	JQJ	GFJ	GFFJ	JQJF	JQJ_2F	DJ	JFJ	FFJ	FGFJ
	JYXC-270	JWXC-H600	JWXC-1700	JWXC-1700	JSBXC-850	JWXC-1700	JWXC-H340	JWXC-1700	JWXC-1700	JPXC-1000
FF	FJ_2	FAJ	FSJ	KJ	ZFAJ					FZG
	JYXC-270	JWXC-1700	JWXC-1700	JWXC-H340	JWXC-1700					ZG_1-220/0.1 100/0.1

二、电路原理

四线制改变运行方向电路由方向继电器电路、监督区间继电器电路、局部电路、辅助办理电路和表示灯电路等组成。

1. 局部电路

局部电路的作用是，当方向电路改变运行方向时控制方向继电器的电流极性，以及控制辅助办理电路以实现运行方向的改变。它由改变运行方向继电器 GFJ、改变运行方向辅助继电器 GFFJ、监督区间复示继电器 JQJF 及监督区间第二复示继电器 JQJ_2F 组成。

(1)改变运行方向继电器电路

改变运行方向继电器 GFJ 的作用是记录发车按钮继电器的动作，从而改变运行方向，其电路如图 4-2 所示。平时，发车站 GFJ 吸起，接车站 GFJ 落下。

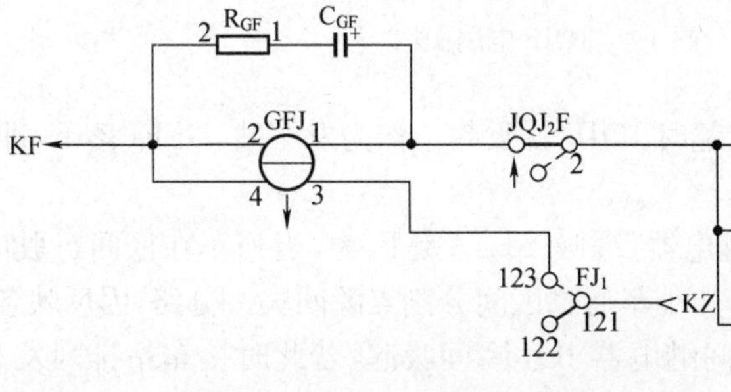

图 4-2 GFJ 电路图

改变运行方向时，在原接车站办理了发车进路使 FAJ 吸起后，接通 GFJ 的 1-2 线圈励磁电路，GFJ 吸起，并经其本身第 5 组前接点自闭。方向继电器 FJ_1 转极后，接通 GFJ 的 3-4 线圈励磁电路。在辅助办理改变运行方向时，辅助改变方向继电器 FGFJ 吸起后，也接通 GFJ 的 1-2 线圈励磁电路，完成改变运行方向的任务。

对于原发车站，GFJ 平时吸起，改变运行方向时 FJ_1 转极后，GFJ 落下。

GFJ 的 1-2 线圈上并有 C_{GF} 和 R_{GF}，构成缓放电路。其作用是在原发车站改为接车站时，利用 GFJ 的缓放，使原发车站的方向继电器可靠转极。

(2)改变运行方向辅助继电器电路

改变运行方向辅助继电器 GFFJ 的作用是，当改变运行方向时，使两站的方向电源短时间正向串联，使方向继电器 FJ 可靠转极，其电路如图 4-3 所示。

GFFJ 励磁电路由 GFJ 后接点接通。原发车站 GFJ 吸起，GFFJ 落下；原接车站 GFJ 落下，GFFJ 吸起。

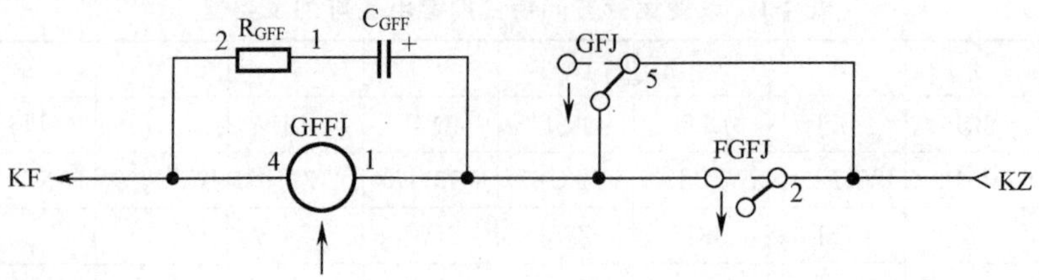

图 4-3　GFFJ 电路图

改变运行方向后，原接车站改为发车站，GFJ 吸起，GFFJ 落下；原发车站改为接车站，GFJ 落下，GFFJ 吸起。

辅助改变运行方向时，辅助改变运行方向继电器 FGFJ 吸起后，也使 GFFJ 吸起，参与运行方向的改变。由 C_{GFF} 和 R_{GFF} 组成 GFFJ 的缓放电路，其作用是使两站方向电源串接，使得方向继电器 FJ 可靠转极。

(3)监督区间复示继电器电路

监督区间复示继电器 JQJF 的作用是，复示接车站 JQJ 的动作，其电路如图 4-4 所示。

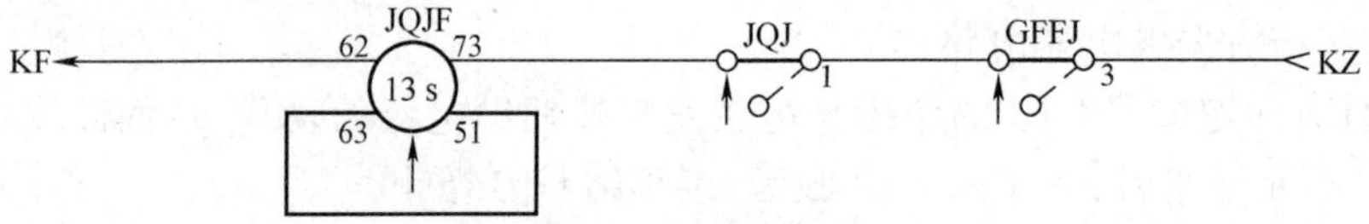

图 4-4　JQJF 电路图

作为接车站，GFFJ 吸起，JQJ 吸起时 JQJF 就吸起。作为发车站，GFFJ 落下，即使 JQJ 吸起，JQJF 也不吸起。

JQJF 采用 JSBXC-850 型时间继电器，缓吸 13 s。是因为，当列车在区间行驶时，若任一闭塞分区的轨道电路发生分路不良，如小车通过区间分割点瞬间失去分路，因反映各闭塞分区占用情况的 GJ 的缓放，将使监督区间继电器 JQJ 瞬间吸起，若此时接车站排列发车进路，将导致错误改变运行方向，造成敌对发车的事故，故应采用缓吸 13 s 的时间继电器作为 JQJF。当发生上述情况时，由于 JQJF 的缓吸，使 JQJ_2F 不吸起，进而使 GFJ 仍处于落下状态，可防止错误改变运行方向。

(4)监督区间第二复示继电器电路

监督区间占用第二复示继电器 JQJ_2F 是复示 JQJF 的动作的。另外，在辅助改变运行方向时，作为 JQJ 的反复示继电器。在辅助改变运行方向时，FGFJ 吸起，JQJ 落下使 JQJ_2F 吸起。

JQJ_2F 电路如图 4-5 所示。在 JQJ_2F 的 1-2 线圈上并有 C_{JQ1} 和 R_{JQ1}，在它的 3-4 线圈上并有 C_{JQ2} 和 R_{JQ2}，构成缓放电路。这样在 JQJ_2F 落下之前，FJ 的线圈有瞬间被 JQJ_2F 的第 1 组前接点和 GFFJ 的第 2 组后接点所短路，这是为了防止当区间外线混线时，由于反电势使 FJ 错误转极造成双向发车的危险。加短路线后反电势被短路线所短路，待反电势消失后再接通电路，FJ 就不会错误动作。

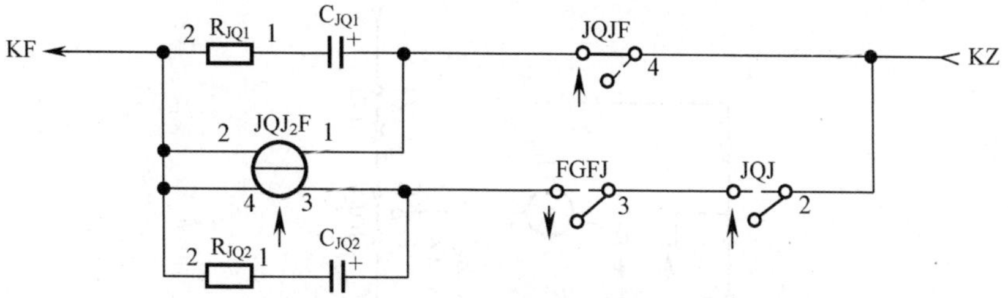

图 4-5　JQJ_2F 电路图

2. 方向继电器电路

方向继电器电路的作用是改变列车的运行方向。它由方向继电器 FJ 和辅助改变运行方向继电器 FGFJ 组成，其电路如图 4-6 所示。

在连接区间两端的车站分别设置了两个方向继电器，它们通过外线串联在一起。方向继电器采用 JYXC-270 型有极继电器。用它来确定列车的运行方向，转换发送和接收设备及决定通过信号机是否点灯。

辅助改变运行方向继电器 FGFJ 的作用是，当监督电路故障而方向电路正常或发生其他意外故障时，采用辅助办理的方法，用 FGFJ 的吸起来改变运行方向，提高了整个改变运行方向电路的效率。

(1)FJ 电路

正常办理改变运行方向时，GFJ 吸起，GFFJ 缓放尚未落下时，接通原接车站（甲站）的方向电源 FZ、FF，向方向电路发送反极性电流，使方向继电器 FJ 转极，其电路如下：

甲站 FZ—$GFFJ_{22\text{-}21}$—$JQJ_2F_{12\text{-}11}$—$JFJ_{43\text{-}41}$—$GFJ_{22\text{-}21}$—$FFJ_{23\text{-}21}$—$R_{F1\text{-}2}$—外线 F_1H—乙站 $R_{F_{2\text{-}1}}$—$FFJ_{21\text{-}23}$—$GFJ_{21\text{-}22}$—$JFJ_{41\text{-}43}$—$JQJ_2F_{11\text{-}13}$—$FJ_{1_{1\text{-}4}}$—$GFFJ_{13\text{-}11}$—$JFJ_{33\text{-}31}$—$GFJ_{12\text{-}11}$—$FFJ_{13\text{-}11}$—$FJ_{2_{1\text{-}4}}$—外线 F_1—甲站 $FJ_{2_{4\text{-}1}}$—$FFJ_{11\text{-}13}$—$GFJ_{11\text{-}12}$—$JFJ_{31\text{-}33}$—$GFFJ_{11\text{-}12}$—FF。

甲站 GFJ 吸起，用其第 5 组后接点断开了 GFFJ 电路。利用 GFFJ 的缓放，使乙站的方向电源与甲站的方向电源短时间地正向串联，形成两倍的线路供电电压，使方向电路中的所有方向继电器 FJ 可靠转极，其电路如下：

乙站 FZ—$JFJ_{13\text{-}11}$—$FJ_{1_{112-111}}$—$GFJ_{13\text{-}11}$—$FFJ_{13\text{-}11}$—$FJ_{2_{1\text{-}4}}$—外线 F_1—甲站 $FJ_{2_{4\text{-}1}}$—$FFJ_{11\text{-}13}$—$GFJ_{11\text{-}12}$—$JFJ_{31\text{-}33}$—$GFFJ_{11\text{-}12}$—FF 及 FZ—$GFFJ_{22\text{-}21}$—$JQJ_2F_{12\text{-}11}$—$JFJ_{43\text{-}41}$—$GFJ_{22\text{-}21}$—$FFJ_{23\text{-}21}$—$R_{F_{1\text{-}2}}$—外线 F_1H—乙站 $R_{F_{2\text{-}1}}$—$FFJ_{21\text{-}23}$—$GFJ_{21\text{-}23}$—$JFJ_{21\text{-}23}$—FF。

当 GFFJ 经缓放落下后，断开甲站的方向电源，由乙站一方供电。GFFJ 落下后使 JQJF 落下，JQJ_2F 经短时间缓放后落下。在 JQJ_2F 的缓放时间内，由乙站送往甲站的转极电源被接在 FJ 的线圈 4 与 $GFFJ_{23}$ 接点的连线所短路，以防止由外线混线或因其他原因而产生的感应电势使 FJ 错误转极。当 JQJ_2F 落下后才接通 FJ_1 线圈与外线的联系，FJ_1 开始转极，其电路是：

乙站 FZ—$JFJ_{13\text{-}11}$—$FJ_{1_{112-111}}$—$GFJ_{13\text{-}11}$—$FFJ_{13\text{-}11}$—$FJ_{2_{1\text{-}4}}$—外线 F_1—甲站 $FJ_{2_{4\text{-}1}}$—$FFJ_{11\text{-}13}$—$GFJ_{11\text{-}12}$—$JFJ_{31\text{-}33}$—$GFFJ_{11\text{-}13}$—$FJ_{1_{4\text{-}1}}$—$JQJ_2F_{13\text{-}11}$—$JFJ_{43\text{-}41}$—$GFJ_{22\text{-}21}$—$FFJ_{23\text{-}21}$—$R_{F_{1\text{-}2}}$—外线 F_1H—乙站 $R_{F_{2\text{-}1}}$—$FFJ_{21\text{-}23}$—$GFJ_{21\text{-}23}$—$JFJ_{21\text{-}23}$—FF。

当 FJ 转极后，甲站改为发车站，乙站被改为接车站，两站电路已经完成了改变运行方向的任务，分别达到稳定状态。

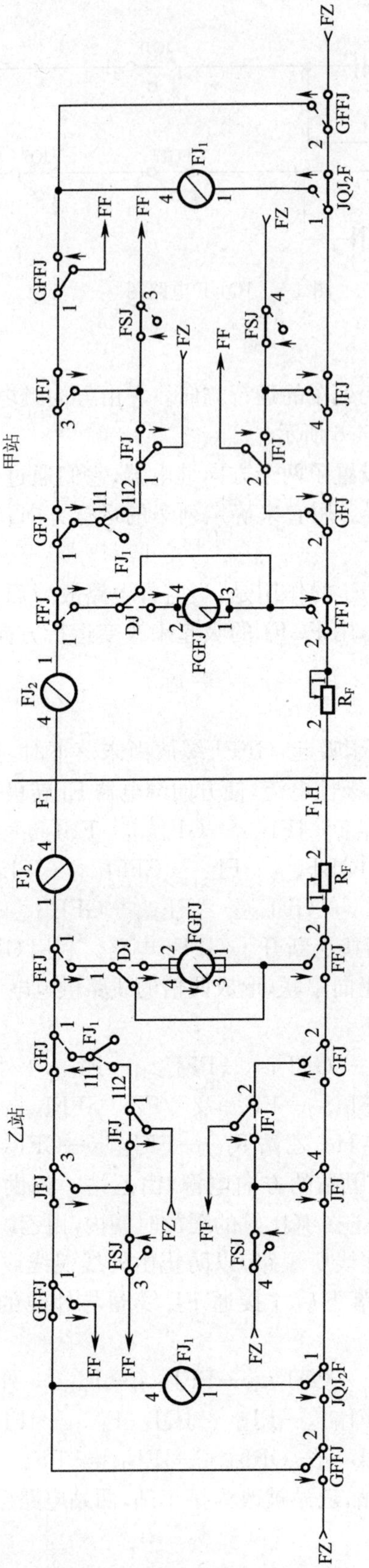

图 4-6 方向继电器电路图

(2)FGFJ 电路

辅助办理改变运行方向时，原接车站(甲站)FFJ 吸起，切断了甲站向乙站的供电电路，并使短路继电器 DJ 经 0.3～0.35 s 的缓吸时间后吸起。在 FFJ 吸起、DJ 缓吸的时间内，利用 DJ 的第 1 组后接点短路方向电路外线，使外线所储电能通过短路线而消失。当原发车站(乙站)JFJ 吸起，乙站通过 JFJ 的第 3、4 组前接点接通方向电源，向甲站送电，使甲站的 FGFJ 吸起，其电路为：

乙站 FZ—FSJ_{41-42}—JFJ_{42-41}—GFJ_{22-21}—FFJ_{23-21}—$R_{F_{1-2}}$—外线 F_1 H—甲站 $R_{F_{2-1}}$—FFJ_{21-22}—$FGFJ_{1、3-2、4}$—DJ_{12-11}—FFJ_{12-11}—$FJ_{2_{1-4}}$—外线 F_1—乙站 $FJ_{2_{4-1}}$—FFJ_{11-13}—GFJ_{11-12}—JFJ_{31-32}—FSJ_{32-31}—FF。

甲站 FGFJ 吸起后，使 JQJ_2F、GFJ 相继吸起。

在乙站，电容器 C_{JF} 放电结束使 JFJ 落下，切断了乙站对甲站 FGFJ 的供电电路。由于甲站的 FGFJ 落下，切断了 FFJ 的励磁电路，使其落下。此时由甲站向乙站发送转极电流，使乙站的 FJ 转极，其电路为：

乙站 FZ—$GFFJ_{22-21}$—JQJ_2F_{12-11}—JFJ_{43-41}—GFJ_{22-21}—FFJ_{23-21}—$R_{F_{1-2}}$—外线 F_1 H—甲站 $R_{F_{2-1}}$—FFJ_{21-23}—GFJ_{21-22}—JFJ_{41-43}—JQJ_2F_{11-13}—FJ_{11-4}—$GFFJ_{13-11}$—JFJ_{33-31}—GFJ_{12-11}—FFJ_{13-11}—FJ_{21-4}—外线 F_1—乙站 FJ_{24-1}—FFJ_{11-13}—GFJ_{11-12}—JFJ_{31-33}—$GFFJ_{11-12}$—FF。

在乙站，由于 FJ_1 的转极，使 GFJ 落下，构成了甲、乙两站方向电源的串接，确保 FJ 可靠转极，其电路如下：

乙站 FZ—JFJ_{13-11}—$FJ_{1_{112-111}}$—GFJ_{13-11}—FFJ_{13-11}—$FJ_{2_{1-4}}$—外线 F_1—甲站 $FJ_{2_{4-1}}$—FFJ_{11-13}—GFJ_{11-12}—JFJ_{31-33}—$GFFJ_{11-12}$—FF 及 FZ—$GFFJ_{22-21}$—JQJ_2F_{12-11}—JFJ_{43-41}—GFJ_{22-21}—FFJ_{23-21}—$R_{F_{1-2}}$—外线 F_1 H—乙站 $R_{F_{2-1}}$—FFJ_{21-23}—GFJ_{21-23}—JFJ_{21-23}—FF。

在甲站，当 GFJ 吸起后，FGFJ 已落下时，GFFJ、JQJF、JQJ_2F 先后断电缓放。GFFJ 缓放落下后，JQJ_2F 仍在吸起时，转极电源被接在 FJ 线圈 4 与 $GFFJ_{23}$ 接点的连线所短路，从而防止外线混线或其他原因而产生的感应电势使 FJ 错误转极。当 JQJ_2F 经缓放落下后，FJ 接入供电电路，使其转极，其电路如下：

乙站 FZ—JFJ_{13-11}—$FJ_{1_{112-111}}$—GFJ_{13-11}—FFJ_{13-11}—$FJ_{2_{1-4}}$—外线 F_1—甲站 $FJ_{2_{4-1}}$—FFJ_{11-13}—GFJ_{11-12}—JFJ_{31-33}—$GFFJ_{11-13}$—$FJ_{1_{4-1}}$—JQJ_2F_{13-11}—JFJ_{43-41}—GFJ_{22-21}—FFJ_{23-21}—$R_{F_{1-2}}$—外线 F_1 H—乙站 $R_{F_{2-1}}$—FFJ_{21-23}—GFJ_{21-23}—JFJ_{21-23}—FF。

方向继电器电路平时由接车站方向电源(或称线路电源)向发车站送电，这样，当方向电路的外线短路时可以导向安全。接车站的方向继电器平时在线路上断开，是为了防止因雷击或其他外界干扰等产生误动。为了保证行车安全，在电路动作上先取消原发车站的发车权，再建立原接车站的发车权。

在方向电路开始工作以后，不受其他因素影响，直到运行方向改变完毕为止。方向电路与区间各闭塞分区的状态无关，并且经常通有一定极性的电流，所以电路工作稳定。

3. 监督区间继电器电路

监督区间继电器电路的作用是监督区间是否空闲，保证只有在区间空闲时才能改变运行方向。它由站内的监督区间继电器 JQJ 和区间各信号点处的轨道继电器 GJ 的接点串联而成。JQJ 电路如图 4-7 所示。

由发车站的 GFJ 第 3、4 组前接点向 JQJ 电路送电。当发车进路未锁闭时，FSJ 吸起，各

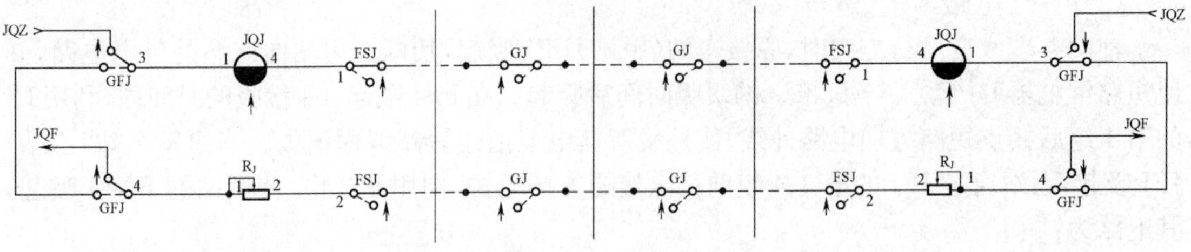

图 4-7　JQJ 电路图

闭塞分区空闲，QGJ 吸起，沟通 JQJ 电路，两站的 JQJ 均吸起。办理发车进路时，FSJ 落下或区间被占用，其 QGJ 落下，断开 JQJ 电路，使两站 JQJ 落下。

由于 JQJ 采用无极继电器，故无论通过何种极性的电流均可吸起。转换电源极性时，由于其缓放而不致落下，只有在断开线路电源时才落下。

区间空闲与否的检查只在改变运行方向以前进行，方向电路本身无故障，就动作到运行方向改变完毕为止。然后不断地监督区间空闲，为发车站开放出站信号机准备条件。

4. 辅助办理电路

辅助办理电路的作用是，当监督电路发生故障或改变方向电路瞬间突然停电或方向电路瞬间故障，不能正常改变运行方向时，借助于辅助办理电路，实现运行方向的改变。它由发车辅助继电器 FFJ、接车辅助继电器 JFJ 和短路继电器 DJ 组成。

(1)发车辅助继电器电路

发车辅助继电器 FFJ 用以辅助办理改变运行方向，其电路如图 4-8 所示。

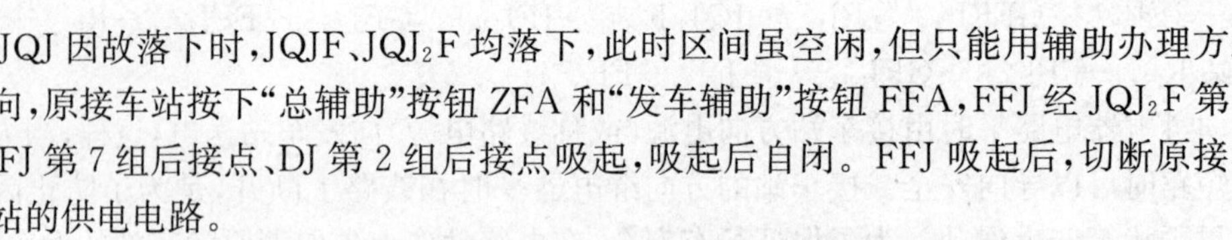

图 4-8　FFJ 电路图

当 JQJ 因故落下时，JQJF、JQJ_2F 均落下，此时区间虽空闲，但只能用辅助办理方式改变运行方向，原接车站按下“总辅助”按钮 ZFA 和“发车辅助”按钮 FFA，FFJ 经 JQJ_2F 第 3 组后接点、GFJ 第 7 组后接点、DJ 第 2 组后接点吸起，吸起后自闭。FFJ 吸起后，切断原接车站向原发车站的供电电路。

DJ 吸起后自闭，辅助办理改变运行方向正在进行，本站值班员仍需按压 FFA。要待 FJ_1 转极后，控制台上发车方向表示灯 FD 点亮绿灯时，才表示辅助办理改变运行方向已完成，可松开 FFA。

FGFJ 吸起后，继续接通 FFJ 自闭电路。

(2)接车辅助继电器电路

接车辅助继电器 JFJ 用以辅助办理改变运行方向，其电路如图 4-9 所示。

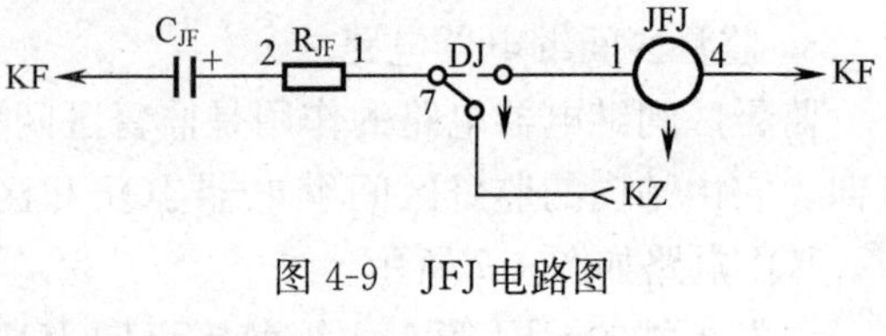

图 4-9　JFJ 电路图

平时，DJ 落下，接通向电容器 C_{JF} 的充电电路。辅助办理改变运行方向时，原发车站值班员按下“总辅助”按钮 ZFA 和“接车辅助”按钮 JFA，使 DJ 吸起，接通 JFJ 电路，C_{JF}向 JFJ 放电，JFJ 吸起。JFJ 吸起后接通方向电源，向对方站送电，使它的 FGFJ 吸起。C_{JF}放电结束使 JFJ 落下，断开对对方站 FGFJ 的供电电路。

(3)短路继电器电路

短路继电器 DJ 的作用是正常办理改变运行方向时，用以短路辅助改变运行方向继电器 FGFJ，其电路如图 4-10 所示。

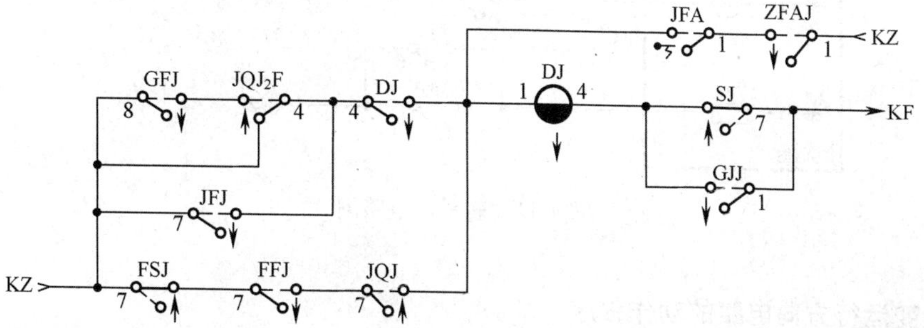

图 4-10 DJ 电路

平时两站 DJ 落下，将它们的 FGFJ 短路，即在正常办理改变运行方向时，FGFJ 不动作。辅助办理改变运行方向时，原接车站值班员按下 ZFA 和 FFA 后，FFJ 吸起，DJ 经 FSJ 第 7 组前接点、FFJ 第 7 组前接点和 JQJ 第 7 组后接点励磁。DJ 吸起后，用其第 1 组前接点将方向电路接至 FDGJ 电路。FJ_1转极后使 GFJ 吸起，无论 JQJ_2F 在什么状态，均沟通 DJ 的自闭电路。只有在本站办理发车进路时，进路最末一个道岔区段的 SJ 落下，才断开 DJ 自闭电路，使 DJ 落下。

对于原发车站，值班员按下 ZFA 和 JFA 后，使 DJ 吸起。DJ 吸起后使 JFJ 靠 C_{JF}通过 DJ 第 7 组前接点放电而吸起。JFJ 吸起后接通 DJ 的自闭电路。C_{JF}放电结束后，JFJ 落下，该电路断开。DJ 主要靠 JQJ_2F 后接点、GFJ 前接点自闭。辅助改变运行方向后，FJ_1转极，GFJ 落下，断开 DJ 自闭电路，使之落下。

5. 表示灯电路

表示灯电路用来表示两站间区间闭塞的状态及改变运行方向电路的动作情况。它包括发车方向表示灯 FD(绿色)、接车方向表示灯 JD(黄色)、监督区间占用表示灯 JQD(红色)和辅助办理表示灯 FZD(白色)，其电路如图 4-11 所示。

FD 和 JD 由 FJ_1接点接通。FJ_1在定位，其 141-142 接通，点亮 JD，表示本站为接车站；FJ_1在反位，其 141-143 接通，点亮 FD，表示本站为发车站。

FZD 由 DJ 前接点接通。辅助办理改变运行方向时，DJ 吸起，FZD 点亮，表示正在辅助改变运行方向。DJ 由吸起转为落下，FZD 灭灯，表示辅助改变运行方向完毕。

每当进行一次辅助办理运行方向，FFJ 或 JFJ 吸起一次，计数器 JSQ 即动作一次，记录辅助办理改变运行方向的次数。

JQD 平时灭灯，表示区间空闲。列车占用区间，JQJ 落下，JQD 亮红灯。在辅助改变运行方向时，按规定手续按压 JFA 或 FFA，JFJ 或 FFJ 吸起后，经 FSJ 前接点点亮 JQD。如果该站的 FSJ 落下，JQD 闪红灯。相邻两站中有一站 FSJ 落下，即发车进路已锁闭，就不能辅助办理改变运行方向。

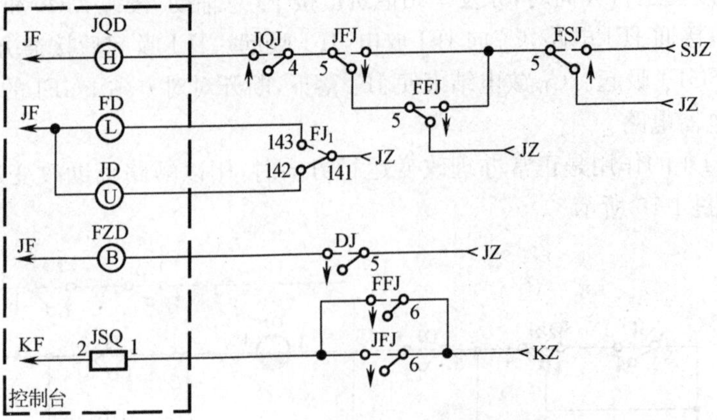

图 4-11　表示灯电路图

三、改变运行方向电路的动作程序

1. 正常办理改变运行方向的动作程序

设甲站为接车站，乙站为发车站，区间空闲，双方均未办理发车。此时甲站吸起的继电器有 FSJ、JQJ、JQJF、JQJ_2F、GFFJ，FJ_1 在定位，JD 亮黄灯。乙站吸起的继电器有 FSJ、JQJ、GFJ，FJ_1 在反位，FD 亮绿灯。若此时甲站要求向乙站发车，首先必须改变运行方向，出站信号机才能开放。甲站值班员根据控制台上的 JQD 红灯灭灯，可以确认区间处于空闲状态，先按下本咽喉的 YGFA，然后排列发车进路，当 LFJ 和 JXJ 吸起后，使 FAJ 吸起，继而使 GFJ 吸起，接通甲站的方向电源 FZ、FF，由甲站改变送电极性，向乙站发送反极性电流，使本站的 FJ_2 和对方站的 FJ_1 和 FJ_2 转极，乙站的 JD 亮黄灯，FD 绿灯灭。

乙站的 FJ_1 转极后，使 GFJ 落下，GFFJ、JQJF、JQJ_2F 相继吸起。甲站的 GFJ 吸起后使 GFFJ 落下。在甲站 GFFJ 缓放期间，使两站方向电源正向串联，形成两倍供电电压，使各方向继电器可靠转极。

甲站 GFFJ 落下后断开本站方向电源，由乙站一方供电。甲站 GFFJ 落下后，使 JQJF、JQJ_2F 相继落下。在 JQJ_2F 缓放期间，由乙站送往甲站的转极电源被短路，以消除由外线混线等原因产生的感应电势。JQJ_2F 落下后，接通甲站 FJ_1 线圈与外线的电路，使 FJ_1 转极，甲站的 JD 黄灯灭，FD 绿灯亮。至此，已按要求将甲站改为发车站，乙站改为接车站。

出站信号机开放或列车占用区间，JQJ 落下，两站 JQD 亮红灯。

甲站正常办理运行方向的电路动作程序如图 4-12 所示。

反之，乙站为接车站时，欲办理发车，其办理改变运行方向的手续及电路动作过程和上述情况相仿。

2. 辅助办理改变运行方向的电路动作程序

(1)监督电路发生故障，方向电路正常时的动作程序

若甲站为发车站，乙站为接车站时，其监督电路的 JQJ 因故障而落下，将使 JQJF、JQJ_2F 相继落下，控制台上的 JQD 亮红灯。此时区间虽处于空闲状态，但通过正常办理手续改变运行方向已无法使甲站的 GFJ 吸起，如要改变运行方向，则必须借助于辅助办理。

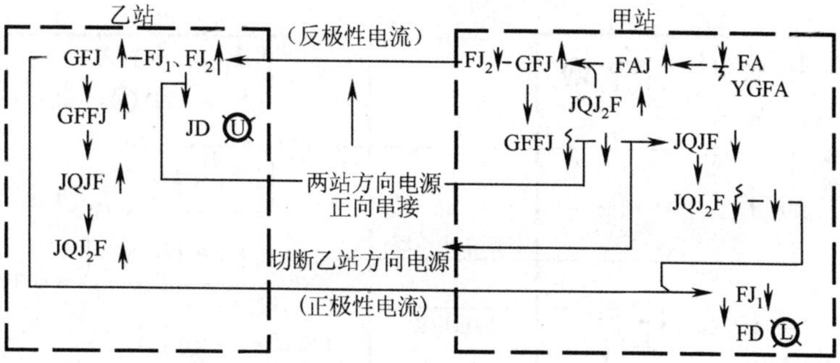

图 4-12 甲站办理改变运行方向电路动作程序图

两站值班员确认区间空闲及故障后，如甲站要改为发车站，经乙站同意，两站共同进行辅助办理改变运行方向。甲站值班员登记破封按下 ZFA 和 FFA，使 FFJ 吸起并自闭。FFJ 吸起后断开甲站向乙站的供电电路。此时，因 FFJ 吸起，JQJ 落下，FSJ 吸起，使 DJ 经 0.3～0.35 s 后吸起。

在 FFJ 吸起，DJ 缓吸时间内，用 DJ 后接点短路方向电路外线，消耗外线所储电能。DJ 吸起后自闭，用其前接点点亮 FZD，表示本站正在进行辅助办理。

乙站值班员也登记破封按下 ZFA 和 JFA，使 DJ 吸起后自闭，FZD 亮白灯，表示本站开始辅助办理。乙站值班员松开 JFA，JFJ 靠 C_{JF}通过 DJ 前接点放电而吸起。乙站通过 JFJ 前接点接通方向电源，向甲站送电，使甲站的 FGFJ 吸起。

FGFJ 吸起后，通过其前接点及 JQJ 后接点给 JQJ_2F 的 3-4 线圈供电，使之吸起。GFJ 经 FGFJ 前接点及 JQJ_2F 前接点吸起后自闭。C_{JF}放电结束后，使 JFJ 落下，断开乙站对甲站的供电电路。

由于甲站 FGFJ 落下，断开 FFJ 励磁电路，使其落下。此时接通甲站向乙站供电电路，因是反极性电流，使乙站的 FJ_1和两站的 FJ_2转极。

在乙站，由于 FJ_1转极，使 JD 黄灯亮，FD 绿灯灭。同时使 GFJ 落下，断开 DJ 自闭电路，使之落下，FZD 灭灯，表示本站辅助办理已完毕，改为接车站。因 GFJ 落下，FJ_1转极，使两站方向电源串接，使各方向继电器可靠转极。

在甲站，GFJ 吸起后，FGFJ 已落下，GFFJ、JQJF、JQJ_2F 先后断电缓放。GFFJ 落下后，JQJ_2F 仍吸起时，转极电源被短路，消耗外线中的感应电势，防止 FJ_1错误转极。JQJ_2F 落下后，将 FJ_1接入供电电路，使其转极。FJ_1转极后，甲站 FD 绿灯亮，JD 黄灯灭，表示本站已成为发车站，辅助办理改变运行方向已完成，此时甲站值班员可松开 FFA，但 FZD 仍亮白灯，表示本站尚未办理发车进路。当列车出发进入出站信号机内方，DJ 落下，FZD 灭灯。

监督电路故障时，辅助办理电路动作程序如图 4-13 所示。

同理，若乙站原为接车站要改为发车站时，其电路动作过程与上述相同。

(2)因故出现“双接”，甲、乙两站均为接车状态时，其电路动作过程与上述辅助办理大体相同

上述两种故障采用辅助办理时，均需检查两站的发车锁闭继电器 FSJ 是否处于吸起状态。为了确认本站 FSJ 的状态，首先需将原已办理的发车进路(不能开放出站信号机是由于运行方向未能改变，即发车表示灯绿灯未能点亮)取消，然后进行辅助办理。按规定办理手续

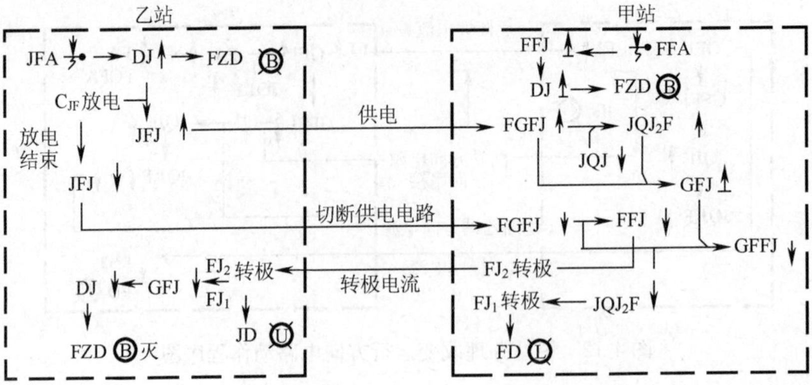

图 4-13　监督回路故障时辅助办理电路动作程序图

按压 JFA 或 FFA 后 JQD 亮稳定红灯，证明 FSJ 处于吸起状态，可以进行辅助办理改变运行方向。如果 JQD 闪红光，说明该站的 FSJ 落下，只要其中有一站的 FSJ 落下，就不能辅助办理改变运行方向，需要值班员通过对方站待本站的 FSJ 落下故障处理完毕，FSJ 恢复吸起后才能继续办理。

由上述的正常办理和辅助办理可知，改变运行方向时，一般有三个步骤：

①原发车站方向继电器先转极，转为接车站，取消发车权。

②两站电源串接使区间的方向继电器可靠转极。

③最后，接车站方向继电器转极，改为发车站，取得发车权。

四、自动闭塞区间运行方向转换电路

区间每一信号点设区间正方向继电器 QZJ（或 ZXJ）和区间反方向继电器 QFJ（或 FXJ），设在区间组合柜上。它们由 FJ_2 接点控制。FJ_2 在定位，各信号点的 QZJ 吸起；FJ_2 在反位，各信号点的 QFJ 吸起，其电路如图 4-14 所示。

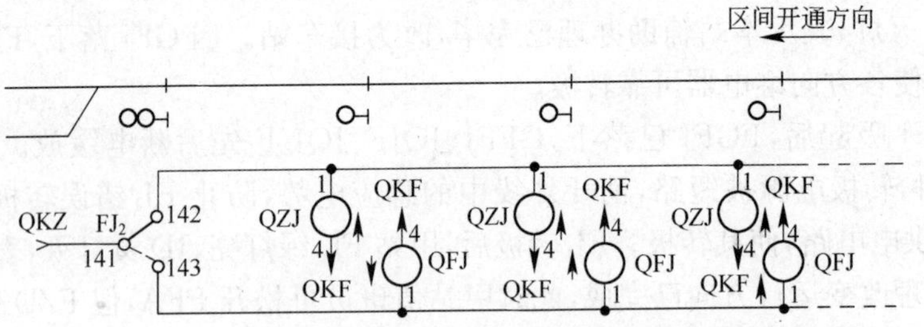

图 4-14　区间方向继电器电路

通过 QZJ 和 QFJ 接点改变移频轨道电路的发送端和接收端，改变低频编码条件，以及决定通过信号机是否点灯。

五、改变运行方向电路与继电集中联锁的结合

为反映继电集中联锁办理发车进路的情况，改变运行方向电路设发车按钮继电器 FAJ 和发车锁闭继电器 FSJ。为控制出站信号机，改变运行方向电路设控制继电器 KJ。

1. 发车按钮继电器电路

发车按钮继电器 FAJ 用来记录发车进路的建立，其电路如图 4-15 所示。在按下本咽喉的“允许改方”按钮 YGFA 的情况下，当办理了发车进路，继电集中联锁的列车发车继电器 LFJ 和发车口处的进路选择继电器 JXJ 吸起后，FAJ 吸起，沟通 GFJ 电路。选路完成后，LFJ 和 JXJ 落下，FAJ 失磁。

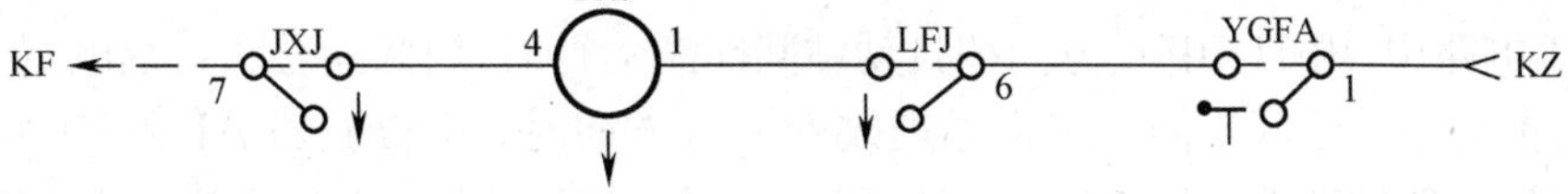

图 4-15　FAJ 电路图

2. 发车锁闭继电器电路

发车锁闭继电器 FSJ 用来反映发车进路的锁闭情况，其电路如图 4-16 所示。当进路空闲(用发车进路最末一个轨道区段的 GJ 吸起来证明)，建立了发车进路，发车口处的照查继电器 ZCJ 落下，使 FSJ 落下，表示发车进路锁闭。当向发车口建立调车进路时，FSJ 不应落下，于是在 ZCJ 第 5 组前接点上并联了 ZJ 的第 5 组前接点。建立调车进路时，虽然 ZCJ 落下，但 ZJ 吸起，使 FSJ 不落下。列车出发，出清发车进路最末一个轨道电路区段时，DGJ 吸起，进路解锁，ZCJ 吸起，使 FSJ 吸起并自闭。

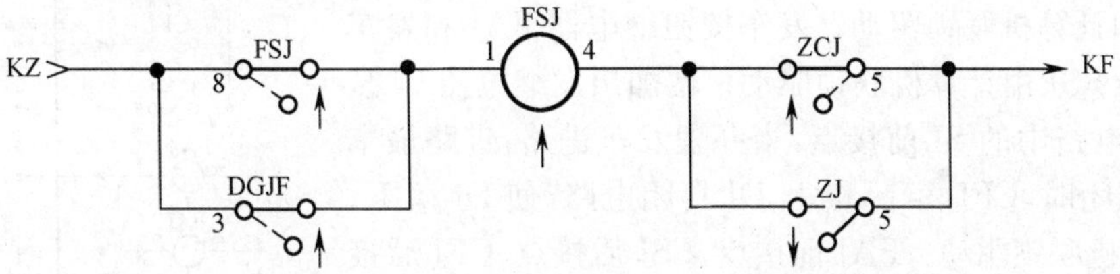

图 4-16　FSJ 电路图

FSJ 前接点用在 JQJ 电路和 DJ 电路中，FSJ 吸起时，沟通 JQJ 和 DJ 电路。

3. 控制继电器电路

控制继电器 KJ 在辅助办理改变运行方向时接通出站信号机的列车信号继电器 LXJ 电路，其电路如图 4-17 所示。

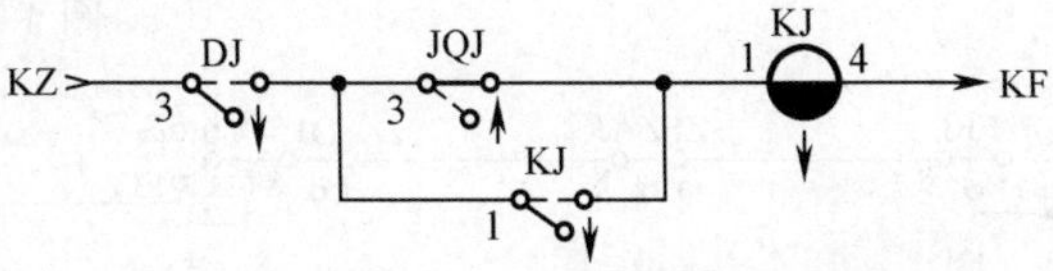

图 4-17　KJ 电路图

当区间空闲时，办理辅助办理改变运行方向手续后 DJ 吸起，使 KJ 吸起并自闭。DJ 落下后，KJ 落下。

4. 出站信号机控制电路

出站信号机的列车信号继电器 LXJ 电路中接入开通运行方向的条件予以控制，即在 11 线网路端部接入 FJ_1 和 FJ_2 的反位接点，证明运行方向已改变，本站已改为发车站时，方可接通出站信号机的 LXJ 电路，如图 4-18 所示。

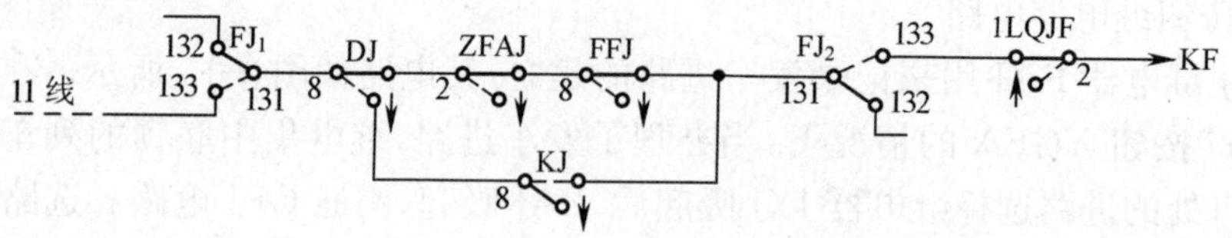

图 4-18　出站信号机控制电路图

在 LXJ 电路中，用 1LQJ(反方向按自动站间闭塞运行时，用区间总轨道继电器 QGJ)前接点检查运行前方闭塞分区空闲。正常办理改变运行方向时，用 FFJ、ZFAJ 和 DJ 后接点接通 LXJ 电路。接入总辅助按钮继电器 ZFAJ 后接点，是为了防止因 DJ 断线或单方面错误办理时可能产生的不检查区间空闲而错误开放信号的问题。辅助办理改变运行方向时，用 KJ 和 DJ 前接点接通 LXJ 电路。

六、改变运行方向电路与计算机联锁的结合

采用计算机联锁的车站，改变运行方向电路如《计算机联锁图册》Ⅰ-17 所示。

在与计算机联锁的结合时，因为人—机界面不同于继电集中联锁，电路中的 JFA、FFA 接点由 JFZAJ、FFZAJ 接点代替，按钮继电器 JFZAJ、FFZAJ 由计算机联锁驱动。ZFZAJ 也由计算机联锁驱动。发车按钮继电器 FAJ 和发车锁闭继电器 FSJ 由计算机联锁驱动。增加出发继电器 CFJ，以取代 DJ 电路中的 SJ 前接点，当办理发车进路，进路最末一个区段锁闭时，CFJ 落下，断开 DJ 自闭电路，使 DJ 落下。CFJ 由计算机联锁驱动。FAJ 前接点、FSJ 后接点、CFJ 后接点被计算机联锁采集。驱动和采集电路如图 4-19 所示。

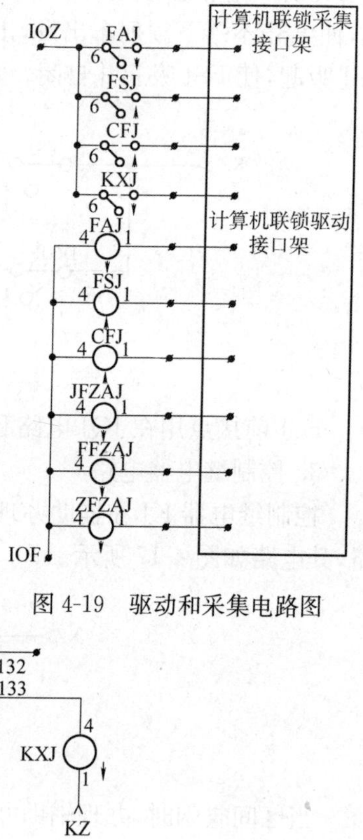

图 4-19　驱动和采集电路图

增设空闲继电器 KXJ，其电路如图 4-20 所示。无论是正常办理还是辅助办理改变运行方向时，只要 FJ_1 和 FJ_2 的反位接点接通，证明运行方向已改变，本站已改为发车站，而且 1LQJ 吸起(自动站间闭塞时为 QGJ)，KXJ 即吸起。将它的前接点采集到计算机联锁中去，作为控制出站信号机开放的条件。

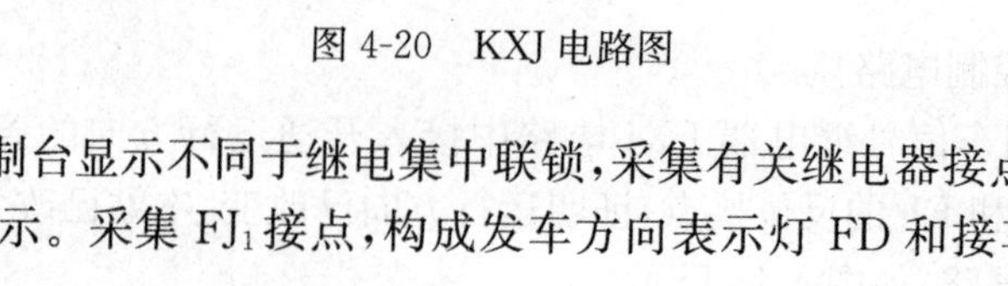

图 4-20　KXJ 电路图

计算机联锁的控制台显示不同于继电集中联锁，采集有关继电器接点，构成表示条件，其采集电路如图 4-21 所示。采集 FJ_1 接点，构成发车方向表示灯 FD 和接车方向表示灯 JD 条

件。采集 DJ 接点，构成辅助办理表示灯 FZD 条件。采集 JQJ、JFJ、FFJ、FSJ 接点，构成监督区间占用表示灯 JQD 亮红灯的 JZ 条件和 JQD 闪红灯的 SJZ 条件，以在显示器上显示。

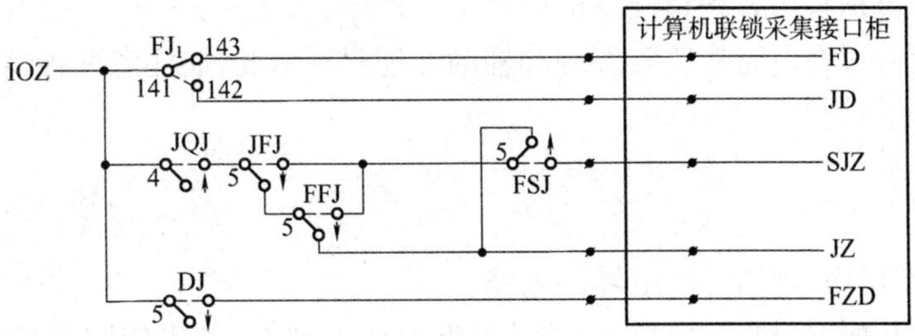

图 4-21　表示灯采集电路

七、改变运行方向电路的供电

改变运行方向电路的方向继电器电路和监督区间继电器电路要求独立供电，因为它们的工作电流大小不同，所以供电电压也不同，故设计了硅整流器 FZG（为 ZG_1-220/0.1 或 ZG_1-100/0.1 型），其输入为交流 220 V，输出为两路独立电源。73-52 为方向电源 FZ、FF，最高输出电压为 220 V。83-62 为监督区间电源 JQZ、JQF，最高输出电压为 100 V。可根据实际需要（如区间线路长度等）选用，其接线如图 4-22 所示。

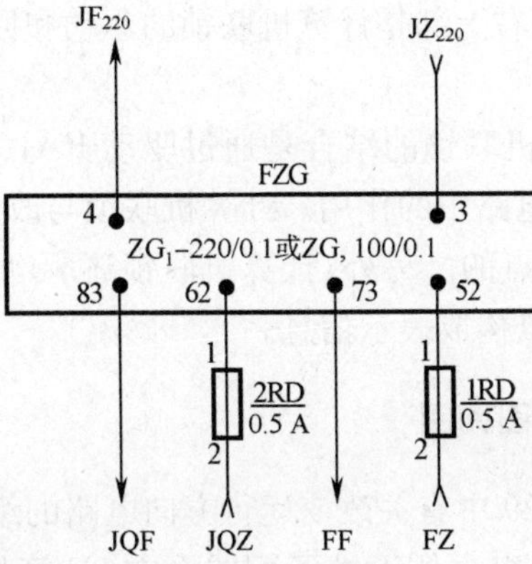

图 4-22　FZG 电源

第三节　改变运行方向电路阅图练习

《计算机联锁图册》Ⅰ-17 是改变运行方向电路图，4 张图是 4 个方向的，通过对该图的阅图练习来进行。

一、改变运行方向电路图整体浏览

通过对该图的整体浏览，掌握改变运行方向电路的整体和组成。

提示：4 张改变运行方向电路图的结构是相同的，只是方向不同，1 张改变运行方向电路图看懂了，其他 3 张当然也就看懂了。改变运行方向电路图的左部是电路本身，右部是计算机联锁的驱动和采集电路。

二、对照电路图写出电路动作程序

对照电路图，分别写出各种情况下的电路动作程序。

提示：改变运行方向电路有正常办理和辅助办理两种情况，应注意两种情况下继电器状态的差异。

三、跑通电路

对照电路动作程序，跑通各继电器的电路。

提示：在正常办理下，与辅助办理有关的各继电器不动作，首先应跑通局部电路中各继电器的电路，要注意发车站和接车站有关继电器的状态是不同的，然后再跑通方向继电器电路和监督区间继电器电路。

在辅助办理情况下，首先应跑通与辅助办理有关的各继电器的电路，接着跑通局部电路中各继电器的电路，然后再跑通方向继电器电路。

四、看懂与计算机联锁的结合电路

对照电路图，看懂计算机联锁对于改变运行方向电路的驱动和采集电路，以及在自动闭塞电路中的结合。

提示：改变运行方向电路的右上部是计算机联锁的驱动和回采电路，右下部是计算机联锁的采集电路。

改变运行方向电路与计算机联锁的结合是通过驱动 FAJ、FSJ、CFJ 实现的，注意它们在改变运行方向电路中各继电器电路中的作用。计算机联锁与改变运行方向电路的结合是通过采集改变运行方向电路 KXJ 接点的。另外，计算机联锁还驱动各辅助办理继电器，采集改变运行方向电路各有关继电器接点构成表示信息。

五、改变运行方向电路配线图阅图

阅读《计算机联锁图册》Ⅰ-29 中有关改变运行方向电路的组合侧面端子配线图。

提示：改变运行方向电路的组合侧面端子配线图在《计算机联锁图册》Ⅰ-29(8)或Ⅰ-29(14)中。改变运行方向电路组合的侧面端子配线图与计算机联锁组合的侧面端子配线图的阅读方法相同。

第四节　改变运行方向电路的维护

一、改变运行方向电路的维护

改变运行方向电路是继电电路，它的维护同其他继电电路，可参阅“第一章　半自动闭塞”。

二、改变运行方向电路的试验

将改变运行方向电路本站的上、下行咽喉的方向电路进行对接后(将四线制方向电路下行线、上行线两端的 F_1、F_2、F_3、F_4 四条外线分别进行对接，反向区间空闲监督条件 F_5、F_6 对接)方可进行试验。一般有两咽喉的上、下行线路分别对接和同一咽喉上、下行线对接两种方式。前者在试验区间点的小轨时只需考虑小轨的-1、-2 选型，而后一种对接方式由于上、下行载频不一致，最远区段的正反向小轨必须单独送电源。

对于联锁设备不改造的站场，由于联锁电路为在用设备，新设方向电路需待大封锁方可接入联锁条件，一般只能采用局部送电的方法对方向电路进行试验。此时将方向电路外线连接完成后，对 GFJ 的 3 线圈送 KZ 电源，使 GFJ 励磁来倒接方向，观察 FJ_1、FJ_2 的继电器状态及对应的控制台表示正确。本站改变运行方向完成后，再将方向电路另一端的 GFJ-3 线圈送 KZ 电源，试验对方对本站改方的动作情况并核对控制台表示。

对于联锁设备与自动闭塞同步改造的车站可按下列要求进行试验：

1. 正常改变运行方向试验

(1)未按“允许改方”按钮反向发车不能改变运行方向

在未按压“允许改方”按钮的情况下，向接车口办理发车进路时，对于一般继电集中联锁的车站其发车进路可以锁闭，而接车口的方向仍为接车方向(接车表示灯点黄灯或显示向站内接车方向箭头)，出站信号机不能开放；对于某些计算机联锁车站，未按“允许改方”按钮办理反向发车时发车进路也不能锁闭。

(2)办理反向发车进路自动改变运行方向

在区间空闲、监督区间红灯熄灭(或接车箭头显示黄色、发车箭头显示绿色)的情况下，按压“允许改方”按钮(按钮带表示灯时“允许改方”按钮表示灯点亮)后，接车口排列反向发车进路，发车进路先选路，改方电路后动作，接车表示黄灯灭或接车箭头不显示，发车表示灯亮绿灯(或显示绿色发车箭头)，此时发车进路锁闭，监督区间灯亮红灯(或区间接/发车箭头显示红色)，最后出站信号机点绿灯及相应的进路表示器、室内控制台信号复示器显示绿灯。

(3)改变运行方向后办理正向发车恢复正方向

若将反方向改回正方向，需先将反方向的发车进路解锁，待监督区间灯熄灭后，方可在另一方排列向该线路的发车进路，此时排列进路站改回到发车状态，接车站改回到接车状态。

(4)对方有发车进路不能改变运行方向

指对方发车进路未取消(无论出站信号机是否开放)时，区间监督灯点红灯，此时正常办理改变运行方向，改变运行方向电路不动作。

(5)办理非列车进路不能改变运行方向

在允许改方的前提下，向接车口排列调车进路而不是发车进路时运行方向不能改变。因为改方按钮继电器的联锁条件是由发车口信号点的 JXJ↑及 KF—LFJ—Q 条件电源条件构成，该项试验的目的是防止将 KF—LFJ—Q 错接成 KF—DFJ—Q 电源。

2. 辅助改变运行方向试验

(1)闭塞分区占用不能正常改变运行方向

将区间主轨或小轨开关关闭一个区段(或将区间 FS 及＋1FS 关闭)模拟列车占用，此时区间监督灯亮红灯，按正常办理改变运行方向，改变运行方向电路不动作，再用辅助改方方法进行改方。

(2)FSJ 落下不能进行辅助改变运行方向

在四线制方向电路中，FSJ 落下表示双方已有一站已经建立了发车进路，以防止两站出现双发的可能。因此在 GFJ 电路中无论是正常改方还是辅助改方均需检查 FSJ 处于吸起状态。

试验时可将 FSJ 电源断开，试验改方电路应不能进行正常改变运行方向和辅助改变运行方向。

(3)双接时依靠辅助方式改变运行方向

当出现双接时，由于双方的 FJ 均处于吸起状态，使得 JQJ 没有电源，区间监督灯点红灯。试验时人为将发车站的 FJ 改为吸起位置，然后试办正常改方应不能改方，再办理辅助改方，方向电路能改变运行方向。

(4)监督电路故障时办理辅助改变运行方向

区间监督继电器主要用于监督区间占用情况，区间轨道电路故障或监督区间回路断线时 JQJ 落下，此时办理改方必须由人工进行确认区间空闲，监督区间灯亮红灯是由于区间轨道电路故障(区间有红光带)或由于监督区间继电器故障(区间无红光带)引起的。此时可将区间监督电源断开或模拟区间占用试办正常改方应不能改方，再办理辅助改变运行方向，改变运行方向电路能改变运行方向。

3. 辅助改变运行方向后开放出站信号机

(1)监督电路故障不能开放

在监督区间灯亮红灯的情况下，反向出站信号机应不能开放。

(2)监督电路良好能开放

ZPW-2000 系列自动闭塞的小轨正反向回路是不同的，在出现小轨调整不良而出现红光带时，若对区间采用辅助改变运行方向后区间的红光带可能消失，此时可开放出站信号机，试验时将区间监督电源恢复或取消区间模拟占用，区间监督灯红灯灭，排列出站信号和应能开放。

(3)列车出站后发车辅助灯灭灯

模拟列车依次占用站内轨道区段后发车，列车出清发车进路最末区段时发车辅助灯灭。

4. 其他试验

(1)列车运行方向表示

控制台的列车运行方向表示灯应与实际位置一致，即改变运行方向电路处于接车方向时，接车表示灯黄灯亮(计算机联锁的显示器显示黄色接车箭头)；改变运行方向电路处于发车方向时，发车表示灯绿灯亮(计算机联锁的显示器显示绿色发车绿色箭头)。

试验时应注意核对表示灯与相应方向的继电器位置，发车时 FJ_1↓、FJ_2↓、GFJ↑，接车时 FJ_1↑、FJ_2↑、GFJ↓。

(2)改变运行方向电路回路总电阻及监督区间回路总电阻测试

对该回路电阻在断电情况下进行测试，阻值应符合电路要求。

(3)本站方向继电器端电压

该电压应在 12～18 V 之间。

(4)改变运行方向电路供电电压

改变运行方向电路的供电电压根据站间距离的不同来选择，其电压以满足对方站继电器可靠转极为前提。

(5)本站监督区间继电器端电压

在区间所有闭塞分区均无车占用且双方均未办理发车进路的情况下，区间监督继电器

JQJ 应可靠吸起。此时测试 JQJ 线圈端电压为 21～24 V。若上述任一条件不满足，JQJ 均处于落下状态，继电器两端应无电。

(6)监督电路供电电压

区间监督继电器 JQJ 是由对方站供电的，调试对方站的区间监督供电电压，使本站 JQJ 线圈端电压不低于 13 V；改变运行方向后，互换供电方向，调试另一方的供电电压。

三、方向电路故障范围的判断处理

1. 无法改变运行方向时的故障范围判定

当无法改变运行方向，确认为改变运行方向电路发生故障时，首先应判断是监督电路故障还是方向电路故障，然后判断故障是在发车站还是在接车站，再逐渐缩小范围进行处理。设甲站为原接车站，乙站为原发车站，无法改变运行方向时故障范围判断流程如图 4-23 所示。

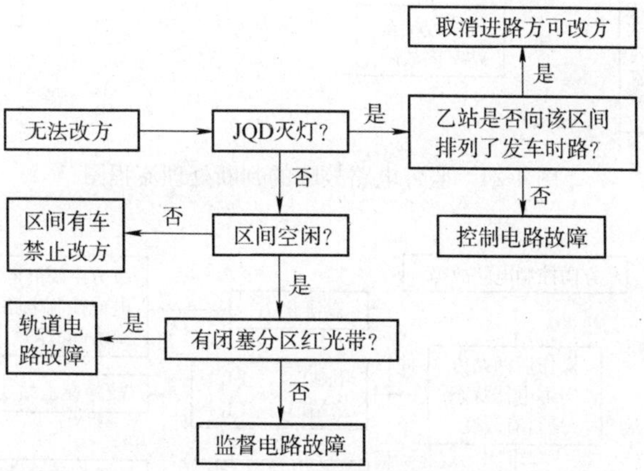

图 4-23　无法改变运行方向时故障范围判断流程图

2. 监督电路故障范围的判断处理

如果区间没有被占用，两站都没有建立发车进路，但是区间占用表示灯 JQD 点亮，可以断定为监督电路故障。此时应观察 FSJ 的状态，若落下系 FSJ 故障；如 FSJ 吸起则检查 JQJ 的 1-4 线圈有无电压。有正常电压为 JQJ 故障，无电压则是 JQJ 励磁电路故障。进一步判断故障在发车站还是在接车站，用电压表和钳形电流表在分线柜上测试外线。若电压和电流都没有，则故障在发车站室内；若只有发车站有电压无电流则外线开路；若有正常的电压无电流，则故障在接车站室内。监督电路故障的判断处理流程如图 4-24 所示。

3. 方向控制电路故障的判断处理

在方向控制电路中，FJ_1和 FJ_2的状态决定了区间开通方向。当区间占用灯灭灯，两端站都未向区间排列发车进路且操作方式正确时，如果方向改变不了，可判定为方向控制电路故障。

方向控制电路有可能是局部电路故障，也可能是外线故障或方向电源故障，在处理时要观察各继电器的动作情况，根据各继电器的状态判断并缩小故障范围。两站相互配合，用电压表和钳形电流表在外线上测试电压和电流，可以迅速判断出故障在接车站还是在发车站或外线。控制电路故障的判断处理流程如图 4-25 所示。

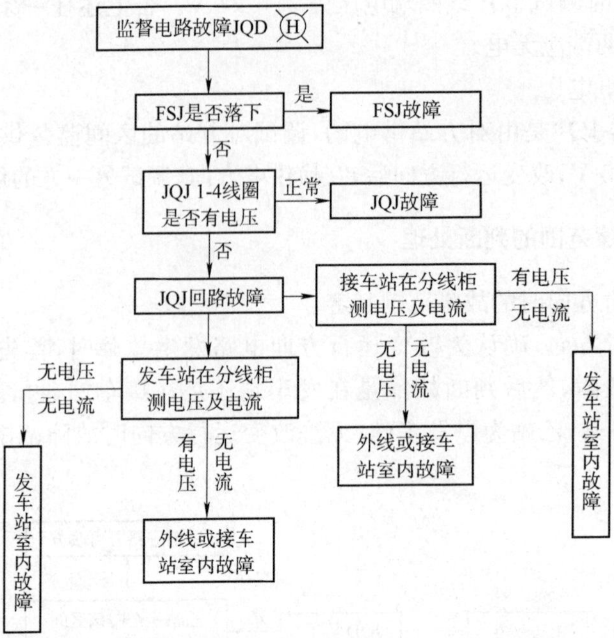

图 4-24 监督电路故障的判断处理流程图

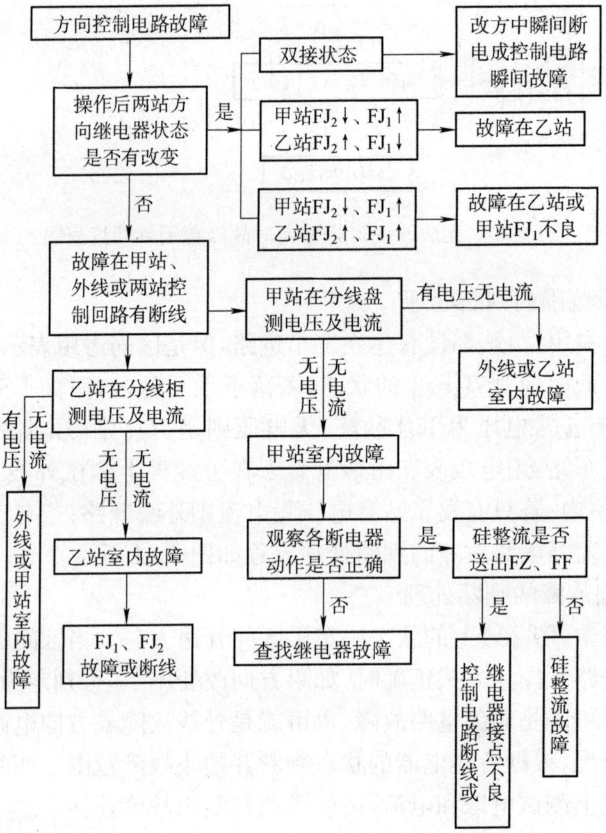

图 4-25 控制电路故障的判断处理流程图

四、常见故障案例

1. 继电器被雷击坏

某站由于办理改变运行方向手续后方向改不了，K157 次用路票发车。信号工区采取应急方式恢复使用。车间工作人员赶到，经检查发现是区间监督复示继电器 JQJF 被雷击坏，更换后恢复使用。

在本故障处理过程中，当观察继电器时，能发现 GFJ 落下、GFFJ 吸起、JQJ 吸起、JQJF 落下、JQJ_2F 落下，就应该能很快判定是本站 JQJF 故障。如果此时两站在分线柜测量，则两站均测不到电压和电流，也能判断出故障在原接车站室内电路。

2. 整流器输出端子配线接反

两站办理改变运行方向后，区间通过信号机瞬间灭灯后又亮灯，两站接车表示灯亮黄灯。

乙站改为接车站，区间通过信号机瞬间灭灯，说明乙站的 FJ 正常动作，甲站电路没问题。而区间通过信号机灭灯后又亮灯，说明 FJ 落下后又吸起，由此可判断乙站送出的电源极性不对。

用万用表在分线柜方向回路的两个端子测量，在办理改变运行方向时，发现出现反极性电压，证明乙站送出的电压极性确实不对。测量乙站组合柜侧面端子，FZ、FF 电源线均反极，将方向整流器输出端子上的配线倒换后，故障排除。原因是更换整流器时，将整流器输出端子 FZ、FF 接反。

3. 方向外线接反

两站办理改变运行方向后，乙站的 FJ 正常动作，而甲站的 FJ 未动作。经检查甲站的 FJ 两端的电源极性不对。可判断甲站的方向外线接反。将外线倒换后，故障排除。

复习思考题

1. 什么情况下必须采用改变运行方向电路？该电路有何作用？
2. 为改变运行方向，控制台上要设哪些按钮和表示灯？
3. 如何正常办理改变运行方向？何时辅助办理改变运行方向？如何办理？
4. 改变运行方向电路由哪些部分组成？各起什么作用？
5. 简述改变运行方向电路局部电路各继电器的作用和电路原理。
6. 简述方向继电器电路的作用和电路原理。
7. 简述监督区间继电器电路的作用和电路原理。
8. 简述辅助办理电路的作用和电路原理。
9. 简述表示灯电路的作用和电路原理。
10. 为什么四线制改变运行方向电路在 FSJ 吸起时才能辅助办理改变运行方向？
11. 改变运行方向电路如何与自动闭塞相结合？
12. 改变运行方向电路与继电集中联锁如何结合？
13. 改变运行方向电路与计算机联锁有哪些结合？
14. 简述正常办理、辅助办理改变运行方向时的电路动作程序。
15. 简述改变运行方向故障范围的判断处理方法。

第五章　高速铁路自动闭塞

第一节　高速铁路自动闭塞概述

一、高速铁路自动闭塞的特点

高速铁路的信号系统符合双线双向运行的要求，正方向运行采用自动闭塞，反方向运行采用自动站间闭塞。

高速铁路的自动闭塞与普速铁路的自动闭塞有诸多不同，它的技术特点有：

(1)自动闭塞的实现

高速铁路的自动闭塞由列控系统实现，没有普速铁路那样的独立自动闭塞设备的概念，即自动闭塞与列控系统地面设备实现了一体化。

(2)区间通过信号机的设置和点灯控制

只运行动车组列车的高速铁路(包括运行时速 300～350 km 的高速铁路和部分运行时速 200～250 km 的高速铁路)区间不设通过信号机，列车运行由车载 ATP 控制。运行非动车组列车的高速铁路(部分运行时速 200～250 km 的高速铁路)区间设通过信号机，其点灯由列控系统控制，但动车组列车运行由车载 ATP 控制。

(3)轨道电路编码

高速铁路将轨道电路纳入列控中心控制，实现了区间自动闭塞的继电编码向数字编码的转变。

(4)区间方向控制

高速铁路的区间方向控制也纳入列控中心控制，不再采用继电式改变运行方向电路。

二、高速铁路自动闭塞的实现

在高速铁路的车站和区间信号中继站都设有列控中心。它除了必须具备接/发车进路报文发送、临时限速报文发送、进站信号机降级显示等功能外，扩展了轨道电路低频编码、轨道电路发送方向控制、区间轨道区段状态判断、区间运行方向与闭塞控制、区间信号机点灯控制、站间安全信息传输等功能。

列控中心接收各轨道电路的列车占用信息和联锁的车站进路信息，根据每个轨道电路运行前方各闭塞分区的状况(对于进站信号机外方的各接近区段还要依据进站信号机的显示)生成对轨道电路的低频编码，发往对应的轨道电路发送器。列控中心从轨道电路接收器接收轨道电路状态，接收到轨道电路载频、低频信息。列控中心通过核对发送和接收到的载频和低频信息实现信息的安全校核。

列控中心根据运行前方各闭塞分区的状况，决定防护本闭塞分区的通过信号机的显示，同时对灯丝断丝做相应处理，具备红灯转移功能。

在行车人员根据调度命令在车站联锁控制台上进行改变运行方向操作后，列控中心接收来自联锁的区间方向控制信息，通过车站间通信完成区间运行方向与闭塞的控制，驱动区间轨道电路方向继电器，控制轨道电路的发码方向。

第二节　客运专线 ZPW-2000A 型轨道电路

一、客运专线 ZPW-2000A 型轨道电路的特点

高速铁路采用客运专线 ZPW-2000A 型无绝缘轨道电路，客运专线 ZPW-2000A 型轨道电路具有以下技术特点：

(1)发送器、接收器载频选择通过列控中心进行集中配置，发送器采用无接点的计算机编码方式，取消了大量的编码继电器。

(2)发送器由既有的“$n+1$”提高为“1＋1”的备用模式，最大限度地降低了因设备故障而影响行车的几率。

发送器冗余方式如图 5-1 所示。

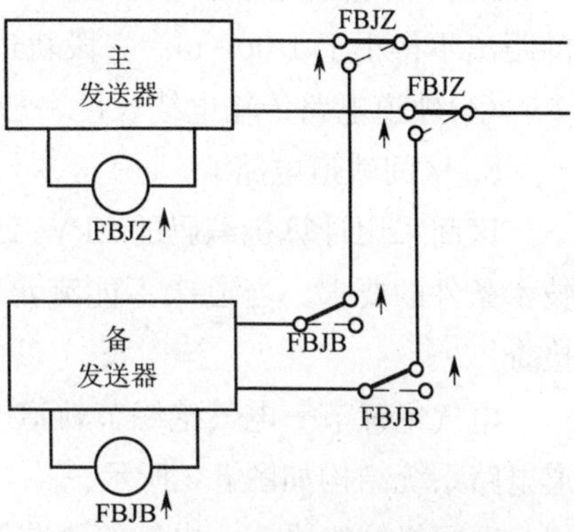

图 5-1　发送器冗余方式图

(3)将调谐单元和匹配单元整合为一个调谐匹配单元，减少了系统的设备数量，提高了可靠性。

(4)优化了补偿电容的配置，道床电阻值不小于 2 Ω·km 时，补偿电容值为 25 μF 一种；道床电阻值小于 2 Ω·km 时，补偿电容值为 40 μF、46 μF、50 μF和 55 μF 四种。不同的信号载频采用不同的补偿间距；补偿电容采用了全密封工艺，提高了其容值稳定性和延长了使用寿命。

(5)加大了空芯线圈的导线线径，从而提高了关键设备的安全容量要求。

(6)带有监测和故障诊断功能，为系统的状态修提供了技术支持。

(7)站内采用与区间同制式的轨道电路，提高系统的可靠性。

(8)站内道岔区段的弯股采用与直股并联的一送一受轨道电路结构，使道岔分支长度由小于或等于 30 m 延长到的 160 m，提高了车载设备在站内使用的安全性、灵活性，方便了设计。

二、客运专线 ZPW-2000A 型轨道电路的工作原理

1. 设备设置

高速铁路不同于普通铁路，车站之间的距离较长，ZPW-2000 系列轨道电路传输电缆的长度不应大于 10 km，300 km/h 及以上的高速铁路不宜大于 7.5 km。当该电缆长度超过上述规定时，宜设区间信号中继站。在中继站集中设置轨道电路设备。车站与中继站、中继站与中继站间的距离一般情况下不超过 15 km。为了简化设备配置、减轻维修维护的工作量、减少房

屋面积，无人值守站一般不再设综合维修工作站和电务维护工作站，改用便携式的综合维修终端和电务维护终端。

2. 设计基本原则

(1)载频排列

区间、车站轨道电路载频统一排列。闭塞分区分界点两侧必须采用不同基准载频。特殊情况下车站轨道电路机械绝缘节(道岔区内或股道的分割点)两侧可采用相同基准载频的－1型、－2型载频。各种基准载频的－2型载频与低频25.7 Hz组合使用，用于车载信号的载频自动切换。

(2)分路灵敏度

道床电阻为1.0 Ω·km或2.0 Ω·km时，为0.15 Ω；道床电阻不小于3.0 Ω·km时，为0.25 Ω；无砟轨道线路，路基和混凝土桥梁地段的钢轨参数应根据无砟线路钢轨参数测量结果确定。

(3)横向连接

两相邻完全横向连接间的距离不得小于1 200 m、完全横向连接与相邻简单横向连接间的距离不得小于1 000 m。一段轨道电路内不得设置两个空扼流变压器。

(4)轨道电路传输电缆长度一般不应大于7.5 km，困难情况下不应大于10 km。

3. 区间轨道电路

区间采用计算机编码的ZPW-2000A型无绝缘轨道电路，轨道电路的传输长度满足相关技术条件的要求。当道床不能满足轨道电路传输要求时，可采用计轴装置等实现列车占用检查。

电气绝缘节—电气绝缘节轨道电路系统结构如图5-2所示。机械绝缘节—电气绝缘节轨道电路系统结构如图5-3所示。

区间机械绝缘节—电气绝缘节轨道电路图如图5-4所示。

区间无砟轨道电路工程设计长度见表5-1。

当闭塞分区长度大于轨道电路工程设计长度时，应采用分割点，将闭塞分区分割成二、三段(或更多段)轨道电路，各段轨道电路载频不同，需统一排列。

一个区间轨道电路设备构成见表5-2。

4. 室内设备

(1)发送器

发送器用于产生高精度、高稳定的移频信号源，采用双机热备冗余方式。通过CAN总线接收列控中心的编码指令，发送器能产生18种低频、8种载频的高精度、高稳定的移频信号；在输出为400 Ω负载的情况下，能产生70 W功率的移频信号；对输出的移频信号进行自检测，故障时向信号集中监测主机发出报警信息；能够向信号集中监测主机上传设备工作状态及故障信息。发送器原理如图5-5所示。

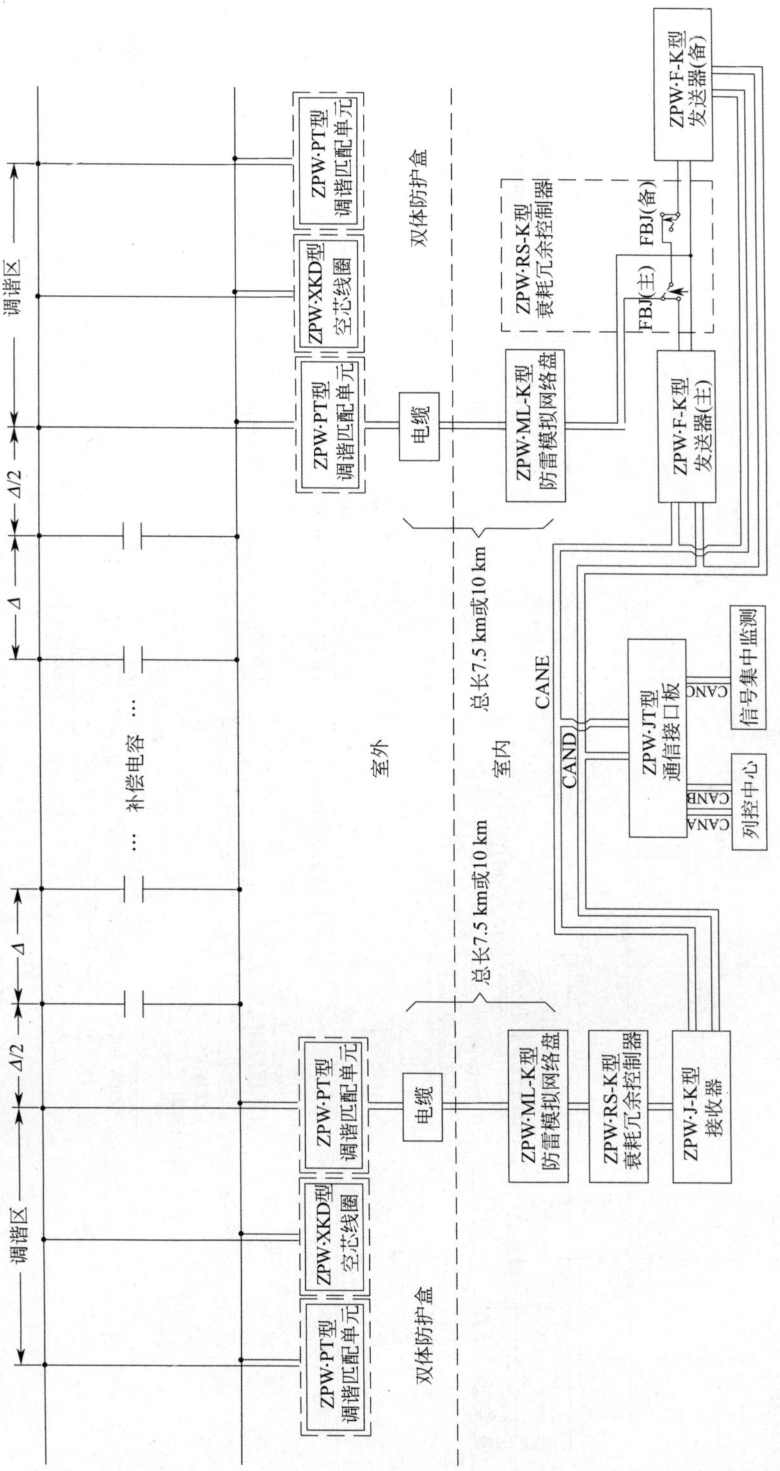

图5-2　电气绝缘节—电气绝缘节轨道电路系统结构图

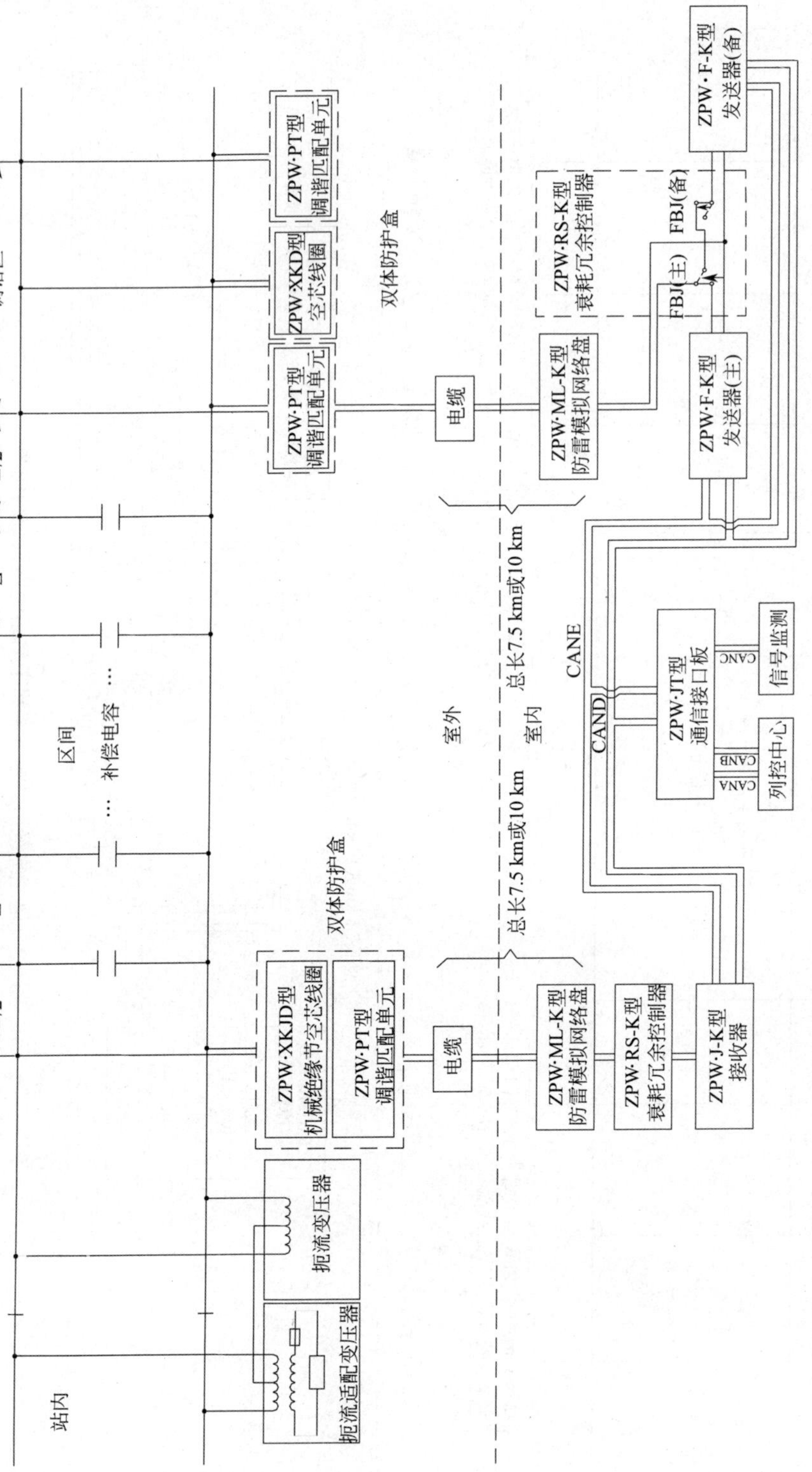

图5-3　机械绝缘节—电气绝缘节轨道电路系统结构图

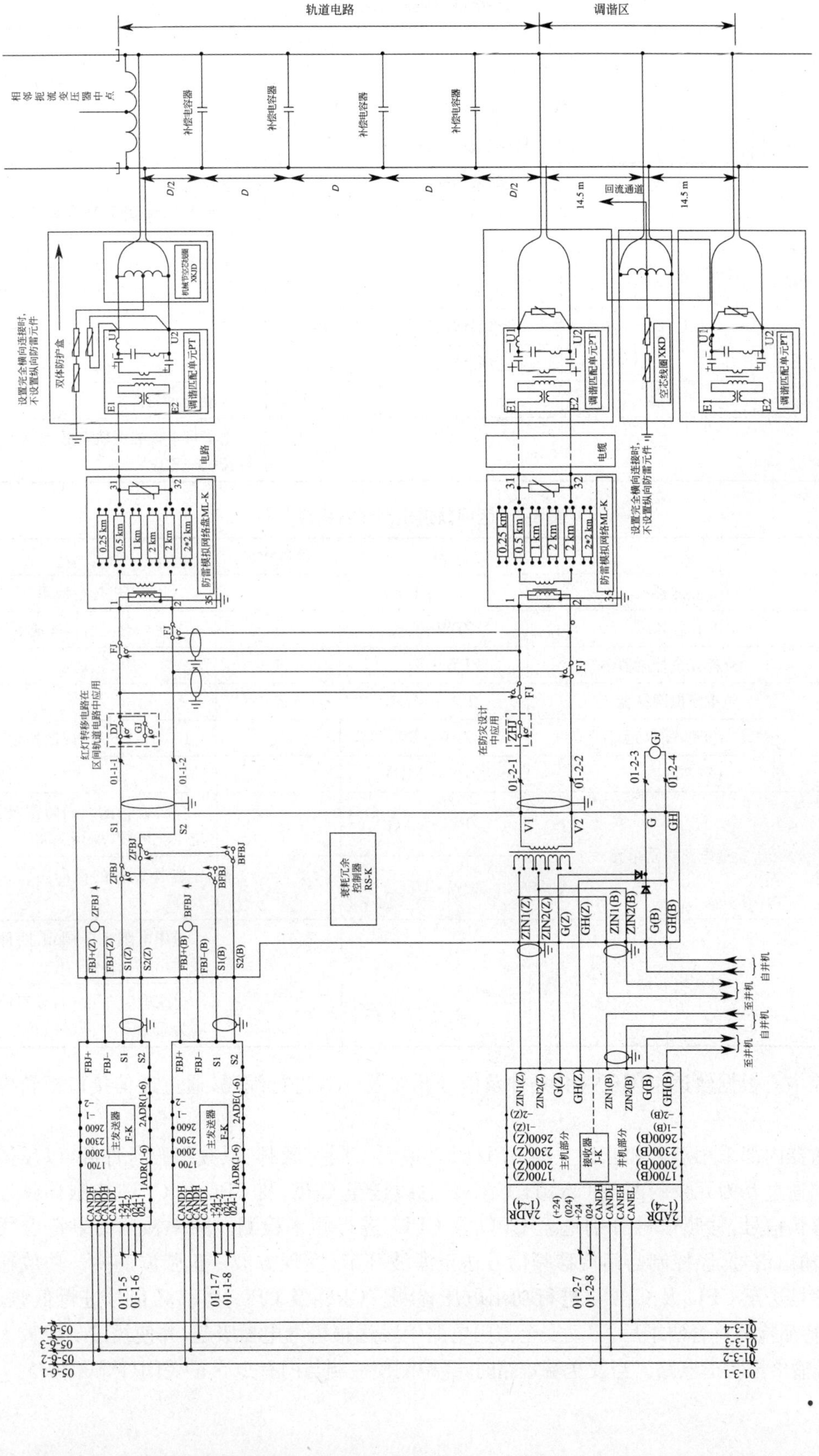

图5-4　区间机械绝缘节—电气绝缘节轨道电路系统图

表 5-1　无砟轨道电路工程设计长度

无砟轨道板型	轨道结构类型			工程设计长度(m)	说　　明
CRTSⅠ型双块式无砟轨道 CRTSⅡ型双块式无砟轨道	路基		路基结构	1 400	路基结构:指轨道线路下方无底座钢筋结构 桥梁和桩板结构:指轨道线路下方有底座钢筋结构 考虑到长大和特长大隧道的线路环境影响,道床维护达标问题等因素,给出该建议值
			桥梁和桩板结构	1 000	
	隧道	长度 300 m 以下	路基结构	1 400	
			桥梁结构	1 000	
		长度 300 m 至 2 000 m	路基结构	1 000	
			桥梁结构	800	
		长度 2 000 m 以上	路基结构	700	
			桥梁结构	600	
	桥梁			1 000	混凝土水泥桥
CRTS Ⅰ型板式无砟轨道				800	由于日本板的钢轨参数数据不足,暂按统一考虑

表 5-2　区间轨道电路设备构成

序号	名称	型号	设备数量	备　　注
1	发送器	ZPW·F-K	2	双机热备使用
2	接收器	ZPW·J-K	1	与另一台接收器构成双机
3	衰耗冗余控制器	ZPW·RS-K	1	
4	防雷模拟网络盘	ZPW·ML-K	2	
5	调谐匹配单元	ZPW·PT	2	1 700～2 600 Hz 四种频率
6	空芯线圈	ZPW·XKD	1	
7	轨道电路防雷单元	ZPW·ULG		室外设备的纵向防雷,用于电气化区段,AC 2×385 V
		ZPW·ULG2	2	室外设备的横向防雷,AC 75 V
8	补偿电容器		若干	道床电阻 2 Ω·km,四种载频通用,为 25 μF
				道床电阻 1 Ω·km,四种载频为 55 μF、50 μF、46 μF、40 μF

列控中心根据轨道空闲(占用)条件及信号开放条件等进行编码,通过通信接口板转发编码数据。

发送器内部采用双套相互独立的 CPU 处理单元。同一载频、低频编码条件源,以反码的形式分别通过互为冗余的两条 CAND、CANE 总线送至 CPU_1 及 CPU_2。CPU_1 控制移频发生器产生移频信号,移频信号分别送至 CPU_1 及 CPU_2 进行频率检测。频率检测结果符合规定后,控制输出信号,经控制与门使移频信号送至滤波环节,实现方波—正弦波变换。功放输出的移频信号送至 CPU_1 及 CPU_2,进行功出电压检测。CPU_1 及 CPU_2 对移频信号进行低频、载频、幅度特征检测符合要求后,驱动安全与门电路使发送报警继电器吸起,并使经过功放放大的移频信号输出至轨道电路。当发送端短路时,经检测使控制与门有 10 s 的关闭(休眠保护)。

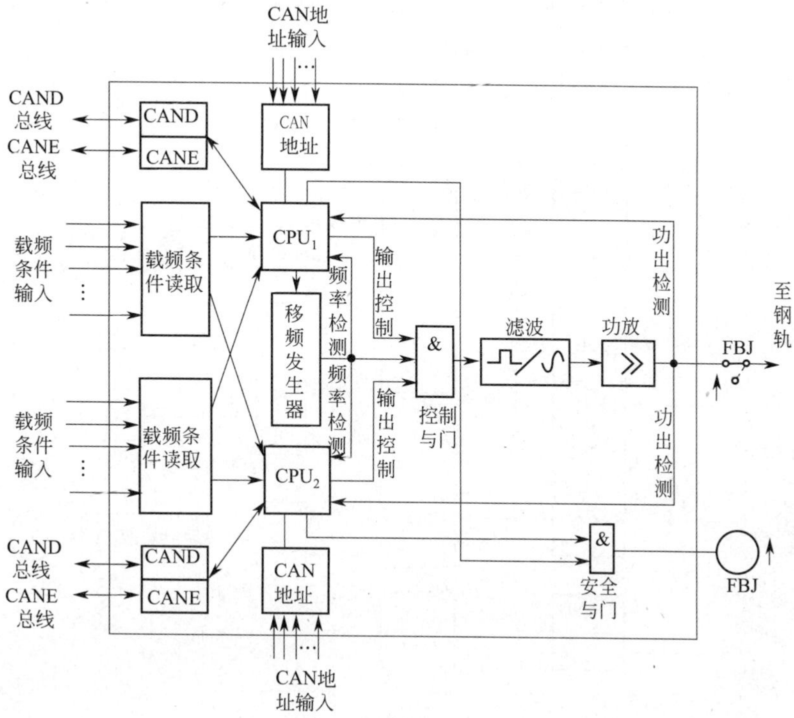

图 5-5　发送器原理框图

发送器对外连接线包括发送器工作电源、CAN 地址条件、载频编码条件、CAND 总线、CANE 总线、发送报警继电器前接点回采、电平级调整端子、功放输出、发送报警继电器输出。

发送器设工作表示灯、故障表示灯和 CAN 总线工作灯。每台发送器设一个工作表示灯，工作表示灯设置于发送器内，工作正常时点绿灯，发送器故障时工作表示灯点红灯。为便于对发送器数字电路的维修，在发送器内部 CPU 板上，对应每个 CPU 设置了一个指导维修人员查找设备故障的故障表示灯(红灯)，可以根据其闪动状况，判断发送器的故障点；在发送器内部 CPU 板上每个 CPU 为每条总线设置了一个 CAN 总线通信工作灯(黄灯)，根据其闪烁状况，判断设备的故障点，通信正常时通信工作灯闪烁，通信故障时通信工作灯常亮或常灭。

(2)接收器

接收器用于对主轨道移频信号的解调，动作轨道继电器同时向列控中心上传轨道空闲或占用状态信息；实现调谐区短小轨道电路移频信号的解调，给出短小轨道电路断轨及调谐区设备故障的报警条件，并通过 CAN 总线送至监测维护终端；检查轨道电路完好，减少分路死区长度，用接收门限控制实现对调谐匹配单元断线的检查；接收器故障时向信号集中监测主机发出报警信息。

接收器按双机并联运用设计(或称“0.5＋0.5”)，分为主、并两部分，由两路独立的信号输入、执行条件输出和 CAN 地址及载频条件接口，可协同处理另一区段信号，从而构成互为热备的冗余系统，保证系统的可靠工作。

接收器对外连接线包括接收器工作电源、CAN 地址条件、载频编码条件、小轨道类型编码条件、CAND 总线、CANE 总线、主轨道(主机)信号输入、小轨道(主机)信号输入、主轨道(并机)信号输入、小轨道(并机)信号输入、轨道继电器(主机)输出、轨道继电器(并机)输出、接收器报警条件输出。接收器原理如图 5-6 所示。

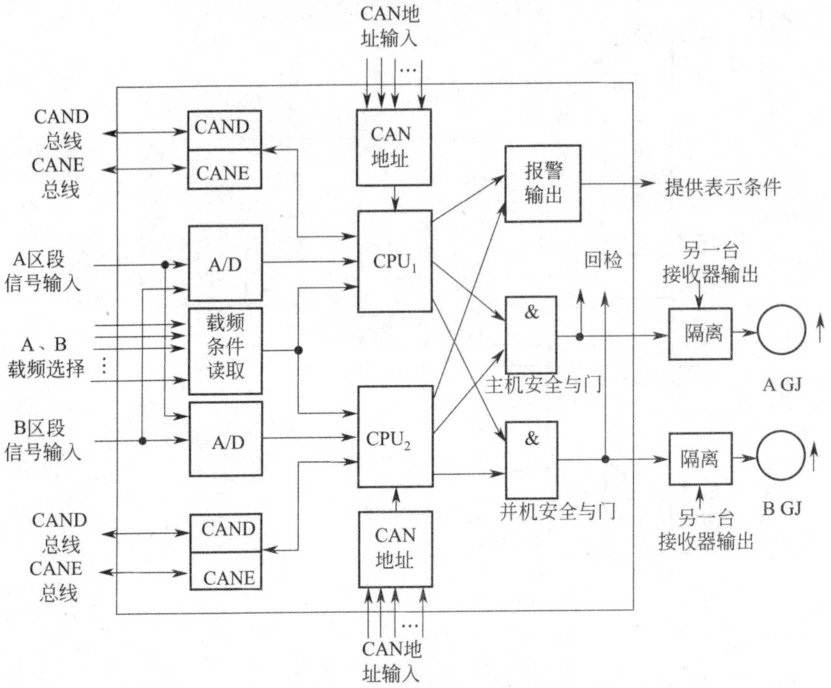

图 5-6　接收器原理框图

接收器采用两路独立的 CPU 处理单元,对输入的信号分别进行解调分析,满足继电器吸起条件时输出方波信号,输出至安全与门电路。与另一台接收器的安全与门输出共同经过隔离电路,动作轨道继电器。

A/D 为模数转换器,将输入的模拟信号转换成计算机能处理的数字信号。

载频条件读取电路设定主机、并机载频条件,由 CPU 进行判决,确定接收器的接收频率。同一载频、低频编码条件源,以反码的形式分别通过 CAND、CANE 总线送至 CPU_1 及 CPU_2。

CPU_1、CPU_2 根据确定的载频编码条件,通过各自识别、通信、比较确认一致,判断该条件有效,视为正常,不一致时,视为故障并报警。条件有效时,外部送进来的信号分别经过主机、并机两路模数转换器转换成数字信号。CPU_1、CPU_2 对外部信号进行单独的运算,判决处理。当接收信号符合幅度、载频、低频要求时,就输出 3 kHz 的方波,驱动安全与门电路。安全与门电路收到两路方波后,转换成直流电压驱动继电器。如果 CPU_1、CPU_2 的结果不一致,安全与门输出不能构成,则同时报警,电路中增加了安全与门的反馈检查,如果 CPU_1、CPU_2 有动态输出,那么安全与门就应该有直流输出,否则就认为安全与门故障,接收器进行报警。如果接收器接收到的信号电压过低,则判为列车分路。

安全与门电路将 CPU_1、CPU_2 输出的动态信号变成直流输出,驱动继电器(或执行条件)。

接收器设工作表示灯和故障表示灯。每台接收器内设一个工作表示灯,工作正常时工作表示灯亮绿灯,接收器故障时工作表示灯点红灯(其中 CAN 总线故障时不表现在工作指示灯上,在信号集中监测系统报警)。为便于对接收器数字电路的维修,每个 CPU 设置了一个指导维修人员查找设备故障的故障表示红灯,根据故障表示灯闪动状况,判断设备故障点。

(3)通信接口板

通信接口板(CI-TC)实现CAN总线通信协议间的互换。通信接口板采用双机热备冗余方式,可满足10个轨道电路通信。通信接口安装在列控中心主机柜中。通信接口板CAN地址的设置原则见表5-3。

表5-3　通信接口板CAN地址的设置原则

CPU	ADR_7	ADR_6	ADR_5	ADR_4	ADR_3	ADR_2	ADR_1	ADR_0
CPU_1	奇校验	单元号		柜号				槽号
CPU_2	奇校验	单元号反码		柜号反码				槽号反码

单元号:移频柜的单元号都是00;柜号:为工程设计中的移频柜编号;槽号:为区别主/备通信盘设置,主通信接口板设置为0,备通信接口板设置为1;奇校验:为奇校验位。

(4)单频衰耗冗余控制器

单频衰耗冗余控制器实现正方向继电器复示及反方向继电器复示;通过主发送报警继电器或备发送报警继电器,实现总功出输出的切换;实现单载频区段主轨道电路的调整;实现单载频区段小轨道电路调整(含正向调整及反向调整);实现主发送器和备发送器发送报警条件的回采。

主轨道信号经变压器B_1输入。变压器B_1匝数比为116∶(1～146)。次级通过变压器抽头连接,可构成1～146级变化,按"轨道电路调整参考表"调整接收器电平。

根据方向电路,接收端接至不同的两端小轨道电路,故小轨道电路的调整按正、反方向进行。负载阻抗为3.3 kΩ,为提高A/D模数转换器的采样精度,小轨道信号经过1∶3升压变压器B_2输出至接收器。

面板上有主发送工作灯、备发送工作灯、接收工作灯、轨道表示灯、正向指示灯、反向指示灯;主发送电源、备发送电源、主发送报警、备发送报警、总功出电压、总功出电流、接收电源、主机轨道继电器、并机轨道继电器、轨道继电器、轨道信号输入、主轨道信号输出、小轨道信号输出测试塞孔。

(5)双频衰耗冗余控制器

双频衰耗冗余控制器实现双载频区段主轨道电路调整;实现正方向继电器复示及反方向继电器复示;通过主发送报警继电器或备发送报警继电器,实现总功出输出的切换(总功出电压是主发送器输出还是备发送器输出);实现主发送器、备发送器发送报警条件的回采。

根据方向电路,接收端接收不同载频的移频信号,故主轨道电路的调整按正、反方向进行。主轨道信号经变压器SB_1或SB_2输入,变压器SB_1或SB_2的匝数比为116∶(1～146)。次级通过变压器抽头连接,可构成1～146级变化,按"轨道电路调整参考表"调整接收器电平。

面板上有主发送工作灯、备发送工作灯、接收工作灯、轨道表示灯、正向指示灯、反向指示灯;主发送电源、备发送电源、主发送报警、备发送报警、总功出电压、总功出电流、接收电源、主机轨道继电器、并机轨道继电器、轨道继电器、轨道信号输入、主轨道信号输出测试塞孔。

(6)防雷模拟网络盘

防雷模拟电缆网络盘通过0.25 km、0.5 km、1 km、2 km、2 km、2×2 km电缆模拟网络模拟电缆参数,实现对 SPT 数字信号电缆的补偿;便于轨道电路调整;对通过传输电缆引入室内的雷电进行横向和纵向防护。

防雷模拟电缆网络盘原理如图 5-7 所示。模拟一定长度电缆传输特性,与真实电缆共同构成一个固定极限长度,由 0.25 km、0.5 km、1 km、2 km、2 km、4 km 共六节组成,通过串联连接,可以构成 10 km 以内的间隔为 0.25km 的 40 种长度。使所有轨道电路不需要根据所在位置和运行方向改变配置。

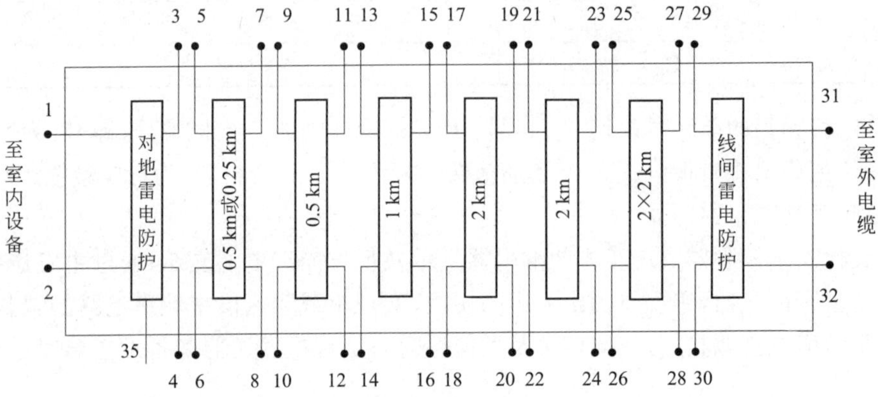

图 5-7　防雷模拟电缆网络盘原理图

(7)无绝缘轨道电路机柜

无绝缘轨道电路机柜对外连接有下出线及上出线两种方式,根据现场需要选用。型号:ZPW・G-2000A/K。外形尺寸:900 mm×600 mm×2 350 mm。

每台机柜可安装 10 套轨道电路设备。每套轨道电路由主发送器、备发送器、接收器、衰耗冗余控制器组成。发送器冗余工作方式为主发送器、备发送器构成"1+1"双机热备结构,在机柜内部自行构成。接收器按照 1、2;3、4;5、6;7、8;9、10 构成双机并联运用结构,在机柜内部自行构成。

机柜正面由六层设备组成,由上至下分别是主发送器、备发送器、接收器、衰耗冗余控制器、衰耗冗余控制器、主发送器、备发送器、接收器。

机柜背面由上至下分别安装零层端子板、断路器组合板、零层端子板、电源端子板。上部的零层端子板用于机柜上半部 5 个轨道电路设备的对外接线;下部的零层端子板用于机柜下半部 5 个轨道电路设备的对外接线及列控中心与机柜之间的通信线连接。断路器组合板安装 20 个 10 A 和 10 个 5 A 断路器,10 A 用于发送器的过流保护,5 A 用于接收器的过流保护;电源端子用于发送器电源、接收器电源与供电电源屏的连接。

(8)无绝缘轨道电路接口柜

无绝缘轨道电路接口柜对外连接有下出线及上出线两种方式,根据现场需要选用。型号:ZPW・GK-2000A/K。外形尺寸:900 mm×600 mm×2 350 mm。

无绝缘轨道电路接口柜设备安装配比较灵活,既可放置防雷模拟电缆网络组匣,也可放置继电器组合、综合采集分机、绝缘漏流测试组合等。最大容量为 9 台防雷模拟电缆网络组匣。每个防雷模拟电缆网络组合可安装 8 个防雷模拟电缆网络盘。

5. 室外设备

(1)调谐匹配单元

调谐匹配单元可看作是 ZPW-2000A 轨道电路中调谐单元(BA)和匹配变压器(TAD)的二合一设备,用于轨道电路的电气绝缘节和机械绝缘节处,根据本区段的载频频率选用。

调谐部分形成相邻区段载频的短路,并且与调谐区内钢轨电感(或机械绝缘节处的机械绝缘节扼流空芯线圈)形成并联谐振,实现相邻区段信号的隔离和本区段信号的稳定输出。匹配部分主要作用是实现钢轨阻抗和电缆阻抗的连接,以实现轨道电路信号的有效传输。

图 5-8 为调谐匹配单元原理图。端子 V_1、V_2、V_3、E_1、E_2 为 6 mm^2 万可端子。E_1、E_2 连接电缆,V_1、V_2 为匹配单元的测试端子,V_1 与 V_3 在使用中用 4 mm^2 多股铜线连接。A、B 为铜连接板,设备出厂时,A、B 间使用铜引接片连接。调谐匹配单元用于机械绝缘节处时,必须拆除 A、B 间铜引接片;调谐匹配单元用于电气绝缘节处时,必须用铜引接片和 ϕ4 mm 螺母将 A、B 间短接。U_1、U_2 为盒体外方的铜连接板用于与其他设备或钢轨的连接。

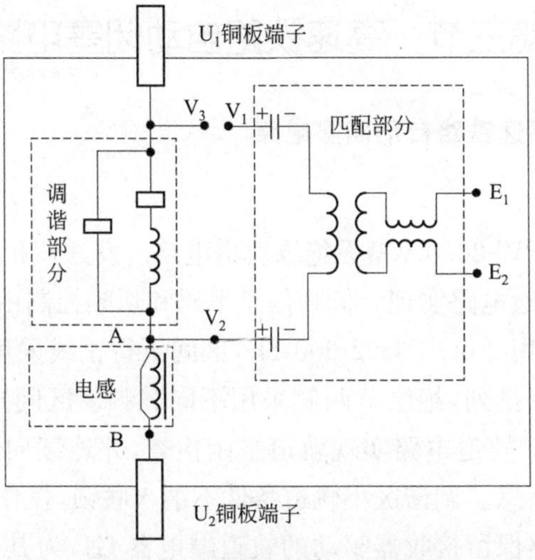

图 5-8　调谐匹配单元原理图

(2)空芯线圈

空芯线圈的作用是平衡两钢轨的牵引电流,实现上、下行线路间的等电位连接;改善电气绝缘节的 Q 值,保证设备工作的稳定性。

机械绝缘节的空芯线圈用于进/出站口处,与调谐匹配单元形成并联谐振,使机械绝缘节电气参数与电气绝缘节电气参数等效,实现含有机械绝缘节的轨道电区段与双端均为电气绝缘节区段具有等长的传输长度。

(3)补偿电容

补偿电容采用高可靠的全密封电容(型号:ZPWC・BGM),用来补偿因钢轨电感的感抗所产生的无功功率损耗,保证接收端信号有效信干比,使得轨道电路具有良好传输性能;并保证钢轨在同侧两端接地的条件下,轨道电路分路及断轨检查性能。

区间轨道电路区段和站内道岔轨道电路区段,当轨道电路区段长度大于 300 m 时,需要设置补偿电容,以改善轨道电路信号在钢轨线路的传输条件,保证轨道电路信号传输长度。

补偿电容容值的选择根据道床电阻值确定。道床电阻值小于 2 Ω・km 时,补偿电容值为 40 μF、46 μF、50 μF、55 μF 四种(不适用于站内道岔区);道床电阻值不小于 2 Ω・km 时,补偿电容值为 25 μF 一种。补偿电容按照相等间距原则进行布置，电容间距根据不同情况通过计算确定。

(4)空扼流变压器

空扼流变压器(型号:BE-1000/ZPW)用于区间 2PW-2000A 无绝缘轨道电路区段需要将牵引回流线或保护线引入钢轨的地方，及其上、下行线路间横向连接线的地方，平衡牵引电流，使之不影响轨道电路的正常工作。

为了降低该设备的引入对区间轨道电路的影响，在不大于规定的不平衡牵引电流条件下，其对于轨道电路信号的阻抗不小于 17 Ω。

图 5-9 为 BE(K)型扼流变压器接线路图。

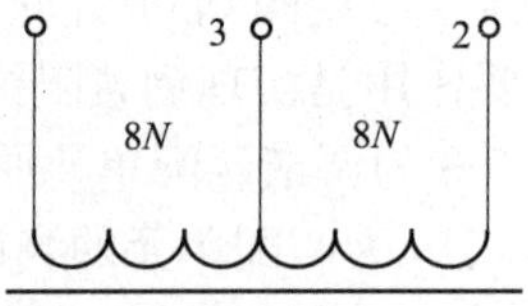

图 5-9　BE(K)型扼流变压器接线图

第三节　高速铁路自动闭塞电路

一、200～250 km/h 高速铁路自动闭塞电路

1. 轨道电路的设置

区间采用客运专线 ZPW-2000A 型无绝缘轨道电路。发送双机热备、接收双机并联运用，故障检测和发送切换由轨道电路实现。低频信息编码和切频控制由列控中心实现。

区间上行正线载频采用 2 000 Hz/2 600 Hz，区间下行正线采用 1 700 Hz/2 300 Hz。区间、车站轨道电路载频统一排列，绝缘节两侧采用不同载频。区间正向增加 L4、L5 低频信息码；反向按追踪码序发码。轨道电路实现轨道空闲检查，并连续向列车传送空闲闭塞分区数量、道岔侧向允许速度等信息。调谐区小轨道条件不纳入联锁，仅作为检测内容。

ZPW-2000A 轨道电路保留接收器驱动的轨道继电器 GJ，为其他系统提供轨道区段的空闲状态，并作为区间信号机点灯的控制条件。列控中心采集区间 GJ，用于轨道状态的校核。接近区段和离去区段轨道占用/空闲状态，由计算机联锁直接采集区间轨道继电器。中继站管辖范围的轨道状态，由列控中心通过站间通道传至邻站，将占用/空闲状态信息提供给 CTC。

轨道电路控制电缆长度原则上按不超过 10 km 设计。

对 200 km/h 及以上的区间(有砟轨道)，最小道床电阻取 2.0 Ω · km，标准分路电阻取 0.15 Ω。160 km/h 及以下区段最小道床电阻取 1.0 Ω · km，标准分路电阻取 0.15 Ω。

2. 列控中心与轨道电路的通信

(1)列控中心与轨道电路的接口

列控中心通过与轨道电路的接口(T 口)和轨道电路通信。轨道电路状态和低频编码信息以通信方式交互。列控中心根据 ZPW-2000A 提供的基于 CAN 总线的通信协议实现互联。轨道电路与列控中心的通信拓扑结构如图 5-10 所示。

列控中心的 CAN 通信扩展板(CANIF)实现列控主机与轨道电路设备及通信接口单元之间的数据交换。配置有 2 路 CAN 总线通信接口。CAN 通信扩展板背面是 CANIO 接口板，提供 CAN 通信接口和外部设备通信。

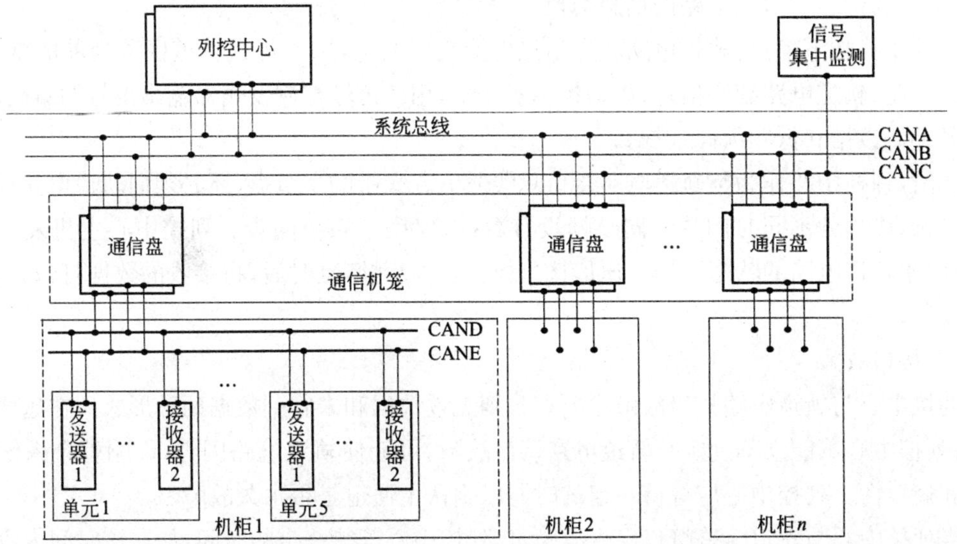

图 5-10 轨道电路与列控中心的通信拓扑结构图

通信接口单元配置在列控中心的主机柜中。通信接口单元中包含 3 种类型的通信接口板，其中轨道电路通信接口板(CI-TC)实现列控中心对轨道电路的编码通信。

通信接口单元机笼中按照不同的站场类型配置 CI-TC 板。CI-TC 板用于列控中心主机和轨道电路设备间的 CAN 总线通信协议间互换，实现列控中心主机向轨道电路设备发送编码命令，并接收轨道电路设备的状态，其中 CAN 总线的 CANA、CANB 用于和列控主机交换数据，CAN 总线的 CANC 用于发送监测数据给监测维护机，CAN 总线的 CAND、CANE 用于和轨道电路设备交换数据。列控中心与轨道电路的数据通信结构如图 5-11 所示。

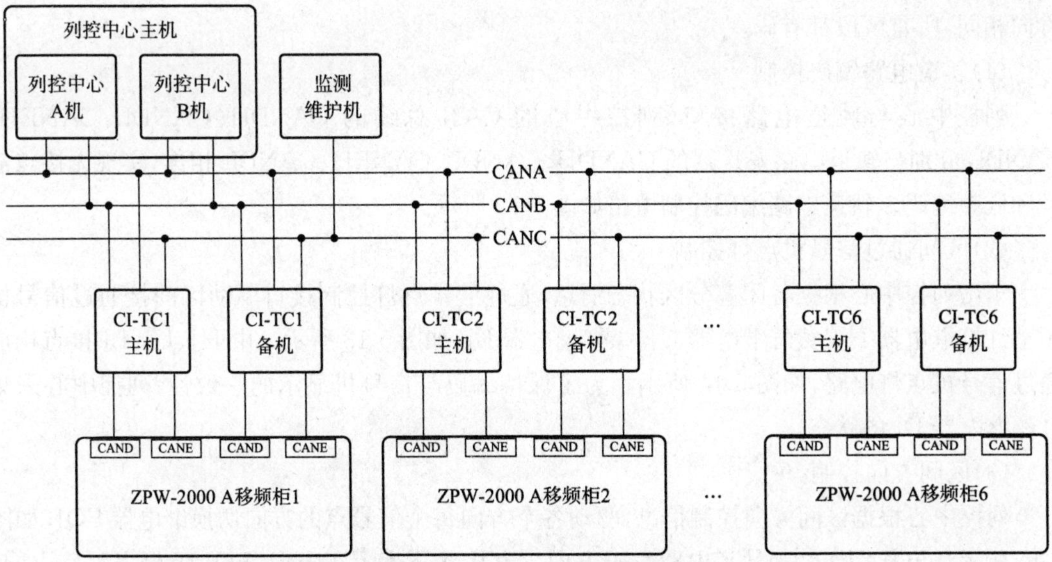

图 5-11 列控中心与轨道电路的数据通信结构图

(2)列控中心与轨道电路的信息交换

主要交换如下信息:轨道电路状态信息由接收器产生,用于传送轨道区段当前的状态,即占用或空闲;轨道电路编码信息,由列控主机产生,用于传输控制发送器输出信号的编码命令,即载频编码数据和低频编码数据。

同时,列控中心作为与轨道电路接口总线通信方式中的主节点,还必须向轨道电路设备发送同步帧,以划分不同时间片。同步帧没有数据,仅用于系统同步。列控中心主机发送同步帧,以收集轨道电路的状态数据。通信接口板转发同步帧,延时后,将接收的数据打包,向列控主机发送。

(3)接口故障

列控中心与轨道电路接口故障主要有收到无效数据和未收到数据两种形式。在这两种情况下,列控中心不能立刻判定与轨道电路接口故障,可能使轨道电路闪红,影响整个系统的可用性和稳定性。列控中心应等待一定的时间以确认主通道是否永久故障。

当列控中心与轨道电路接口发生故障时,列控中心等待一定的时间,如在该时间内收到有效数据,则继续正常工作;如未收到有效数据,则进行双系切换;切换完成后,重新与轨道电路建立通信。如通信建立,则切换后正常工作;如失败,则轨道电路发 27.9 Hz 占用检测码。

3. 自动闭塞的实现

区间正向按自动闭塞方式追踪运行,正向旅客列车最小追踪间隔 4 min 的要求,反向按站间闭塞方式运行。闭塞分区的划分应满足动车组列控车载设备按照“目标—距离”模式控车和按四显示自动闭塞行车的要求。

有运行非动车组列车的 200～250 km/h 高速铁路保留区间通过信号机,以满足未装设 ATP 车载设备非动车组列车的行车需要。

增加防护码——H(红)码;增加 L2～L5 码;反方向运行时按站间闭塞办理,但码序与正方向相同,所有区段都有码。

(1)轨道电路编码控制

列控中心与轨道电路接口,列控中心的 CAN 总线的 CANDH、CANDL、CANEH、CANDL 分别与轨道电路发送器的 CANDH、CANDL、CANEH、CANDL 相连,实现无接点载频和低频编码。轨道电路编码控制电路如图 5-12 所示。

(2)区间通过信号机点灯控制

车站列控中心根据各闭塞分区状态消息,通过信号点灯控制接口驱动区间接通过信号机驱动红灯继电器 HJ、黄灯继电器 UJ、绿灯继电器 LJ,如图 5-13 所示。由 HJ、UJ、LJ 接点构成通过信号机点灯电路,如图 5-14 所示。为了保持编码与信号机显示的一致性,列控中心采集灯丝继电器 DJ 的状态。

(3)区间方向控制

列控中心根据区间方向控制信息,驱动各个方向每个信号点的方向切换继电器 FQJ,如图 5-15 所示。FQJ 用于切换轨道电路发码方向。FQJ 落下表示正方向,FQJ 吸起表示反方向。列控中心回采各方向切换继电器的状态。

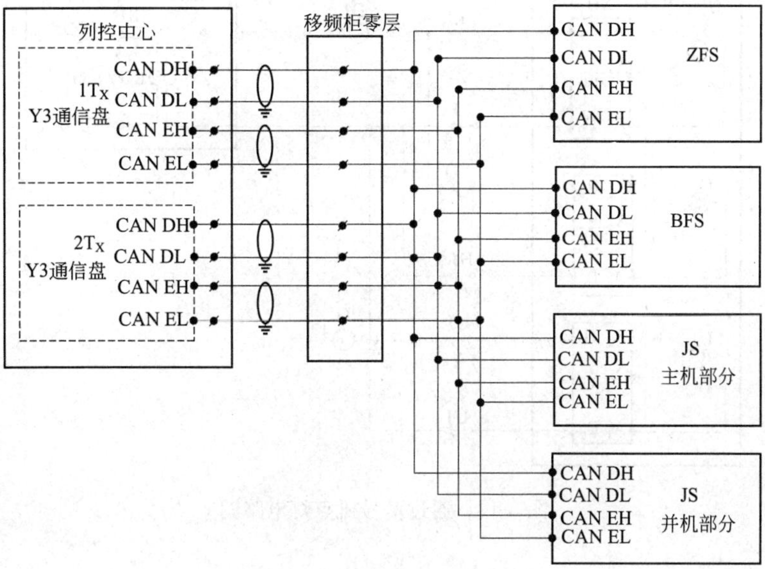

图 5-12　轨道电路编码控制电路图

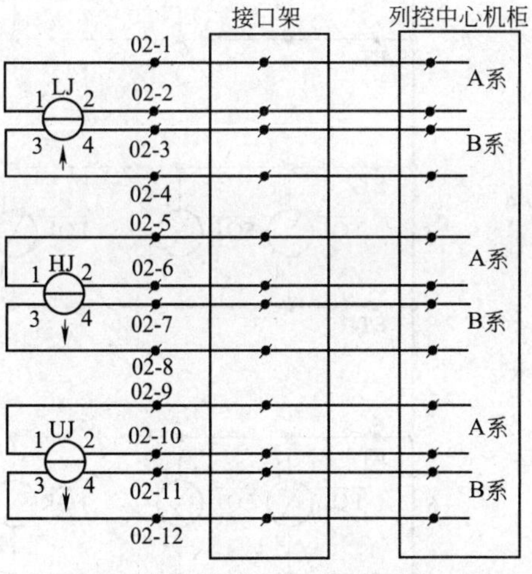

图 5-13　HJ、UJ、LJ 电路图

车站联锁终端设置接车表示灯 JD、发车表示灯 FD、监督区间表示灯 JQD、辅助办理表示灯 FZD、总辅助按钮 ZFA、发车辅助按钮 FFA、接车辅助按钮 JFA。

(4)接近、离去轨道继电器电路

列控中心设接近、离去轨道继电器驱采电路。由列控中心根据闭塞分区状态信息驱动接近轨道继电器 1JGJ、2JGJ、3JGJ，回采它们的前接点，如图 5-16 所示。

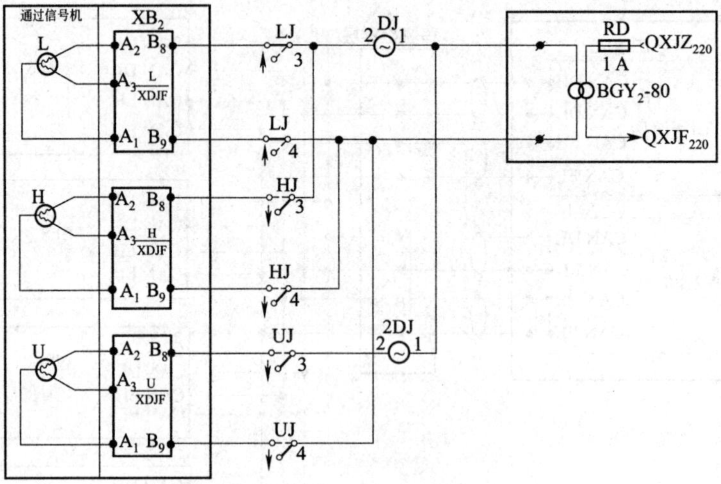

图 5-14　通过信号机点灯电路图

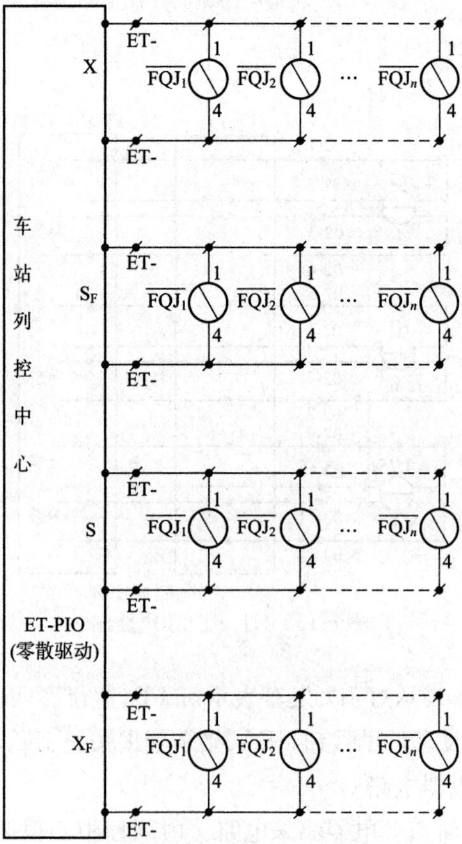

图 5-15　区间方向控制电路图

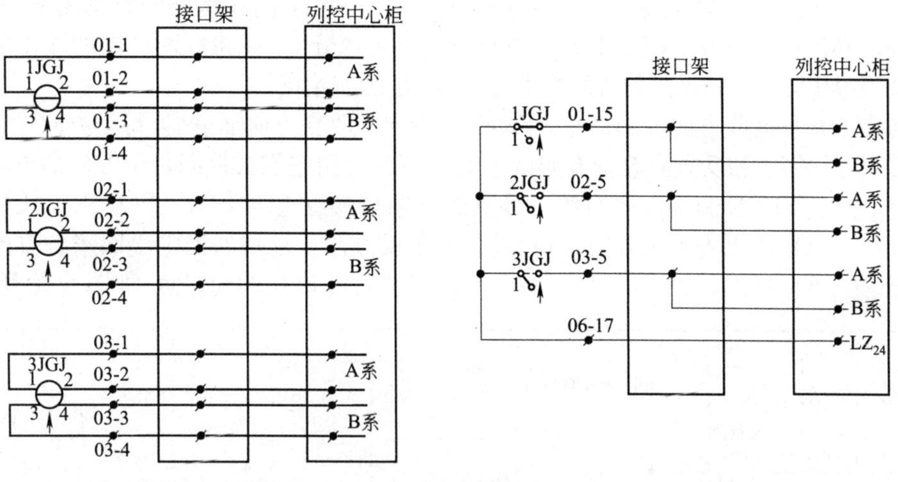

(a)　　(b)

图 5-16　接近轨道继电器驱采电路图

由列控中心根据闭塞分区状态信息驱动离去轨道继电器 1LQGJ、2LQGJ、3LQGJ，回采它们的前接点，如图 5-17 所示。

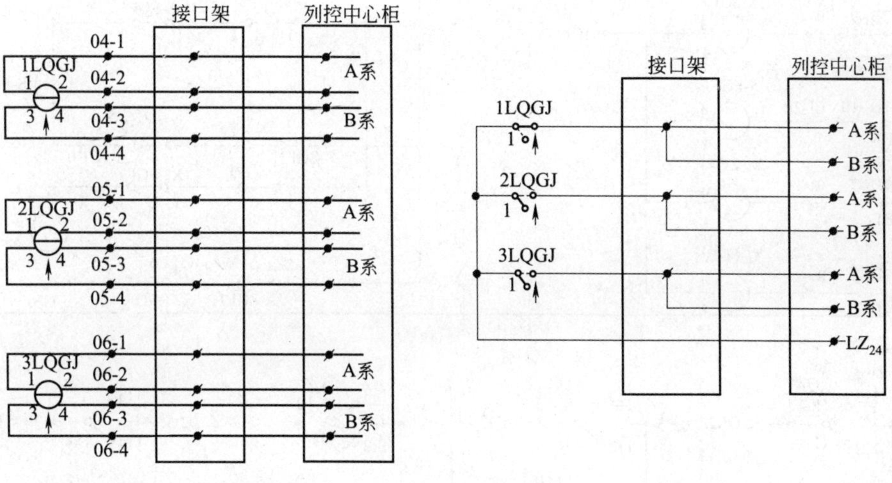

(a)　　(b)

图 5-17　离去轨道继电器驱采电路图

二、300～350 km/h 高速铁路自动闭塞电路

区间采用计算机编码控制的客运专线 ZPW-2000 系列无绝缘轨道电路，轨道电路的传输长度满足相关技术条件的要求。轨道电路的正常码序为：L5—L4—L3—L2—L—LU—U—HU，满足 CTCS-2 级 300 km/h 速度列车安全运行的要求。为满足 300 km/h 速度 3 min 列车追踪运行的要求，并考虑轨道电路传输长度等条件，闭塞分区长度原则上按照不少于 2 000 m进行设计。闭塞分区配置要考虑电气化分相绝缘器的位置，以防止列车停车再运行时无法越过无电区域。

300～350 km/h 高速铁路的自动闭塞和 200～250 km/h 高速铁路的自动闭塞一样，轨道电路的编码和区间运行方向控制由列控中心完成。闭塞分区空闲时，发送器的输出使本闭塞分区的轨道继电器 GJ 吸起。车站列控中心采集 GJ 的前接点。

列控中心根据区间方向控制信息，驱动各个方向的改变方向继电器，每个方向设正方向改变方向继电器 ZGFJ 和反方向改变方向继电器 FGFJ，再由它们去控制每个方向的方向继电器 FJ，由方向继电器 FJ 控制本方向的各信号点的方向切换继电器 FQJ。FQJ 用于切换轨道电路发码方向。FQJ 落下表示正方向，FQJ 吸起表示反方向。车站列控中心回采各方向的方向继电器 FJ 定、反位接点，以及各信号点的方向切换继电器 FQJ 的前接点，如图 5-18 所示。

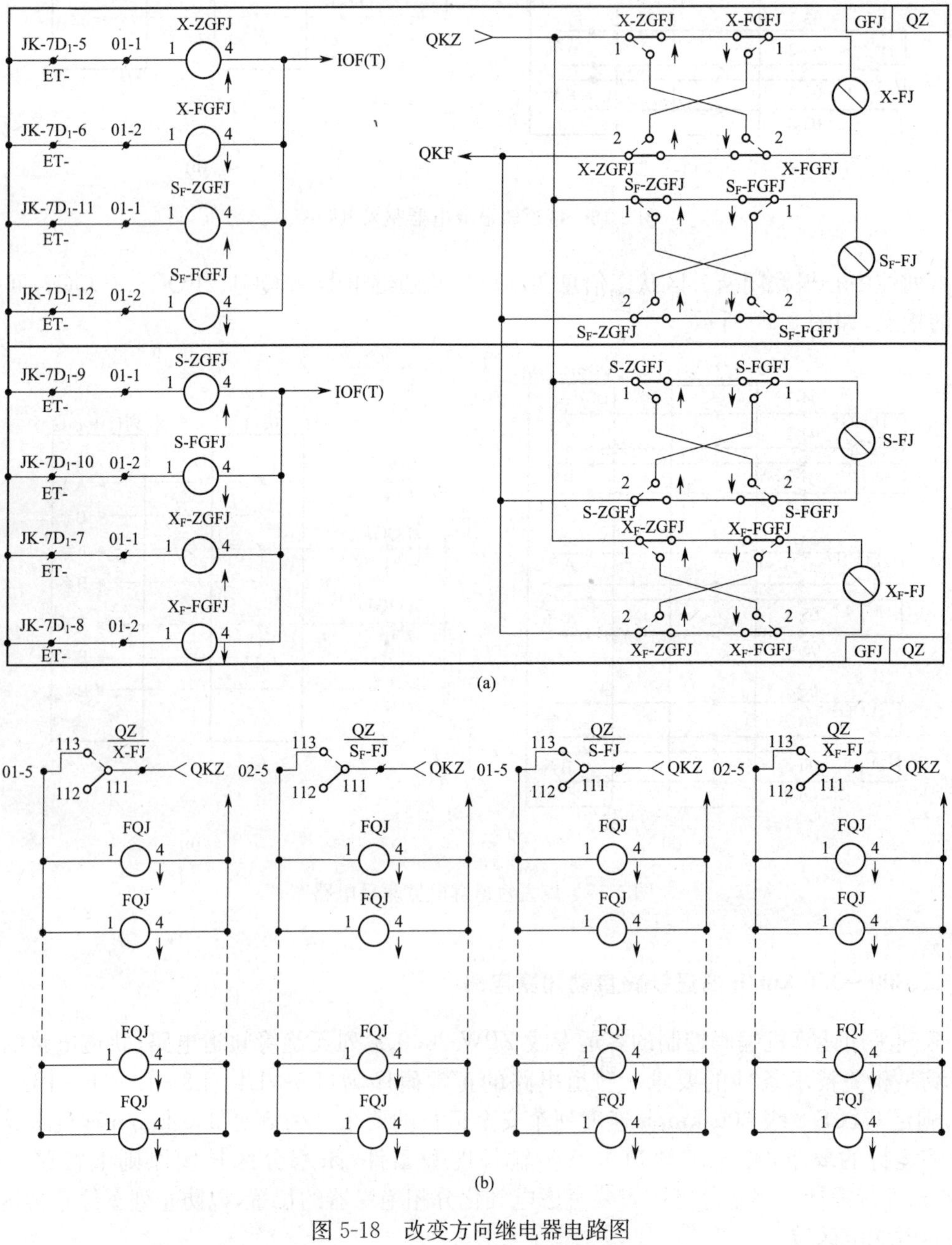

图 5-18　改变方向继电器电路图

区间不设通过信号机，无需点灯控制。在闭塞分区分界处（尽量利用接触网杆）设置标志牌，标志牌如图 5-19 所示。

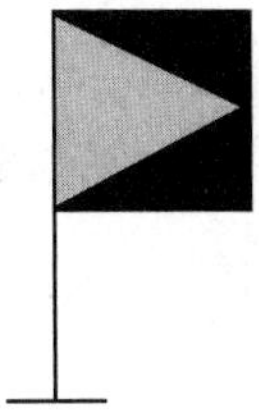

图 5-19　标志牌

第四节　高速铁路自动闭塞阅图练习

《自动闭塞图册（第二版）》第Ⅱ、Ⅲ部分分别是 200～250 km/h 和 300～350 km/h 高速铁路自动闭塞电路图，通过对该图的阅图练习来进行。

一、区间信号设备平面布置图阅图

通过对《自动闭塞图册（第二版）》图Ⅱ-01、Ⅲ-01 的阅图，掌握自动闭塞电路室外设备的组成和布置图的阅图方法。

提示：图Ⅱ-01 是 200～250 km/h 高速铁路区间信号设备平面布置图，其与图Ⅰ-01 基本相同，只是增加了应答器和反方向预告牌的设置位置。

图Ⅲ-01 是 300～350 km/h 高速铁路区间信号设备平面布置图，其与图Ⅱ-01 不同之处仅在于在将通过信号机改为标志牌。

二、区间电缆径路图和配线图阅图

通过对《自动闭塞图册（第二版）》图Ⅲ-02、Ⅲ-03 的阅图，掌握自动闭塞干线和支线电缆的径路图和配线图的阅图方法。

提示：图Ⅲ-02 是 300～350 km/h 高速铁路区间干线电缆径路图，其表示方法基本上同Ⅰ-03，不同的是其按上、下行分设发送和接收电缆，共有四根干线电缆，而没有站联干线电缆（为什么？）。

三、区间设备柜布置图阅图

通过对《自动闭塞图册（第二版）》图Ⅱ-02、Ⅱ-03、Ⅱ-04、Ⅲ-04、Ⅲ-05、Ⅲ-06 的阅图，掌握区间移频柜、区间综合柜、区间组合柜布置图的阅图方法。

提示：这些机柜的表示方法同图Ⅰ-08、Ⅰ-09、Ⅰ-10 没有什么区别。

四、闭塞分区电路图阅图

通过对《自动闭塞图册（第二版）》图Ⅱ-05、Ⅲ-07 的阅图，掌握闭塞分区电路图的阅图方法。

提示：图Ⅱ-05是200～250 km/h高速铁路闭塞分区电路图，其与图Ⅰ-11的区别在于没有低频编码电路、与内方闭塞分区联系电路和复示继电器电路，这些都由列控中心完成，因此，有列控中心与区间移频柜的联系。

图Ⅲ-07是300～350 km/h高速铁路闭塞分区电路图，其与图Ⅱ-05的区别在于没有通过信号机点灯电路。因此，不需要对每个轨道电路区段设计一张图，而由一张电路图和一张配线表即能表明每个轨道电路区段的全部情况。

五、区间信号采集电路

通过对《自动闭塞图册（第二版）》图Ⅱ-06、Ⅲ-08的阅图，掌握区间信号采集电路的阅图方法。

提示：图Ⅱ-06是200～250 km/h高速铁路区间TCC采集电路图，分为区段采集和零散采集。区段采集采集的是各信号点的HJ、UJ、LJ的前接点。零散采集采集的是每个方向各个区段的FJ、FJF的定位接点。区段采集和零散采集各由电路图和配线表组成。

图Ⅲ-08是300～350 km/h高速铁路方向切换继电器采集电路图，分为区段采集和零散采集。区段采集采集的是各方向的FJ接点。零散采集采集的是每个方向各个区段的FQJ前接点。区段采集由电路图表示，零散采集由电路图和配线表组成。

六、区间信号驱动电路

通过对《自动闭塞图册（第二版）》图Ⅱ-07、Ⅲ-09的阅图，掌握区间信号驱动电路的阅图方法。

提示：图Ⅱ-07是200～250 km/h高速铁路区间TCC驱动电路图，分为区段驱动和零散驱动。区段驱动驱动的是各信号点的HJ、UJ、LJ。零散驱动驱动的是每个方向各个区段的FQJ。区段驱动和零散驱动各由电路图和配线表组成。

图Ⅲ-09是300～350 km/h高速铁路方向切换继电器驱动电路图，驱动的是各个方向的ZGFJ或FGFJ。由它们分别接通各个方向的FJ电路，再由FJ接通各区段的FQJ电路。

第五节　高速铁路自动闭塞系统维护

一、高速铁路自动闭塞的维修

1. 客运专线ZPW-2000A型轨道电路日常养护作业项目

(1)调谐区设备

检查调谐单元、空芯线圈、引接线及附加线完好。检查调谐区标志，禁停标良好。检查各部螺栓不松动，螺栓及设备锁注油。

(2)补偿电容

检查补偿电容及卡具完好。

(3)连接线、钢轨绝缘

检查钢轨绝缘外观良好，轨缝标准，扣件与钢轨连接夹板无封连，检查各种引接线、接续线、跳线、横向连接线完好；吸口线与信号设备连接端子紧固。引接线防护罩固定良好。检查各部螺栓不松动并注油。

以上项目站内 2 个月 1 次，区间 6 个月一次。

(4)测试、调整、记录

①调整状态、"主轨出"电压一般调整至 450～600 mV，"小轨出"电压调整在(155±10)mV，小轨道接收条件(XGJ、XGJH)电压不小于 20V。

②分路状态：用 0.25 Ω 标准分路电阻线在不利处所轨面上分路时，"主轨出"分路电压应不大于 140 mV，轨道继电器可靠落下。

③轨道电路应实现全程断轨检查

主轨道断轨时，"小轨出"电压≤140 mV，继电器可靠落下。

④轨道电路分路状态在最不利条件下，在轨道电路任意一处轨面用 0.25 Ω 标准分路线分路时，机车入口电流正线(1.5±0.1)A，侧线(1.1±0.1)A。

⑤钢包铜引接线塞钉与轨面间电压≤1 mV。

(5)室内设备

①检查发送器、接收器、衰耗器、模拟电缆网络盘、断路器等工作正常、无异状，表示灯显示正常。

②器材插接良好，电缆、电线、接地线连接、插接良好，无异状。

③系统及器材防雷单元正常，无劣化指示。

④设备、器材铭牌、标识齐全。

有人值守站每日 1 次，无人值守站和区间中继站每月 1 次。

2. 客运专线 ZPW-2000A 型轨道电路集中检修作业项目

(1)调谐区设备

调谐区标志、禁停标检查、整修。调谐区电气特性测试。地线测试。

(2)补偿电容

检查补偿电容安装及固定符合要求，不良的整治。检查补偿电容引线断股，不良的更换。补偿电容测试。

(3)连接线、钢轨绝缘

检查钢包铜引接线、各种连接线的安装及固定符合要求，不良的整治。连接线塞钉头与钢轨接触电阻不超标。各种引接线除锈、涂油、整修。钢轨绝缘测试。

(4)室内设备

①机柜安装牢固、不倾斜，安装螺丝紧固，不松动，柜内设备、器材插接牢固，防脱措施良好。

②接、配线端子紧固、不松动，电缆、电线焊接、插接及接地、等电位连接牢固。

③旋转、器材配线无异常、不老化，走线平顺、整洁，绑扎、防护措施良好。

④机柜及设备、器材清洁干净，无粉尘。

⑤发送器、接收器、衰耗器、断路器、模拟电缆网络盘及防雷单元工作正常、无异状，表示灯显示正常。

⑥发送、接收冗余切换试验正常，报警提示正确。

⑦发送功出、接收轨入、轨出Ⅰ、轨出Ⅱ、小轨电气特性测试、记录，并符合调整表规定标准。

3. 高速铁路自动闭塞的常见故障处理

(1)常见故障定位

①工作灯亮红灯。

通信板对应的 CPU_1 或 CPU_2 的 CAN 地址配置错误。

②工作灯亮红灯,主、备灯不亮,CANA、CANB、CAND、CANE 表示灯闪烁。

列控主机与通信板的 $CANAB_1$、$CANAB_2$ 连线没连接。

③工作灯亮红灯,主、备灯不亮,CANA、CANB、CANC、CAND、CANE 表示灯闪烁。

通信板与移频柜的 CAN 连线没有连接。

④在单总线工作状态下(即列控主机与通信接口板只有一条 CAN 总线连接),主通信板工作正常,备通信板工作灯亮红灯。

对应移频柜与通信板的两对 CAN 连接线有交叉连接现象,即一个通信板的 CAND/CANE 与移频柜的 CAND/CANE 对应连接,另一个通信板的 CAND/CANE 与移频柜的 CANE/CAND 对应连接了。

⑤通信板上对应 CPU_1 及 CPU_2 有故障定位灯,其表示为:

a. D0 对应 CPU 的 CAN 地址设置错误。

b. D1CPU_1 与 CPU_2 通信故障。

c. D2 本通信板与其互为主备的通信板通信故障。

d. D4CANA 通信故障。

e. D5 CAND 通信故障。

f. D6 CANB 通信故障。

g. D7 CANE 通信故障。

(2)设备故障的结果与影响范围

客运专线 ZPW-2000A 型轨道电路设备故障与影响范围见表 5-4。

表 5-4 客运专线 ZPW-2000A 型轨道电路设备故障与影响范围

序号	故障设备名称	故障结果	影响范围	说明
1	通信板	1. 中断 TCC 与轨道电路机柜、轨道电路机柜与轨道电路监测维护终端间的通信 2. 其所控制的轨道区段仅发送轨道检测码 27.9 Hz 3. 区间轨道电路无轨道继电器,故无输出;站内轨道电路因有轨道继电器,所以工作在默认工作状态下	一个轨道电路机柜的轨道区段的工作	1. 由于设备为主备冗余设置,所以故障是指主、备设备均出现故障 2. 一个轨道电路机柜对应于一对主、备通信板
2	发送器	1. 轨道区段“红光带” 2. 本轨道电路区段无机车信号信息	本轨道区段“红光带”后,将影响与其相关的轨道区段的编码信息	轨道电路的发送器为“1+1”冗余设置,所以故障必须是两台发送器同时故障

续上表

序号	故障设备名称	故障结果	影响范围	说　明
3	接收器	接收器为“0.5+0.5”冗余方式，本区段的接收器故障后，造成其对应的主机所在轨道区段的接收器处于单机工作状态	如果对应的并机工作正常，则无影响	接收器为“0.5+0.5”冗余设置，其为本轨道区段的主机，对应区段的并机
4	衰耗冗余控制器	如果其中的接收调整变压器(KRV)或与其相关的部分故障，则引起本区段轨道电路轨道占用，即：“红光带” 如果冗余控制部分故障且此时发送器故障，则要么发送器倒机不成功，要么轨道电路发送无输出 如果小轨道衰耗部分断线故障，则小轨道给出占用表示	本轨道电路区段。在“红光带”条件下，影响与其有关的相关轨道电路轨道区段的编码信息	根据故障部分具体分析
5	防雷模拟电缆网络盘	1. 如果为断线故障，则本轨道电路区段“红光带” 2. 本轨道电路区段无机车信号信息	本轨道电路区段。与其相关的轨道电路区段的编码信息	
6	区间室外调谐区设备(PT或空芯线圈)	1. 调谐匹配单元中调谐部分故障： a. 本轨道区段“红光带” b. 如果有小轨道，则其高落 c. 相邻轨道区段不确定，需要具体分析 2. 调谐匹配单元中匹配部分故障： a. 发送端故障，则本轨道区段“红光带”且无机车信号信息 b. 接收端故障，则本轨道区段“红光带” 3. 本轨道电路区段无机车信号信息	本轨道电路和相邻轨道电路区段。与其相关的轨道电路区段的编码信息	机械绝缘节处的设备仅影响本区段
7	站内室外设备(BPLN 或 BES)	1. 匹配单元 BPLN 故障，则本轨道电路区段“红光带” 2. 电气化区段中，扼流变压器故障，则列车占用后，本轨道区段列车出清不恢复 3. 本轨道电路区段无机车信号信息	本轨道电路区段。与该轨道电路区段有关的进路办理，以及与其有关的相关轨道电路区段的编码信息	
8	钢轨引接线断线	1. 轨道电路区段“红光带” 2. 轨道区段内无机车信号信息；	本轨道电路区段。与该轨道电路区段有关的进路办理，以及与其有关的相关轨道电路区段的编码信息	
9	道岔“跳线”断线	1. 可能造成本轨道电路区段失去分路防护 2. 本轨道区段的机车信号信息不足	1. 影响机车信息的接收 2. 影响该轨道区段的正常解锁	
10	补偿电容	1. 短路时，本轨道区段“红光带” 2. 断线时，恶化本轨道区段轨道电路工作条件	本轨道电路区段。可能影响与其相关的轨道电路区段的编码信息	恶化结果与补偿电容的故障位置和道床漏泄(主要指天气条件)情况有关

(3)故障案例

①主轨出电压太低

0××××BG,0×××× AG主轨出电压太低,分别为270 mV和240 mV。在下行线正向时,0××××BG轨入中主轨电压为270 mV,小轨电压太低只有29 mV,造成小轨出电压无法调整。在下行线反向时,0×××× AG轨入中主轨电压为240 mV,小轨电压太低只有39 mV,造成小轨出电压无法调整。

检查移频柜配线(发送电平和接收电平是否调整正确),检查综合柜配线(模拟网络盒7.5 km调整),测量模拟网络发送端和接收端电缆、设备、防雷端子电压是否正常,再和其他正常区段对比,接收端电压太低只有6 V,正常电压一般在10 V左右,再在电缆分线端子测量电压,和接收器电压一致,说明区间回到中继站的电压太低,检测区间电缆配线,测量0××××BG、0××××AG对应端子电压,测量区间轨面电压,检查设备安装和配线,找到了分割点F0××××空芯线圈轨道连接线V_1、V_2接线错误。

②主轨接收输出电压曲线异常

列车占用且全部进入该区段时,接收电压有升高的脉冲;在列车通过时,有的电压幅值甚至超过调整状态的电压值。在利用信号集中监测对ZPW-2000移频轨道电路特性进行调阅浏览时,发现某站某个区段在列车通过时主轨接收输出电压曲线异常。

经过对发送端、轨面和接受端全面检查,发现出站口的发送端(此时仍为反方向状态)的纵向防雷接地线未接在空芯线圈的中心点,而是接在了连接一侧钢轨的输出端端子上,因而构成了一侧钢轨接地,形成了列车占用该区段时的"第三轨"通道。当列车占用该区段时,通过接触网、车体、回流线(该线是接地的)和送端的接地线构成了与一侧钢轨并联的另一条支路,虽然轮对分路了轨面,对另一侧钢轨而言,仅仅是分路了一侧轨面这条支路,而接地线的这条支路仍然存在,使受端能接收到部分移频电压,同时由于两钢轨接地不平衡,使牵引供电对轨道电路造成不平衡,工频交流电中满足2 600 Hz的谐波叠加至移频轨道电路接收端的接收电压上,出现了异常现象。

将纵向防雷接地线移至空芯线圈的中心点经两个串联的防雷模块接地后,测试发送端各部数据为:发送端轨面为1.58 V/2 600 Hz,一侧钢轨对地电压为810 mV/2 600 Hz,另一侧钢轨对地电压为773 mV/2 600 Hz,两侧钢轨基本平衡;测试相邻的站内3DG轨面2 600 Hz的电压基本为零。

利用信号集中监测对ZPW-2000移频轨道电路的主轨输出电压曲线进行调阅检查,发现列车通过时曲线变化异常,应迅速组织对室内、外设备的配线进行检查,重点应检查室外防雷接地线的接线方法是否正确、是否有配线破皮或绝缘破损等造成单侧钢轨接地的现象,对存在的问题应立即克服处理。判断单侧钢轨是否有接地的方法为:设轨面电压为V,分别测试左、右两侧钢轨对综合地线的电压为V_1、V_2,如$V_1 \approx V_2$且$V_1 + V_2 \approx V$,则属于正常,否则有可能存在单侧钢轨接地。

③接收器工作灯常亮红灯

0××××BG、0××××AG接收器工作灯常亮红灯。

检查接收器是否插好。如果插好没有问题,再检查移频柜内部配线、移频柜零层配线,测量零层电压，测量 13-D、14-D、15-D，轨道电路在正向是 14-D、15-D，应该有 24 V 电压，13-D、15-D 应没有 24V 电压，测出 13-D、15-D 有 24 V 电压，说明 13-D 配线错误，查找移频柜 13-D 到区间组合柜配线，找出到区间组合柜配线错误。

区间红光带故障原因是 07042BG 接收端调谐匹配单元（PT）内部电容连接螺丝松动，出厂时螺丝固定胶结不良。

S2LQG 区段红光带故障原因为 S2LQG 室内接收模拟网络后部 35 针插头因固定卡不良出现插头松动。

积雪造成设备打坏也可引起轨道电路红光带。

冰雪打坏轨道电路发送箱液压断路器落下，同样也造成轨道电路红光带。

复习思考题

1. 高速铁路的自动闭塞有何特点？
2. 高速铁路的自动闭塞是如何实现的？
3. 客运专线 ZPW-2000A 型轨道电路有何特点？
4. 比较客运专线 ZPW-2000A 型轨道电路与既有线 ZPW-2000A 型轨道电路的异同。
5. 简述客运专线 ZPW-2000A 型轨道电路设备的设置。
6. 当闭塞分区长度大于轨道电路工程设计长度时如何处理？
7. 简述客运专线 ZPW-2000A 型轨道电路发送器的结构和工作原理。
8. 简述客运专线 ZPW-2000A 型轨道电路接收器的结构和工作原理。
9. 通信接口板有何作用？
10. 简述客运专线 ZPW-2000A 型轨道电路衰耗冗余控制器的结构和工作原理。
11. ZPW-2000A 型轨道电路调谐匹配单元有何特点？
12. 200～250 km/h 高速铁路的轨道电路如何设置？
13. 列控中心与轨道电路如何通信？
14. 高速铁路的轨道电路编码如何控制？
15. 高速铁路的区间通过信号机点灯如何控制？
16. 高速铁路的区间运行方向如何控制？
17. 300～350 km/h 高速铁路自动闭塞有何特点？
18. 简述高速铁路 ZPW-2000A 型轨道电路的日常维护作业。
19. 简述高速铁路 ZPW-2000A 型轨道电路的集中检修作业。
20. 简述高速铁路 ZPW-2000A 型轨道电路的常见故障处理方法。

参考文献

[1] 中国铁路总公司. 铁路技术管理规程(普速铁路部分).北京:中国铁道出版社,2014.

[2] 中国铁路总公司. 铁路技术管理规程(高速铁路部分).北京:中国铁道出版社,2014.

[3] 中国铁路总公司. 普速铁路信号维修规则 技术标准.北京:中国铁道出版社,2015.

[4] 中国铁路总公司. 高速铁路信号维修规则 技术标准.北京:中国铁道出版社,2015.

[5] 中华人民共和国铁道部. 铁路信号设计规范.北京:中国铁道出版社,2006.

[6] 国家铁路局. 高速铁路设计规范.北京:中国铁道出版社,2015.

[7] 林瑜筠. 新型移频自动闭塞. 3版.北京:中国铁道出版社,2007.

[8] 林瑜筠. 高速铁路信号技术. 2版.北京:中国铁道出版社,2015.